SAGA

DIE WAHRE GESCHICHTE
VON ISRAEL UND
DEM FALL DER NATIONEN

RAMON BENNETT

ARM of SALVATION
Jerusalem

Alleinvertrieb für Deutschland und Österreich:

ASAPH Buch- & Musikvertrieb GmbH
Am Drostenstück 27
D-58507Lüdenscheid
Tel.: 02351 / 9693-0   Fax: 02351 / 9693-45

Vertrieb in der Schweiz:

Dynamis Verlag
Brückenstraße 22
CH-8280 Kreuzlingen
Tel.: 0041 / 72 / 6727781   Fax: 0041 / 72 / 6727784

"Ich merkte, daß alles, was Gott tut, das besteht für ewig; man kann nichts dazutun noch wegtun. Das alles tut Gott, daß man sich vor ihm fürchten soll. Was geschieht, das ist schon längst gewesen; und was sein wird, ist auch schon längst gewesen; und Gott holt wieder hervor, was vergangen ist."

(Pred. 3,14-15)

Widmung

Allen Israelis, Männern und Frauen, die entschlossen sind, ihr Land zum Erfolg zu führen, den Männern und Frauen der israelischen Streitkräfte, die im Angesicht unglaublicher Herausforderungen einen gewaltigen Mut zeigen, den trauernden Eltern, Ehefrauen, Kindern, Geliebten, Geschwistern und Freunden, deren Tränen die ausgedörrte Erde des Landes Israel befeuchtet haben, und vor allem dem Land Israel selbst, aus großen Opfern entstanden, widme ich in aller Demut die Seiten dieses Buches.

Dank

Dank schulde ich insbesondere Shlomo Berger, und zwar nicht nur für seine ausgezeichnete redaktionelle Arbeit und seine Ratschläge, sondern auch für seine hilfreichen Korrekturen einiger Zahlen und Fakten.

Meine Wertschätzung gilt allen, die meine Idee für den Buchtitel aufgegriffen und verwirklicht haben, dies sind vor allem Marita Brokenshaw, Devorah Berger, Heather Chettle und meine Frau Zipporah.

Ein ganz besonderes Dankeschön gilt allen, die meine Frau und mich mit Gebet oder finanziellen Mitteln unterstützt haben während der langen Monate intensiven geistlichen Kampfes, die zur Entstehung dieses Buches führten. Ohne ihre Hilfe wäre dieses Buch nach wie vor ein Ordner mit handschriftlichen Notizen und ausgeschnittenen Artikeln aus Zeitungen, Zeitschriften und Fachliteratur.

Vor allen anderen jedoch möchte ich meiner geliebten Zippy danken, die für mich nicht nur Ehefrau, sondern auch Gefährtin und eine wahre Freundin ist. „Viele Töchter haben wacker gehandelt, du aber hast sie alle übertroffen" (Spr. 31,29).

Inhaltsverzeichnis

TEIL III
Das vollstreckte Gericht

TEIL IV
Das kommende Gericht

Einleitung

Weil es im Wesen Gottes begründet ist, hat er alles, was er uns Menschen sagen will, in seinem Wort, der Heiligen Schrift, niedergelegt. Weil es im Wesen des Menschen begründet ist, hat er dieses göttliche Wort in seiner Gesamtheit oder in Teilen angenommen oder abgelehnt - je nach seinem weltanschaulichen Hintergrund, gleichgültig, ob er nun theologisch, agnostisch oder atheistisch ist. *„Der Narr spricht in seinem Herzen, es ist kein Gott"*, so steht es zweimal in der Bibel (Ps. 14,1; 53,1). Und wenn wir unsere heutige Welt in groben Zügen beschreiben wollten, so gibt es keinen treffenderen Ausdruck für sie als das Wort „Narrenhaus". Die allumfassende Ignoranz des Menschen im Hinblick auf die Gotteserkenntnis ist einfach erschreckend. Daran ist nicht die große Masse schuld, sondern die Machtelite, die Lehrer und die Medien - kurz: die Sprachrohre der Welt.

Unglücklicherweise sind Ignoranz und falsche Vorstellungen in bezug auf Gott und sein Wort nicht auf die Welt im allgemeinen beschränkt. Viele Christen hängen ihr Herz an selbstgeschaffene Fabeln. Dafür tragen auch sie nicht allein die Verantwortung, sondern die Leiter und geistigen Führer der christlichen Kirchen und Gemeinden. Es ist genauso gefährlich, alle Lehren der Welt oder der Gemeinde Jesu naiv gläubig als Wahrheit anzunehmen wie überhaupt nichts zu glauben.

Viele traditionelle kirchliche Lehren konfrontieren die Christen nur mit einer Seite der Medaille. Wenn die Bibel einseitig betrachtet wird, dann ist sie tatsächlich ein Buch der Liebe, Freude und Hoffnung. Sieht man sie jedoch unter einem völlig anderen Gesichtspunkt, dann ist sie ein Buch des Zorns, Gerichts und des drohenden Endes. Aber die Bibel ist weder das eine noch das andere, sondern eine Mischung. Auf den folgenden Seiten dieses Buches zeige ich dem Leser die andere Seite der traditionellen Medaille im Hinblick auf Gott, Israel und das Gericht. Es ist eine Seite Gottes, die manche Christen nicht wahrhaben wollen. Aber auch die schönen Bilder von Jesus, die ihn als weiblich-weichen Jüngling mit blauen Augen und langen, blonden Haaren darstellen, gehören bestenfalls in Märchenbücher, aber nicht in die Bibel. In den Tagen seines Menschseins und Lebens auf Erden war Jesus ein Orientale mit dunklen Haaren, ebenso dunklen Augen und brauner Haut. Und in der damaligen Zeit wurde, außer bei den Nasiräern, langes Haar als Unehre für einen Mann angesehen (1. Kor. 11,14). Das Märchenbild von Jesus paßt erst recht nicht zum ihm, der mehr über das Gericht sprach als die meisten seiner Vorläufer im Alten Testament. Die Bibel sagt uns, daß Gott die *Liebe* ist (1. Joh. 4,8), aber sie sagt uns auch ebenso deutlich und wesentlich schärfer, daß er ein Gott der *Rache und Vergeltung* ist (5. Mose 32,35), ein *verzehrendes Feuer* (Hebr. 12,29) und die *Wohnung der Gerechtigkeit* (Jer. 50,7). Seine Eigenschaften widersprechen sich niemals, sie ergänzen sich stets. Unsere biblischen Nachforschungen über den Herrn, den Gott Israels, den allmächtigen Schöpfer des Himmels und der Erde, seinen Sohn und die himmlischen Heerscharen können dazu beitragen, eine Richtigstellung im Hinblick auf ihn selbst, sein Wort und sein Volk Israel zu bewirken. Es ist erforderlich, den Inhalt der ersten Kapitel in diesem Buch gründlich zu lesen und zu verarbeiten, um die zweite Hälfte richtig verstehen zu können. Einige der dargestellten Fakten sind ausländischen Quellen entnommen. Das kommt daher, daß der Autor seinen Dienst in vielen Ländern versieht und während seiner Reisen bemüht ist, aktuelle Informationen zu Zeitereignissen zu erhalten.

Es gibt viele Prophezeiungen in der Bibel, die noch auf ihre Erfüllung warten. Unsere Forschungsarbeit läßt keinen Zweifel daran, daß der Herr vorhat, den Staat Israel für die Vollstreckung seiner Gerichte über die Welt, dieses „Narrenhaus", zu benutzen. Millionen Erdbewohner sehen in diesem Planeten so etwas wie ein unsinkbares Schiff. In Wirklichkeit steht diese Welt vor dem Zusammenbruch, sie ist voller Blutvergießen, Grausamkeit und moralischen Verfalls. Und dieses Narrenschiff befindet sich auf Kollisionskurs mit einem Eisberg, der *der Heilige Israels* genannt wird. In den letzten Jahrtausenden wurde eine große Zahl von

Nationen wegen ihrer Behandlung Israels und der Juden zerstört. Wir werden die biblischen Berichte über diese Nationen durchforschen und die Ursache ihrer Zerstörung aufspüren, nämlich religiöse, politische, gesellschaftliche und moralische Sünden. Eine deutliche Warnung gilt jeder Nation, die die gleichen Sünden begeht; denn diese ziehen die gleiche Form von Gericht nach sich. Moderne Nationen sollten diese Warnung beherzigen, denn viele von ihnen trennt nur ein seidener Faden von ihrer Zerstörung. Einige Nationen befinden sich noch immer wegen vergangener Sünden auf dem absteigenden Ast, aber beginnender Verfall ist lediglich ein Vorzeichen, das auf kommende apokalyptische Gerichte hinweist. In der heutigen Zeit gibt es nur wenige Nationen, die einen Aufstieg erfahren. Fast alle erleben große Probleme und wirtschaftlichen Niedergang. Die Ursache dieser weitverbreiteten Schwierigkeiten liegt darin begründet, daß Israel so wenige Freunde hat.

Die Gemeinde Jesu kann den Auswirkungen göttlicher Gerichte über die Nationen nicht entkommen. Wahre Gläubige wurden in Katastrophen der Vergangenheit niemals von Leiden verschont, und die Vorstellung, daß sie in den kommenden Gerichten davor bewahrt bleiben, ist naiv. Gott verspricht uns lediglich, uns aus und nicht von der Trübsal zu befreien. Jeder wahre Christ weiß, daß sein Wohlergehen allein von seiner Beziehung zu dem ewigen Sohn der Liebe Gottes, Jesus Christus, abhängig ist. Ihm allein müssen wir unsere Herzen, unsere Augen und unser Vertrauen zuwenden. Er ist treu. Er wird uns sicher in sein himmlisches Königreich bringen. Aber für Christen ist die Zeit gekommen, mit Erklärungen aufzuhören und mit Verkündigung anzufangen. Sie müssen den Mantel des Propheten anlegen und dieser Welt laut und deutlich, unaufhörlich und kraftvoll das Wort zurufen, mit dem ihr Herr seinen Dienst auf dieser Erde begonnen hat: *Kehrt um!*

TEIL I

Der Gott Israels

1

Israel - ein göttliches Rätsel

Israel ist ein unerklärliches Mysterium - ein Geheimnis, die einzige Nation in der Geschichte der Menschheit, die nach zweitausend Jahren wieder erstanden ist - es gibt dafür keine politische Erklärung. Israels winzige Armee, nach Mobilisierung aller Reserven insgesamt 300.000 Mann, schlug innerhalb weniger Tage eine Heeresmacht von gut ausgebildeten und hochgerüsteten arabischen Armeen mit einer Kampfkraft von insgesamt mehr als 1,2 Millionen Mann, die 1973 am *Jom Kippur* (dem Versöhnungstag), dem höchsten Feiertag des jüdischen Jahres, einen Überraschungsangriff starteten - dafür gibt es keine militärische Erklärung. Trotz eines weltweiten, fast fünfzig Jahre dauernden, Wirtschaftsboykotts hat Israel in bezug auf das Wirtschaftswachstum heute eine führende Position unter den Industrienationen inne - dafür gibt es keine wirtschaftliche Erklärung.

Den Söhnen Israels wird eine größere Wirkung in den vier bedeutendsten Lebensbereichen zuerkannt als allen anderen Nationen oder Rassen in der Geschichte: Albert Einstein im Bereich der Wissenschaft, Karl Marx im Bereich des politischen Denkens, Sigmund Freud im Bereich der Psychologie und Psychiatrie und Abraham, Moses und Jesus in den Bereichen der Religion und Ethik.

Die geistig-religiöse Ausstrahlung Israels ist derart groß, daß viele Besucher des Landes vorübergehend an Geistesstörungen leiden. Besonders die Aura von Jerusalem ist überwältigend für viele. Es kommt oft vor, daß ein ausländischer Besucher sein Hotelzimmer anzündet oder mit dem Kopf gegen eine Wand rennt.

Dr. Eli Witztum von der Jerusalemer psychiatrischen Klinik Kfar Shaul bestätigt, daß bei ihm pro Jahr 50 bis 200 ausländische Touristen in Behandlung sind. Meistens werden die Patienten innerhalb von vierzehn Tagen nach Rückkehr in ihre Heimatländer wieder völlig normal. In der medizinischen Fachwelt ist dieser Zustand mittlerweile als das „Jerusalem-Syndrom" bekannt. Wie sein berühmtester Bürger, Jesus Christus, kann auch Israel selbst nicht mit rationellen Mitteln erklärt werden. Israel ist aus göttlicher Inspiration heraus entstanden. Gott sagt: „Israel ist *der Liebling meiner Seele*" (Jer. 12,7), und wer es antastet, *der tastet seinen Augapfel an* (Sach. 2,8). Israel wurde aus Gott geboren und wird von Gott bewahrt. Wir müssen unsere Augen zu ihm hinwenden und uns mit dem begnügen, was er in seinem Wort über Israel offenbart hat.

Der menschliche Geist wird des öfteren mit einer großen Schiefertafel verglichen, die von dem Schwamm der Zeit abgewischt wird; das, was einmal dort geschrieben stand, ist ausgelöscht. Deshalb ist es erforderlich, diese Schiefertafel wieder neu zu beschriften mit Tatsachen, die für den Menschen und seine Nachkommen bedeutende Auswirkungen haben. Gott ist die lenkende und zentrale Autorität hinter Menschen und Nationen. Der Glaube, es gäbe keinen Gott, ändert nichts an dem Vorhandensein seines Eingreifens in die Angelegenheiten von Menschen und Nationen. Ebenso wird die Vorstellung, das Wesen Gottes hätte sich mit dem Beginn der christlichen Ära gewandelt, nichts an seinem Entschluß ändern, manche Nationen für ihre Vergehen gegen ihn und sein Volk Israel zu richten. Die Bibel läßt keinen Zweifel daran, daß *der HERR einen Rechtsstreit mit den Nationen* hat (Jer. 25,31), den er begleichen will. Wir müssen uns nur die große Zahl von bereits erfüllten biblischen Prophezeiungen vor Augen halten, um zu verstehen, daß die noch nicht eingetroffenen Prophezeiungen unbedingt zu ihrem Abschluß kommen müssen. Die göttliche Fähigkeit, die Zukunft mit großer Genauigkeit vorherzusagen, weist darauf hin, daß Gott die Zukunft beherrscht. Wenn wir uns die Bibelstellen über noch nicht eingetroffene Gerichte an Nationen und die Ursachen von dem Rechtsstreit Gottes mit Nationen vergangener Zeiten vor Augen führen, dann wissen wir, daß die Tage vieler moderner Nationen gezählt sind. Der Finger Gottes ist wiederum erschienen und schreibt an die Wände dieser Nationen: „*Mene, mene, tekel, upharsin* - *du bist auf der Waage gewogen und zu leicht erfunden worden*" (Dan. 5,25-27). Die Größe einer Nation spielt hierbei überhaupt keine Rolle. Die größten Reiche, die die Welt jemals kannte, sind zerfallen oder völlig vernichtet worden durch die Hand des Gottes Israels. Und wenn Gott nicht unseren modernen Nationen, ganz besonders deren führenden Köpfen, einen Geist der Reue wie damals in Ninive verleiht, dann können wirtschaftliche, natürliche und militärische Katastrophen nicht mehr verhindert werden.

Seit den Tagen des Apostels Paulus hat es „Endzeiten" gegeben. In fast jeder Generation geschahen bedeutende Katastrophen, die Christen zu dem Glauben bewogen, daß sie in der „Endzeit" lebten. Allein in diesem Jahrhundert gab es eine ganze Reihe von „Zeichen", die die „Endzeit" bedeuten konnten, so z.B. den Ersten Weltkrieg, die große Wirtschaftskrise, den Zweiten Weltkrieg, die Wiederentstehung des Staates Israel, die Konstellation der Planeten etc. Aber bevor das Ende kommen konnte, mußten bestimmte, prophetisch angekündigte Ereignisse eintreffen, und diese erfüllen sich heute vor unseren Augen.

In modernen wie in alten Zeiten steht Israel im Mittelpunkt des göttlichen *Rechtsstreites mit den Nationen*, weil es einen besonderen Platz im Herzen Gottes hat. Gott weiß, daß dieses Volk auch heute viele Fehler hat, aber er weiß auch, daß die Nationen, die Israel verurteilen, mit zweierlei Maß messen. Der Gott Israels ruft heute den Nationen das zu, was er vor zweitausend Jahren seinem Volk Israel sagte: „*Heuchler, ziehe zuerst den Balken aus deinem Auge, und dann wirst du klar sehen, um den Splitter aus deines Bruders Auge zu ziehen*" (Matth. 7,5). Israel befindet sich nach wie vor fest in der Hand seines Gottes und bleibt der Schlüssel zu Wohlstand und Wohlergehen, zu dem Überleben oder der Vernichtung unserer Nationen.

2

Der Gott
Israels

Es gibt keine Wirkung ohne Ursache, und diese Ursache ist
Gott. Die Ursache eines einfachen Brotlaibes, eines der Grundnahrungsmittel in der Welt, ist nicht der Bauer, der das Getreide für
dieses Brot anbaut, sondern Gott, der Eine, der das Getreide
geschaffen hat. Er existierte vor Grundlegung der Welt. Er ist der
Schöpfer und Eigentümer der Himmel, der Erde, der Meere und
aller Dinge in ihnen. Der Mensch, die höchste Schöpfung Gottes,
ist ein Bettler, dem nichts gehört außer seiner Sünde.

Die Bibel, Gottes lebendiges, pulsierendes und geschriebenes
Wort, enhält alles, was Gott zu allen Zeiten dem Menschen sagen
will. Und dieses Wort enthüllt sehr viel über den Gott Israels selbst.
Ein besseres Verständnis seiner Größe, seiner Wirkungsweise und
seiner Macht wird durch die Namen ermöglicht, durch die er sich
kundtut. Wenn wir seine Namen, sein Wesen und seine
Persönlichkeit erforschen, dann erkennen wir, daß dieses
einzigartige Wesen auf unvergleichliche Weise komplex ist. Es
ist völlig gleichgültig, wie umfassend unsere Forschungen sind,
wie weit wir in die Tiefen des göttlichen Wesens eindringen, er
bleibt unbegreiflich für uns, weil seine Unendlichkeit im Gegensatz
zu unserer Endlichkeit steht. Seine Komplexität, Größe und Macht
überschreiten die Grenzen unserer Intelligenz.

Wenn wir unser Wissen über Gott erweitern wollen, dann
sollten wir zunächst einen Unterschied machen zwischen dem
einen und den vielen Namen Gottes. Die vielen Namen Gottes
bestehen aus einer Reihe von Titeln, unter denen er bekannt ist.
Der *eine* Name Gottes umfaßt die Gesamtheit seines Wesens und
seiner Persönlichkeit und ist ein Tor zur Erkenntnis des
Allmächtigen. Moses, der Prophet Israels und einer größten
Gottesmänner, sprach zu dem HERRN, dem Gott Israels: "So laß

mich deinen Weg wissen, damit ich dich erkenne" (2. Mose 33,13).
Mose kannte Gott *von Angesicht zu Angesicht* (2. Mose 33,11),
aber er wußte auch, daß das Verständnis der Wege Gottes ihn zu
einer tieferen Kenntnis seines Wesens führen würde. Gott
antwortete Moses: *"Ich will vor deinem Angesicht all meine Güte
vorübergehen lassen und will vor dir kundtun den Namen des
HERRN"* (2. Mose 33,19).

*Und der HERR stieg in der Wolke hernieder, und er stand
daselbst bei ihm und **rief den Namen des HERRN aus**.*

*Und der HERR ging vor seinem Angesicht vorüber und **rief:***
***"HERR, HERR, Gott, barmherzig und gnädig, langsam
zum Zorn und groß an Güte und Wahrheit, der Güte
bewahrt auf Tausende hin, der Ungerechtigkeit,
Übertretung und Sünde vergibt, - aber keineswegs hält er
für schuldlos den Schuldigen, - der die Ungerechtigkeit
der Väter heimsucht an den Kindern und Kindeskindern,
am dritten und am vierten Gliede."***
(2. Mose 34, 5-7, Elberfelder Übers.)

Aus Gottes eigener Proklamation seines Namens können wir
entnehmen, daß er barmherzig, gnädig, geduldig, voller Vergebung
und wahrhaftig, aber auch gerecht und ein unbeugsamer
Vollstrecker von Gerichten ist. Wir erkennen auch, daß seine
Gerechtigkeit und sein Gericht untrennbar mit seiner *Güte*
verknüpft sind. Diese Proklamation ist von großer Bedeutung. Es
werden darin vier wichtige hebräische Wörter gebraucht, und zwar
rachum (gnädig), *chanun* (barmherzig), *chesed* (Güte,
Freundlichkeit) und *emet* (Wahrheit). Diese Wörter erscheinen
396mal entweder einzeln oder zusammen im ganzen Alten
Testament. Wenn wir diese hebräischen Wörter und deren
Gebrauch beachten, dann können wir beobachten, wie der Gott
des hebräischen Alten Testaments zu dem überwiegend
griechischen Neuen Testament überleitet. Ein direktes Zitat aus
dem Alten Testament und die nachfolgende Auslegung durch den
Apostel Paulus bringt die Wörter *rachum* (gnädig) und *chanun*
(barmherzig) auf folgende Weise in das Neue Testament hinein:

*Denn er spricht zu Mose: "Wem ich **gnädig** bin, dem bin
ich **gnädig**; und wessen ich mich **erbarme**, dessen **erbarme***

ich mich." So liegt es nun nicht an jemandes Wollen oder
Laufen, sondern an Gottes **Erbarmen**. Denn die Schrift sagt
zum Pharao: "Eben dazu habe ich dich erweckt, damit ich
an dir meine Macht erweise und damit mein Name auf der
ganzen Erde verkündigt werde." **So erbarmt er sich nun,
wessen er will, und verstockt, wen er will.**

(Röm. 9,15-18)

Hier geschieht nicht nur die direkte neutestamentliche
Einführung zweier alttestamentlicher Begriffe, die einen
untrennbaren Teil des Namens Gottes darstellen, sondern Paulus,
getrieben durch den Heiligen Geist, bestätigt das im Alten
Testament geoffenbarte Wesen Gottes.

Es überrascht uns nicht, daß die beiden anderen hebräischen
Wörter, aus denen der Name Gottes besteht, in Verbindung mit
dem stehen, der das Ebenbild Gottes ist:

*Die **Gnade und Wahrheit** ist durch Jesus Christus
geworden.* (Joh. 1,17)

*Und **das Wort** ward Fleisch und wohnte unter uns, und wir
sahen **seine** Herrlichkeit, eine Herrlichkeit als des
eingeborenen Sohnes vom Vater, **voller Gnade und
Wahrheit**.* (Joh. 1,14)

Der Ausdruck "Gnade und Wahrheit", der in den meisten
deutschen Bibelübersetzungen vorkommt, heißt in der hebräischen
Übersetzung des Neuen Testaments *"chesed we-emet"* (*chesed und
emet*). Im Hebräischen heißt "voll der Gnade und Wahrheit" *"rav
chesed we-emet"* - genau der gleiche Ausdruck, wie er in der
Proklamation des Namens Gottes vor Mose gebraucht wurde! Die
wörtliche Übersetzung lautet: "voll von Güte, Freundlichkeit und
Wahrheit"; angewendet auf den Herrn Jesus, wird damit der
Übergang des Namens und der Persönlichkeit Gottes aus dem
Alten in das Neue Testament vollendet. Jesus sagt: *"Ich und der
Vater sind eins"* (Joh. 10,30). Und Jesus, *das Ebenbild Gottes* (2.
Kor. 4,4; Kol. 1,15) und *der Abdruck seines Wesens* (Hebr. 1,3),
trägt den Namen, der uns im Alten Testament geoffenbart wurde.

Unter Christen scheint Verwirrung zu herrschen über das
unveränderliche Wesen Gottes. Einerseits gibt es folgenden

vielzitierten Text im Alten Testament: *"Ich bin der HERR, ich veründere mich nicht"* (Mal. 3,6), und im Neuen Testament steht: *"... von dem Vater..., bei welchem keine Veründerung ist, noch eines Wechsels Schatten"* (Jak. 1,17). Andererseits glauben manche Christen, daß der *Vater* des Neuen Testaments nicht der *HERR* des Alten Testaments ist; er erlebte eine Mutation und verwandelte sich irgendwie aus einem blutrünstigen alttestamentlichen Gott in einen milderen und barmherzigeren neutestamentlichen Gott. Aber Gott kann sich nicht ändern, weder zum Besseren noch zum Schlechteren; er wird immer und ewig bleiben, was er seit ewigen Zeiten ist. Gott ist gnädig. Diese Eigenschaft ist so unwandelbar wie er. Deshalb wird er niemals mehr oder weniger gnädig sein als er jetzt ist oder in der Vergangenheit war.

Im Alten Testament erscheint das Wort "Gnade" bzw. "gnädig" im Luthertext von 1912 insgesamt 221mal, im Luthertext von 1964 insgesamt 217mal. Im Neuen Testament taucht das Wort "Gnade" bzw. "gnädig" insgesamt 124mal im Luthertext von 1912 und 134mal im Luthertext von 1964 auf. Das Neue Testament beinhaltet 30,5 Prozent vom Textvolumen des Alten Testaments und verwendet den Begriff "Gnade" bzw. "gnädig" aber nur etwa zu 50 Prozent im Vergleich zum Alten Testament. Sollten wir daraus schließen, daß Gott zur Zeit des Alten Testaments etwa gnädiger war als im Neuen Testament? Natürlich nicht! Wenn der Leser den Gott des Neuen Testaments **scheinbar** gnädiger sein lassen will, braucht er nur eine andere Bibelübersetzung zur Hand zu nehmen!

Die vier hebräischen Wörter, die so eng mit der Offenbarung des Namens Gottes zusammenhängen, bestätigen, daß der alttestamentliche Gott Israels keine Persönlichkeitsänderung durchmachte, als für die Menschheit das Zeitalter des Neuen Testaments begann. Er bleibt unveränderlich - immer derselbe, mit den identischen Wesenzügen der Gnade, Güte, Barmherzigkeit und Geduld. Er ist voller Vergebung und Wahrheit, aber auch gerecht und ein unbeugsamer Vollstrecker von Gericht.

Der Gott der Bibel ist nicht ausschließlich der Gott Israels. Der Apostel Paulus verdeutlicht dies in seinem Brief an die Römer, wenn er schreibt: *"Oder ist Gott allein der Gott der Juden? Ist er nicht auch der Gott der Heiden? Ja, gewiß, auch der Heiden."* (Röm. 3, 29). Der Prophet Jeremia bezeichnet ihn auch als den *König der Nationen* (Jer. 10,7). Jedoch sind diese beiden Texte die einzigen, in denen der HERR direkt als Gott der Nationen beschrieben wird, und zwar aus einer Vielzahl von Namen, mit denen sich der HERR bekannt macht. Es ist deshalb offensichtlich, daß Gott zu allererst der Gott Israels ist.

Im Gegensatz zu den beiden oben erwähnten Textstellen machen wir die Entdeckung, daß sich der HERR uns auf folgende Weise offenbart: a) 100mal als der HERR, der Gott Israels, b) 90mal als der Gott Israels, c) 31mal als der Heilige Israels, d) einmal als Israels Gott, e) einmal als das Licht Israels, f) einmal als der Fels Israels, g) einmal als der Schöpfer Israels, h) einmal als der Erlöser Israels, i) einmal als der Stein Israels, j) zweimal als der Hirte Israels, und k) zweimal als die Hoffnung Israels. Er ist auch l) einmal der Mächtige Gott Jakobs, m) viermal der Mächtige Jakobs, n) zweimal das Erbteil Jakobs und auch o) einmal der Heilige Jakobs; p) fünfmal ist er der HERR, der Gott der Hebräer und auch q) einmal der Gott der Hebräer. Dies ergibt eine Gesamtsumme von 255 direkten Bezeichnungen Gottes als Gott Israels im weitesten Sinne.

Wenn wir vom Gott Israels sprechen, dann von dem Gott des Staates Israel, der Juden, nicht der Gemeinde Jesu. Israel ist nicht gleichbedeutend mit der Gemeinde Jesu. Die Gemeinde wurde niemals berufen, Israel zu ersetzen oder zu verdrängen. Die Christen aus den Nationen werden in Wurzel und Stamm des natürlichen Ölbaums eingepfropft (Röm. 11,17-18) und dadurch ein Teil des Hauses Israel, von diesem unterstützt und ernährt. Ich möchte an dieser Stelle die Leser dieses Buches auf meine detaillierten Ausführungen zu diesem Thema in dem Buch *Wenn Tag und Nacht vergehen* hinweisen.

In dem proklamierten Namen wurde uns die gesamte Persönlichkeit des HERRN geoffenbart. In den unterschiedlichen Namen, durch die er sich bekannt macht, werden seine Eigenschaften enthüllt. Einer der am häufigsten von ihm gewählten Namen ist *der HERR der Heerscharen*. Der Gott Israels gebraucht

diesen Namen insgesamt 219mal. Unglücklicherweise wird die
Bedeutung des biblischen Textes durch die traditionelle
Übersetzung des hebräischen Wortes *tsava* in "Heerscharen"
genauso stark verfälscht wie die Verwendung des Wortes
"Herrscher" oder "Allmächtiger" in manchen Bibelübersetzungen.
Das Wort *tsava* bedeutet "Armee" und wird im Alten Testament
insgesamt 458mal gebraucht; nur neunmal taucht es nicht in einem
militärischen Zusammenhang auf. Viermal bezieht es sich auf *die
Sonne, den Mond und die Sterne, alle Heerscharen des Himmels*.
Fünfmal wird es für die Leviten gebraucht, die gemeinsam mit
tausenden ihrer Amtsbrüder im Tempel Dienst tun. Die wörtliche
Bedeutung des Wortes *HERR der Heerscharen* lautet demnach
HERR der Armeen. Dieser Sachverhalt wird sowohl im Alten als
auch im Neuen Testament folgendermaßen bestätigt:

> *Und es begab sich, als Josua bei Jericho war, daß er seine
> Augen aufhob und gewahr wurde, daß ein Mann ihm
> gegenüberstand und ein bloßes Schwert in seiner Hand hatte.
> Und Josua ging zu ihm und sprach zu ihm: Gehörst du zu
> uns oder zu unseren Feinden? Er sprach: Nein, sondern
> **ich bin der Fürst über das Heer des HERRN und bin jetzt
> gekommen.** (Jos. 5,13-14)

> *Oder meinst du, ich könnte meinen Vater nicht bitten, **daß
> er mir sogleich mehr als zwölf Legionen Engel schickte?***
>   Matth. 26,53)

Der Gott Israels beherrscht riesige himmlische Armeen, die
seinen Willen ausführen. Der Mann, der Josua erschien, war der
Befehlshaber der göttlichen Armee von Kriegsengeln. Im
Hebräischen bedeutet *tsava* "Armee", eine "gewaltige
Streitmacht", aber der HERR ist nicht der HERR eines Heeres
(Einzahl), sondern der HERR der Heerscharen (Mehrzahl). Die
Mehrzahl des hebräischen Wortes tsava ist tsevaot, und deshalb
finden wir in Röm. 9,29 und Jak. 5,4 "den HERRN Zebaoth" (z.B.
in der Elberfelder Übersetzung).
Dies ist eine weitere Bestätigung der vorangegangenen Darstellung
über die Persönlichkeit des Gottes Israels als zusammenhängende
Kraft im Neuen Testament. Aber es ist interessant, daß der Name
Herr der Heerscharen oder Herr der Armeen zum erstenmal in

1.Sam. 1,3 erwähnt wird, und zwar zu einer Zeit, als das Königreich Israel entstand und Kriege unvermeidlich wurden. Ein weiterer Offenbarungsname des Gottes Israels lautet " Ich bin" (2. Mose 3,14), der eine weitere Facette in der Persönlichkeit Gottes enthüllt. Die Übersetzung aus dem hebräischen Grundtext mit "Ich bin" ist wahrscheinlich die beste Möglichkeit der sprachlichen Übertragung. Im ersten Teil des Verses lautet der hebräische Grundtext "ehje ascher ehje", wörtlich übersetzt heißt das "ich werde sein, was ich sein werde" oder "ich werde das sein, was ich werden will". Der HERR sagt zu Moses, daß er den Israeliten sagen solle "ICH BIN" (ehje, d.h. "Ich werde sein") habe ihn gesandt. Wir erkennen, daß der HERR für sich selbst Raum schafft, zu sein oder zu werden, was immer er will, ohne irgendwelche Einschränkungen. Und das Wort (das Gott war, Joh. 1,1), wurde Fleisch und wohnte unter uns (Joh. 1,14). In Jesus wohnte die Fülle Gottes (Kol. 2,9). Wer Jesus ansah, sah deshalb den Gott Israels an (Joh. 14,9; 20,28), aber in einer anderen Form (Phil 2,6-7, Mark. 16,12 usw.). Wir werden in einem anderen Kapitel noch mehr über Jesus und sein Erscheinen in einer anderen Form zu sagen haben.

Wir kommen nun zu dem einen Namen, durch den der HERR Menschen gebot, ihn sowohl zu kennen als auch sich seiner zu erinnern, aber weder Israel noch die Gemeinde Jesu halten sich an dieses Gebot. Israel begann mit dem richtigen Namen Gottes auf den Lippen; aber als menschliche Anordnungen die Torah (die Weisung, die Lehre) "einzäunten" und der biblische Glaube der auch heute noch gültigen rabbinischen Religion weichen mußte, wurde aus dem richtigen Namen Gottes der "nicht mitteilbare" Name, der niemals laut ausgesprochen wurde. Die Gemeinde Jesu verwendet nicht den richtigen Namen Gottes, weil die frühen Übersetzer der hebräischen Texte nichts von dem "Zaun" wußten, den die Rabbinen um den Namen gebaut hatten und ihn deshalb falsch wiedergaben. Die Rabbinen wünschten, daß niemand jemals den Namen Gottes mißbraucht (5. Mose 5,11) und schufen deshalb eine Regel, nach der jeder, der den eigenen Namen Gottes in den Schriften oder im Gebetbuch las, statt dessen "Herr" sagen sollte. Sie punktierten den Namen Gottes mit Vokalzeichen, die nikud

genannt werden, so daß der Name Gottes tatsächlich so gelesen
wurde wie das Wort für "Herr". Die Tradition, sowohl jüdischen
als auch christlichen Ursprungs (Tradition ist oft ein ebenso großer
Fluch wie sie ein Segen ist), beraubte Gott seines richtigen Namens
und die Gemeinde Jesu ihres Wissens darüber. Der Name, den ich
meine, wird nicht weniger als 6.375mal in der Bibel verwendet,
und bis auf wenige Ausnahmen, wie z.b. in der englischen King-
James-Übersetzung von 1611, in der siebenmal die Übersetzung
"Jehova" auftaucht (oder in der Elberfelder Übersetzung von 1975,
die den Namen "Jehova" im gesamten Alten Testament benutzt,
Anm. d. Übers.), in fast allen gängigen Bibelübersetzungen mit
HERR wiedergegeben. Da wir erkannt haben, daß das Wesen
Gottes sowohl in seinem einen als auch in seinen vielen Namen
enthüllt wird, können wir aus dem häufigen Gebrauch allein auf
die große Bedeutung dieses Namens schließen.

Das, was mit "HERR" oder "Jehova" übersetzt wird, sind die
vier hebräischen Buchstaben Jod, He, Waw und He, die in dieser
Zusammensetzung das allgemein bekannte Tetragrammaton
bilden, den Eigennamen Gottes. Der Name hat eine ganz bestimmte
Bedeutung, aber als die frühen Bibelgelehrten die hebräischen
Schriften in andere europäische Sprachen übersetzten, folgten sie
der rabbinischen Tradition und verwendeten "Herr" (oder den
gleichen Begriff in anderen Sprachen, wie z.B. "Lord" im
Englischen, ein Wort, das identisch ist mit "mein Herr" - Anm. d.
Übers.). Sie wußten, daß dies nicht der richtige Name Gottes ist,
und so wurde dieses Wort groß geschrieben, um es von der
normalen Anrede zu unterscheiden. Sie versuchten auch, den
Eigennamen Gottes wiederzugeben, aber da sie nicht erkannten,
daß die von den Rabbinen dem Tetragrammaton zugeordneten
Vokalzeichen (nikud) dem Wort für "Herr" entsprachen und nicht
dem Eigennamen, machten sie aus "Jahwe", der dem Eigennamen
Gottes heute am nächsten kommenden Aussprache, ein völlig
falsches "Jehova".

Es spricht vieles für das Anrufen des richtigen Namens Gottes
anstelle des ziemlich nebulösen "Herr" (das sage ich in Ehrfurcht
und ohne Respektlosigkeit). Die moderne Bedeutung von "Herr"
ist weit entfernt von der ursprünglichen, und dadurch wird dieser

Name heute zu einem bloßen Schatten seiner früheren Kraft. Der Eigenname Gottes hat andererseits nichts von seiner majestätischen Gewalt verloren. Obwohl in wissenschaftlichen Werken und Bibelkommentaren verhältnismäßig wenige Anmerkungen über den Namen zu finden sind, ist es nicht zu schwierig, seine Bedeutung zu verstehen. Die vier Buchstaben, aus denen das Tetragrammaton besteht, nämlich Jod, He, Waw und He, lassen sich in drei Wörter umgruppieren, und zwar He, Jod und He (Haja - war), He, Waw und He (Howe - ist) und Jod, He, Jod und He (Jihje - wird sein). Der Eigenname ist deshalb sowohl eindeutig als auch provokativ, und dreimal im Buch der Offenbarung bestätigt, wie z.b. in folgendem Text:

*Ich bin das A und das O, spricht Gott der Herr, **der da ist**, und **der da war** und **der da kommt**, der Allmächtige.*
(Offb. 1,8)

Wenn wir, durch seinen Sohn, uns in der richtigen Beziehung zu Jahwe befinden und seinen Namen anrufen, garantieren wir sein Eingreifen. Ebenso erklären wir vor jedem Fürstentum und jeder Gewalt, seien sie im Himmel, auf der Erde und unter der Erde, daß der ewige Gott, der Eine, der immer war, jetzt ist und immer sein wird, unser Gott ist. Es ist eine machtvolle Proklamation und wir werden sogar ermahnt, diesen majestätischen Namen Gottes zu benutzen:

*Und Gott sprach weiter zu Mose: So sollst du zu den Israeliten sagen: Der Herr, der Gott eurer Väter, der Gott Abrahams, der Gott Isaaks, der Gott Jakobs, hat mich zu euch gesandt. **Das ist mein Name auf ewig, mit dem man mich anrufen soll von Geschlecht zu Geschlecht.***
(2. Mose 3,15)

Die Übersetzung dieses Textes müßte richtig heißen: "Also sollst du zu den Söhnen Israels sagen: "Jahwe, der Gott eurer Väter, der Gott Abrahams, der Gott Isaaks und der Gott Jakobs ...". Der Name Jahwe ist mehr als ein Name, er ist ein **Gedächtnis** - eine "besondere Erinnerung". Es war für Gott nicht genug, weiterhin als *El Shaddai*, Gott der Allmächtige, bekannt zu sein, er will, daß seine Zeitlosigkeit erkannt wird:

*... und ich bin erschienen Abraham, Isaak und Jakob als der allmächtige Gott, aber **mit meinem Namen "HERR"** habe ich mich ihnen nicht offenbart.* (2. Mose 6,3)

Wir sind aufgerufen, den Gott Israels mit seinem Namen Jahwe anzurufen, aber Irrtum, gefolgt von Tradition, hat ihn seines wahren Namens beraubt und uns den Wunsch genommen, seinem Willen gemäß zu handeln. Wenn ich den Namen Jahwe anstelle des traditionellen HERR auf allen folgenden Seiten verwenden würde, verlöre ich mit Sicherheit den größten Teil aller potentiellen Leser, die dieses Buch in die Hände bekommen, und würde so seinen Sinn und Zweck völlig verfehlen.

Die Namen Jahwe und ICH BIN (eine Erweiterung von Jahwe, die aus Wiederholungen der Buchstaben He, Jod und He aus dem Tetragrammaton besteht) umfassen das Wesen, die Individualität, die eigenständige Existenz und Unwandelbarkeit des göttlichen Wesens, das sich selbst als der Schöpfer, Erhalter, Beschützer und Gott Israels bezeichnet.

Andere Namen, die die Persönlichkeit und das Wesen Gottes offenbaren, lauten folgendermaßen: der Allmächtige (48mal), der Besitzer von Himmel und Erde (zweimal) der Richter der ganzen Erde (einmal), der Sitz der Gerechtigkeit (einmal), und der Gott der Vergeltung (einmal). Der Name *der Allmächtige* sagt uns, daß Gott nicht nur mächtig, sondern *all*mächtig ist - Macht und Autorität werden hier eher als Eigenschaft denn als Besitz verstanden. Als *Besitzer von Himmel und Erde* ist der HERR der Besitzer und Herrscher über alle Dinge im Himmel, auf Erden und in den Meeren, und kann deshalb mit seinem Besitz tun, was immer er wünscht. Er ist *der Richter der ganzen Erde* - die letzte Entscheidung in allen geistlichen und körperlichen Bereichen bleibt ihm überlassen. Er ist *der Sitz der Gerechtigkeit,* und deshalb wird jede seiner Entscheidungen gerecht und wahrhaftig sein. Und als *Gott der Vergeltung* wird er jeden nach seinen Wegen belohnen - *der Tag des Herrn ist nahe über alle Nationen; wie du getan hast, wird dir getan werden; dein Tun wird auf dein Haupt zurückkehren* (Obadja, Vers 15, Elberfelder Übers.). Nationen und Einzelpersonen werden mit der gleichen Münze bezahlt werden, die sie Gott angeboten haben - *die Rache ist mein, ich will vergelten* (Röm 12,19). Und als der HERR der Armeen läßt er uns nicht im Dunkeln darüber, wie er denen vergilt, die sich mehr um sich selbst als um ihn gekümmert haben:

> *... wenn ich mein blitzendes Schwert schärfe und meine Hand zur Strafe greift, so will ich mich rächen an meinen Feinden und denen, die mich hassen, vergelten.*
> (5. Mose 32,41)

Wie andere alte Kulturen sind auch die Hebräer fest davon überzeugt, daß ein Name das Wesen seines Trägers wiederspiegelt. Die Namen des Gottes Israels sind daher bedeutungsschwer. Das Aussprechen eines göttlichen Namens sichert die Gegenwart, Aufmerksamkeit und das aktive Eingreifen des göttlichen Wesens, das in diesem Namen offenbart ist. Beispiele dafür gibt es im ganzen Alten Testament. So hat König Hiskia während der Belagerung Jerusalems durch die Truppen des assyrischen Königs folgendes Gebet gesprochen: *"HERR der Heerscharen, Gott Israels ...."* (Jes. 37,16). Hiskia rief die Namen *Jahwe der Armeen* und *Gott Israels* an. Das Ergebnis war aufsehenerregend:

> *Da fuhr aus der Engel des HERRN und schlug im assyrischen Lager hundertfünfundachtzigtausend Mann. Und als man sich früh am Morgen aufmachte, siehe, da lag alles voller Leichen.* (Jes. 37,36)

Der Gott Israels, der Gott mächtiger himmlischer Armeen, wurde angefleht. Die Gegenwart, Aufmerksamkeit und das aktive Eingreifen des in diesen Namen geoffenbarten göttlichen Wesens war sichergestellt, und der Gott Israels ging gegen die Feinde seines Volkes vor. Wie viele Menschen, auch Christen, wissen heute um die schreckenerregende Macht des Gottes Israels? In einem kurzen Augenblick kamen 185.000 Menschen ums Leben. Als Amerika im August 1945 eine Atombombe auf die dichtbesiedelte Stadt Hiroshima warf, starben 100.000 Menschen.

Zusammenfassend können wir sagen, daß, mit Ausnahme zweier Berichte im Alten sowie im Neuen Testament, der HERR (Jahwe) sich als der Gott Israels offenbart - in 255 Bibeltexten ist sein Name unlösbar mit Israel verbunden. Der Gott Israels ist der

HERR der Armeen, und zwar mächtiger himmlischer Engelheere, die oft gegen die Feinde Israels kämpfen. Der Gott Israels hat die Autorität, das Recht und die Fähigkeit, in jeder Form zu sein und zu erscheinen, die sein großer Geist erdenken kann. Er existiert aus sich selbst heraus und vor Grundlegung der Welt, ohne Anfang oder Ende, und zieht es vor, als Jahwe erkannt zu werden, der Eine, der ist, war und kommen wird. Der Gott Israels ist allmächtig, weil absolute Macht eine Eigenschaft seines komplexen Wesens ist. Er gebraucht diese Macht und Kraft und die seiner dienstbaren Geister, um seine Absichten auszuführen und Gericht, Gerechtigkeit und Vergeltung zu vollstrecken. Das Wesen, die Eigenschaften und die Persönlichkeit des Gottes Israels sind ewig unwandelbar und bleiben durch die Ewigkeit hindurch die gleichen. Alle Facetten seines Wesens werden in einem Namen dargestellt, der die Gesamtheit seiner einzigartigen Persönlichkeit umfaßt. Diese Persönlichkeit durchdringt die Texte des Neuen Testaments und ist in der menschlichen Welt spürbar; sie plant und lenkt den Verlauf der Geschichte. Aber der Gott Israels soll sich selbst vorstellen: *"ICH BIN - Jahwe der Armeen, der Schöpfer, König und Heilige Israels, der Mächtige Jakobs."*

3

Die Souveränität Gottes

Der Gott Israels *hat einen Rechtsstreit mit den Nationen.* Und seit der Flut in der Zeit Noahs hat er oft von den „natürlichen" Elementen Gebrauch gemacht, um Menschen und Nationen zu richten. Alle Elemente wurden geschaffen und sind daher nicht „natürlich", sondern ein fester Bestandteil im Werk des Schöpfers. Jedes Element, auch das schreckliche Erdbeben oder Wirbelstürme stehen dem zur Verfügung, der sie ins Leben gerufen hat. Dieser Schöpfergott bindet sich selbst an Israel, *denn er ist es, der das All gebildet hat, und Israel ist der Stamm seines Erbteils* (Jer. 10,16 - Elberfelder Übersetzung). Der HERR, der Gott Israels, hat keine Favoriten unter Menschen und Nationen. Der Staat Israel ist nicht seine Lieblingsnation, sondern seine auserwählte Nation. Jesus ist nicht sein Lieblingssohn, sondern sein geliebter Sohn. Gott ist unparteiisch, er sieht keine Person an (5. Mose 10,17), wenn er Segen und Gerechtigkeit austeilt oder Gericht vollstreckt. *Vollkommen ist sein Tun; denn alle seine Wege sind recht* (5. Mose 32,4, Elberfelder Übers.). Aus diesem Grund macht er sich im Einklang mit seinem Willen die Elemente zunutze, um zu segnen, Furcht zu verbreiten, zu warnen, zu erschrecken oder zu zerstören.

> *Denn er läßt seine **Sonne** aufgehen über Böse und Gute, und **läßt regnen** über Gerechte und Ungerechte.*
> (Matth. 45)

> *... der die **Blitze** samt dem Regen macht, der den **Wind** herausführt aus seinen Kammern;* (Ps. 135,7)

> *Er bedeckt seine Hände mit **Blitzen und bietet sie auf gegen den, der ihn angreift.*** (Hiob 36,32)

Bist du gewesen, wo der **Schnee** *herkommt, oder hast du gesehen, wo der* **Hagel** *herkommt,* **die ich verwahrt habe für die Zeit der Trübsal und für den Tag des Streites und Krieges?** (Hiob 38,22.23)

... daß **Heimsuchung kommt vom HERRN** *Zebaoth mit* **Wetter** *und* **Erdbeben** *und großem Donner, mit* **Wirbelsturm** *und* **Ungewitter** *und mit Flammen* **eines verzehrenden Feuers.** (Jes. 38,22.23)

... der ich das Licht mache und schaffe die Finsternis, der ich Frieden gebe und schaffe Unheil. Ich bin der HERR, der dies alles tut. (Jes. 45,7)

Der Gott Israels, der Schöpfer aller Dinge, hat absolute Herrschaft über alle Werke seiner eigenen Hände und über jede Kreatur - es gibt nichts, was nicht seiner Macht unterliegt. Er kann, wenn er es will, der Schlange befehlen, und sie wird beißen (Am. 9,3), und dem Schwert befehlen, und es wird umbringen (Am. 9,4). Für den Gott Israels ist die Durchführung seines Willens so einfach wie den Elementen, der Erde, der Schlange oder dem Schwert einen Befehl zu erteilen.

Der Mensch ist die beste Schöpfung Gottes und Gott wünscht, eine enge Beziehung zu diesem Menschen zu haben. Aber Millionen haben ihm den Rücken zugekehrt, weil sie einen greifbaren Materialismus einer Zufriedenheit des Geistes vorziehen. Weitere Millionen verachten Gott und entfremden sich von ihm durch ein Verhalten, das für sein Wesen ein Greuel ist. Die Liebe Gottes zu den Menschen hat keinen Raum für Sünde oder Egoismus, die eine Entfremdung herbeiführen. Entfremdung von Gott schafft wiederum Unwissenheit über Gott, und dies vergrößert die Kluft immer mehr. Ehrfurcht vor dem Schöpfer ist ersetzt worden durch Humanismus und Anbetung von Dingen, die durch die Phantasie und Hände von Menschen geschaffen wurden.

Viele führende Persönlichkeiten unserer modernen Staatswesen werden in ihre Ämter eingeführt unter Bezugnahme auf Gott, aber dies ist nur ein formelles Verfahren, ein Relikt aus der Vergangenheit. Es ist häufig so, daß dieselben Politiker das, was

Gott eindeutig verhaßt ist, selbst praktizieren, gutheißen oder als Gesetz erlassen.

Das Wohlbefinden der Nationen liegt in den Händen Gottes, des Heiligen Israels. Göttliches Eingreifen ist keine Fabel aus dem finsteren Mittelalter, aber nichtsdestoweniger nehmen unsere Politiker ihre öffentlichen Ämter mit einem größeren Glauben an sich selbst wahr als an den einen, der das Schicksal und den Weg der Nationen beherrscht. König Nebukadnezar von Babylon, der Herrscher in einem der bedeutendsten Reiche der antiken Welt, empfand genauso wie einige führende Köpfe in der heutigen Zeit. Der HERR, der Gott Israels, sagte zu ihm: „...man wird dir Kraut zu essen geben wie den Rindern .... bis du erkennst, daß der Höchste über das Königtum der Menschen herrscht und es verleiht, wem er will" (Dan. 4, 32, Elberfelder Übers.). Die große Anzahl von Staatsstreichen, sowohl militärischer als auch politischer Art und die hohe Zahl von überraschenden Wahlergebnissen machen deutlich, daß eine unsichtbare Hand alle Nationen beherrscht.

Der HERR, der Gott Israels, drückt seine Souveränität über den Staat Israel folgendermaßen aus:

Siehe, wie der Ton in des Töpfers Hand, so seid auch ihr vom Hause Israel in meiner Hand. (Jer. 18,6)

Wie ein Stück Lehm in der Hand des Töpfers ist Israel vollkommen der Gnade seines Gottes ausgeliefert, um nach seinem Willen geschaffen, gestaltet, gesegnet oder bestraft zu werden. Dies trifft aber auch auf die heidnischen, nichtjüdischen Nationen zu.

Er macht Völker groß und bringt sie wieder um; er breitet ein Volk aus und treibt's wieder weg. (Hiob 12,23)

Er setzt Könige ab und setzt Könige ein. (Dan. 2,21)

Viele Menschen sind überrascht, daß einige der intelligentesten Männer oder Frauen, die in eine Regierung gewählt werden, scheinbar oft die dümmsten Entscheidungen treffen. Aber die Hand des Gottes Israels reicht tief hinein in die Angelegenheiten der Menschen.

Er entzieht den Verstand den Häuptern der Völker der Erde, und macht sie umherirren in pfadloser Einöde;
(Hiob 12,24, Elberfelder Übers.)

Der HERR macht zunichte der Heiden Rat und wehrt den Gedanken der Völker. (Ps. 33,10)

Der Gott Israels übt absolute Macht über die gesamte Schöpfung aus. Er besitzt Himmel und Erde (1. Mose 14,22) und hält alle Nationen in seiner Handfläche. Dies beinhaltet auch totale Herrschaft über den Einzelnen.

Des Menschen Herz erdenkt sich seinen Weg; aber der HERR allein lenkt seinen Schritt. (Spr. 16,9)

Der Mensch wirft das Los, aber es fällt, wie der HERR will. (Spr. 16,33)

Viele wehren sich gegen den geringsten Hinweis auf ein allmächtiges, allgegenwärtiges Wesen, das ihr persönliches Leben beherrscht, aber:

Ja, lieber Mensch, wer bist du denn, daß du mit Gott rechten willst? Spricht auch ein Werk zu seinem Meister: Warum machst du mich so? **Hat nicht ein Töpfer Macht über den Ton**, *aus demselben Klumpen ein Gefäß zu ehrenvollem und ein anderes zu nicht ehrenvollem Gebrauch zu machen?* (Röm. 9,20-21)

Wie der Staat Israel ist jeder Einzelne lediglich Lehm in der Hand des Töpfers, um in *Gefäße der Barmherzigkeit* (Röm. 9,23) oder in *Gefäße des Zornes* (Röm. 9, 22) gestaltet zu werden. Sogar unsere scheinbar freien Entscheidungen werden zu Gottes vorherbestimmten Entschlüssen. Dies mag absurd klingen, ist aber dennoch wahr und sollte nicht als schicksalhaftes Geschehen konstruiert werden, sondern als das Ergebnis einer Planung durch eine Intelligenz, die der unseren so weit überlegen ist, daß wir sie nicht verstehen können. Dieses Wesen, dieser Geist, durchdringt und erfüllt alles im Himmel und auf Erden (Jer. 23,24). Wenn wir die Großartigkeit der Himmel betrachten, dann sollten wir uns auch dessen bewußt sein, daß dieses gewaltige Wesen, der eine, der sich gern als der Gott Israels zu erkennen gibt, mehr umfaßt als das, was er geschaffen hat - *die Himmel können ihn nicht fassen* (2. Chron. 2,6). Seine Größe, Souveränität, Macht, Autorität und Majestät sind unfaßbar für uns. Er tut genau das, was er will, wann er es will und wie er es will, ohne jemand um Rat zu fragen. Seine Gegenwart in den Angelegenheiten von Einzelpersonen und Nationen kann nicht geleugnet werden. Er übt Souveränität über die ganze Schöpfung aus und sein Wort ist absolut und unveränderlich. Nebukadnezar gewann eine neue Erkenntnis über den Gott Israels, nachdem er sieben Jahre lang wie ein Tier gelebt hatte.

Und am Ende der Tage **erhob ich,** *Nebukadnezar,* **meine Augen zum Himmel, und mein Verstand kam mir wieder;** *und ich pries den Höchsten, und* **ich rühmte und verherrlichte den ewig Lebenden,** *dessen Herrschaft eine ewige Herrschaft ist, und dessen Reich von Geschlecht zu Geschlecht währt. Und alle Bewohner der Erde werden wie nichts geachtet, und* **nach seinem Willen tut er mit dem Heere des Himmels und mit den Bewohnern der Erde; und da ist niemand, der seiner Hand wehren und zu ihm sagen könnte: Was tust du?**
(Dan. 4,34-35, Elberfelder Übers.)

Jede führende Persönlichkeit und jeder Einwohner aller Staaten hat es genau wie Nebukadnezar nötig, seine Augen zum Himmel zu erheben und dem Ewigen Lob und Ehre zu geben. Vielleicht wird uns dann wieder etwas Vernunft, die uns auf der Straße der Zeit verloren gegangen zu sein scheint, zuteil. Das Wort Gottes zeigt uns, daß der HERR, der Gott Israels *der Gott der Götter und Herr der Herren* ist, *der große, mächtige und furchtbare Gott, der keine Person ansieht und kein Geschenk annimmt* (5. Mose 10,17, Elberfelder Übers.). Unsere heutigen Nationen, und besonders unsere Politiker, müssen dies berücksichtigen und können es nicht einfach unter den Teppich kehren. Was muß Gott noch alles tun, um die Aufmerksamkeit des Menschen zu erregen? Seine Möglichkeiten sind zu erschreckend, um darüber nachzudenken. Die Nationen müssen auf seine Stimme hören, die da spricht:

Hört mir zu ... gedenket des Vorigen, wie es von alters her war: Ich bin Gott, und sonst keiner mehr, ein Gott, dem nichts gleicht. Ich habe von Anfang an verkündigt, was hernach kommen soll, und vorzeiten, was noch nicht geschehen ist. Ich sage: Was ich beschlossen habe, geschieht, und alles, was ich mir vorgenommen habe, das tue ich. Ich rufe einen Adler vom Osten her, aus fernem Lande den Mann, der meinen Ratschluß ausführe. Wie ich's gesagt habe, so lasse ich's kommen; was ich geplant habe, das tue ich auch. (Jes. 46,3.9-11)

Wenn wir unsere Köpfe wie Vogel Strauß in den Sand stecken oder uns weismachen, daß er ein Mythos ist und nicht existiert, dann werden wir ihn nicht vertreiben, denn er kann sich nicht verstecken. Die gesamte Schöpfung ist bereits zu klein für ihn. Nichts anderes als nationale Umkehr wird ihn davon abbringen, den Nationen den von ihm geplante Schaden zuzufügen. Nichts und niemand ist dem Gott Israels gleich, seine Herrschaft im Himmel und auf Erden ist absolut. Er beherrscht den Bereich der Natur, des Geistes und des Physischen. Er regiert alle Könige und Königreiche, seine Macht erstreckt sich über alle staatlichen Einrichtungen und Bürger aller Nationen. Und *der HERR hat einen Rechtsstreit mit den Nationen.*

4

Der Befehlshaber
Israels

Als die Israeliten in Ägypten Sklaven waren und dem Pharao
dienten, wurde ein Mann namens Mose von Gott gerufen, sein
Volk aus Ägypten in das verheißene Land zu führen. Mose hütete
die Schafe seines Schwiegervaters in der Wüste, als ein Busch
Feuer fing, aber nicht verbrannte. Mose näherte sich dem
brennenden Busch, um ihn genauer zu betrachten, und dann
geschah folgendes:

*Als aber **der HERR** sah, daß er hinging, um zu sehen, rief
Gott ihn aus dem Busch und sprach: Mose, Mose! Er
antwortete: Hier bin ich. **Gott** sprach: **Tritt nicht herzu,
zieh deine Schuhe von deinen Füßen; denn der Ort, darauf
du stehst, ist heiliges Land!** Und er sprach weiter: **Ich bin
der Gott deines Vaters, der Gott Abrahams, der Gott Isaaks
und der Gott Jakobs.** Und Mose verhüllte sein Angesicht;
denn er fürchtete sich, Gott anzuschauen.* (2. Mose 3,4-6)

Mose befand sich in der Gegenwart Gottes. Er sollte seine
Schuhe ausziehen, weil er auf heiligem Boden stand. Im Wort
Gottes gibt es nur noch einen anderen Ort, an dem ein Mensch in
göttlicher Gegenwart stand und seine Sandalen ausziehen mußte,
weil er auf heiligem Boden stand.

*Und es begab sich, als Josua bei Jericho war, daß er seine
Augen aufhob und gewahr wurde, daß ein **Mann** ihm
gegenüberstand und ein bloßes Schwert in **seiner** Hand
hatte. Und Josua ging zu **ihm** und sprach zu **ihm:** Gehörst
du zu uns oder zu unseren Feinden? Er sprach: Nein,
sondern ich bin der **Fürst** über das Heer des HERRN und
bin jetzt gekommen. **Da fiel Josua auf sein Angesicht zur***

Erde nieder, betete an und sprach zu ihm: Was sagt mein Herr seinem Knecht? Und der Fürst über das Heer des HERRN sprach zu Josua: Zieh deine Schuhe von deinen Füßen; denn die Stätte, darauf du stehst, ist heilig. Und so tat Josua. (Jos. 5,13-15)

Es gibt Bibelübersetzungen, in denen göttliche Namen und Fürwörter mit Großbuchstaben geschrieben werden. Josua befand sich in der Gegenwart eines göttlichen Wesens, aber vor wem stand er eigentlich? An keiner Stelle in der Bibel steht, daß Engel die Anbetung von Menschen akzeptiert hätten. Im Gegenteil, jede Art von Anbetung außer der auf Gott selbst gerichteten war verboten, denn es heißt: „... *denn du sollst nicht einen anderen Gott anbeten; denn der Herr, dessen Name Eiferer ist, ist ein eifernder Gott"* (2. Mose 34,14). Engel haben Anbetung von Menschen stets vehement abgelehnt. Als Johannes zweimal versuchte, Engel anzubeten, wurde beide Male mit folgenden Worten ermahnt: *Siehe zu, tue es nicht! ... Bete Gott an!* (Offb. 19,10; 22,8-9). Neben dem HERRN akzeptiert nur ein himmlisches Wesen Anbetung von Menschen, und das ist der Herr Jesus Christus. Es steht bereits im Matthäusevangelium, daß er nicht weniger als sechsmal wissentlich Anbetung tolerierte, und zwar an folgenden Stellen:

Und siehe, ein Aussätziger kam heran und fiel vor ihm nieder ... (Matth. 8,2)

... siehe, da kam einer von den Vorstehern der Gemeinde, fiel vor ihm nieder ... (Matth. 9,18)

Die aber im Boot waren, fielen vor ihm nieder ...
(Matth. 14,33)

Sie aber kam und fiel vor ihm nieder ... (Matth. 15,25)

Und sie traten zu ihm und umfaßten seine Füße und fielen vor ihm nieder. (Matth. 28,9)

Und als sie ihn sahen, fielen sie vor ihm nieder;
(Matth. 28,17)

Jesus akzeptiert Anbetung, weil er Gott ist. Der Gott Israels ist auch der König Israels - *ich, der Herr, bin euer Heiliger, ich, der*

*Schöpfer Israels, **euer König*** (Jes. 43,15). Und über den Gott und König Israels steht folgendes geschrieben: *Du, Tochter Zion, freue dich sehr, und du, Tochter Jerusalem, jauchze! Siehe, **dein König kommt zu dir**, ein Gerechter und ein Helfer, arm und reitet auf einem Esel, auf einem Füllen der Eselin* (Sach. 9,9). Es besteht nicht der geringste Zweifel, daß sich dieser Text auf Jesus bezieht, da er selbst die Prophezeiung erfüllte. Könige gingen immer vor ihren Armeen her, und der Gott Israels ist der HERR der Armeen - mächtiger himmlischer Armeen, die oft gegen die Feinde Israels kämpfen. Ist es dann denkbar, daß, wie auch einige bekannte Bibelausleger behaupten, der Befehlshaber der himmlischen Armee, der mit Josua zusammentraf, der Herr Jesus Christus ist? Wir wollen in diesem Zusammenhang einige Gesichtspunkte überdenken.

Als Josua, der nicht wußte, wer der Mann war, ihn fragte, ob er auf der Seite der Israeliten oder auf der Seite der Feinde Israels stehe, antwortete der Befehlshaber: *„Nein, sondern als der Oberste des Heeres des Herrn bin ich jetzt gekommen."* Der Befehlshaber war weder für noch gegen Israel, weder für noch gegen die Kanaaniter. Er war einfach da, um den Willen des HERRN zu tun. Die meisten von uns kennen die Bibeltexte, die sich direkt auf den Herrn Jesus beziehen und haargenau die gleichen Eigenschaften aufzeigen, wie z.B. folgender Text: *Siehe, ich bin gekommen - wie von mir geschrieben steht - deinen Willen, oh Gott, zu tun* (Hebr. 10,7). Wir kennen auch die Worte, die Jesus selbst sprach: *Meine Speise ist, den Willen dessen zu tun, der mich gesandt hat* (Joh. 4,34).

Die Bibel sagt uns folgendes: *Christus Jesus ... der in göttlicher Gestalt war, ... entäußerte sich selbst und nahm Knechtsgestalt an, ward den Menschen gleich* (Phil 2,5-7). Und auf der Straße nach Emmaus erkannten die beiden Jünger den Einen nicht, mit dem sie gingen, weil er *in einer anderen Gestalt* erschien. Wie wir wissen, ist einer der Namen Gottes *ICH BIN*, das heißt, er kann sein oder werden, was er will. Wir wissen auch, daß der Name Gottes seine gesamte Persönlichkeit umfaßt, und diese ist auch die Persönlichkeit von Jesus. Wenn wir das bedenken, können wir auch folgenden Text über den Auszug der Israeliten aus Ägypten und die darauf folgenden Züge durch die Wüste besser verstehen:

Siehe, ich sende einen Engel (Boten) vor dir her, der dich behüte auf dem Wege und dich bringe an den Ort, den ich bestimmt habe. **Hüte dich vor ihm und gehorche seiner Stimme und sei nicht widerspenstig gegen ihn; denn er** *wird euer Übertreten nicht vergeben, weil* **mein Name in ihm ist***. (2. Mose 23,20-21)

Das hebräische Wort „*mal'ach*", das hier mit „Engel" übersetzt wird, heißt „Bote". Der Gebrauch dieses Wortes ist keineswegs begrenzt auf himmlische Wesen mit Flügeln, sondern erstreckt sich auch auf viele alttestamentliche Propheten und Priester. Die vielleicht bekannteste Bibelstelle, die das Wort *malach* beinhaltet, ist die Prophezeiung über die Ankunft von Johannes dem Täufer: *Siehe, ich sende meinen* **Boten***, daß er den Weg bereite vor mir her* (Mal. 3,1). In unserem Text aus dem 2. Buch Mose ist folgender Gesichtspunkt von besonderer Bedeutung: Der Name Gottes ist in seinem Boten, und, wie wir in dem vorherigen Kapitel ausgeführt haben, ist der Eine, der Gottes Namen trägt, Jesus.

Wenn wir uns dem Buch Daniel zuwenden, dann finden wir eine der tiefgehendsten und kraftvollsten messianischen Texte in der Bibel:

Ich sah in diesem Gesicht in der Nacht, und siehe, es kam **einer** *mit den Wolken des Himmels,* **wie eines Menschen Sohn***, und gelangte zu dem, der uralt war, und wurde vor ihn gebracht. Der gab* **ihm Macht, Ehre und Reich, daß ihm alle Völker und Leute aus so vielen verschiedenen Sprachen dienen sollten.** *Seine Macht ist ewig und vergeht nicht, und* **sein** *Reich hat kein Ende.* (Dan. 7,13-14)

Nach dem Verständnis rabbinischer Gelehrter ist dieser *Menschensohn* der messianische König, und alle bedeutenden christlichen Bibelkommentare stimmen überein, daß der *Menschensohn* in Daniels Vision Jesus ist. Menschensohn war natürlich die von Jesus bevorzugte Bezeichnung für seine Person; seine Verwendung dieses Ausdrucks ist dreiundachtzigmal in den Evangelien verzeichnet. Als Jesus dieses Wort gebrauchte, wollte er damit nicht seine Identifizierung mit der Menschheit zum Ausdruck bringen, sondern er bezeugte, wer er war - der Messias

Gottes. Wir wollen uns nun diesen Mann, den Daniel in einer späteren Vision sah, genauer betrachten:

> Ich erhob meine Augen und sah, und siehe, ein *Mann, gekleidet in Leinen, um dessen Hüfte war ein Gürtel von reinstem Gold. Sein Körper war wie Topas, sein Gesicht wie die Erscheinung eines Blitzes, seine Augen waren wie flammende Fackeln, seine Arme und Beine glänzten wie die Farbe von polierter Bronze, und als er sprach, war seine Stimme wie der Klang einer großen Menge.*
>
> (Dan. 10,5-6, Übersetzung des Autors)

War dieser himmlische Mann ein Engel? Er war bestimmt kein gewöhnlicher Mann, denn Männer bewohnen nicht die Himmel. Vergleichen wir diesen Mann in der Vision Daniels mit dem Mann in der Vision des Johannes:

> *... und mitten unter den Leuchtern einen, der war einem Menschensohn gleich, angetan mit einem langen Gewand und gegürtet um die Brust mit einem goldenen Gürtel. Sein Haupt aber und sein Haar war weiß wie weiße Wolle, wie der Schnee, und seine Augen wie eine Feuerflamme und seine Füße wie Golderz, das im Ofen glüht, und seine Stimme wie großes Wasserrauschen;* (Offb. 1,13-15)

Es bestehen insgesamt zu viele Ähnlichkeiten, als daß man diese beiden als zwei verschiedene Wesen bezeichnen könnte. Wir wissen, daß der Eine in der Vision des Johannes der Herr Jesus und kein Engel ist; darüber hinaus stellt die Bezeichnung *Menschensohn* eine Verbindung zum Buch Daniel her. Wenn Jesus, der die gleichen Merkmale und Eigenschaften zeigt wie der Mann in der Vision Daniels, kein Engel war, dann ist der Mann in der Vision Daniels auch kein Engel.

Daniel berichtet weiter, daß er in der Gegenwart dieses herrlichen Mannes alle Kraft verlor und mit dem Gesicht nach vorn zur Erde fiel. Interessant ist die Ähnlichkeit zwischen der Reaktion des Propheten Daniel in der Gegenwart des himmlischen Mannes und der Verhaltensweise der Menschen in der Gegenwart Jesu - des *Himmlischen* (1. Kor. 15,48-49) und fleischgewordenen Gottes - im Augenblick seiner Verhaftung: *Als er nun zu ihnen* *sagte: Ich bin's, wichen sie zurück **und fielen zu Boden*** (Joh. 18,6). Dies war auch die Reaktion des Propheten Hesekiel bei seiner Vision über den Thron Gottes und den Mann, den er darüber sah, sowie die lebendigen Wesen mit vier Flügeln:

> *Und über der Feste, die über ihrem Haupt war, sah es aus wie ein Saphir, einem Thron gleich, und auf dem Thron saß* ***einer, der aussah wie ein Mensch***. *Und ich sah, und es war wie blinkendes Kupfer aufwärts von dem, was aussah wie seine Hüften; und abwärts von dem, was wie **seine Hüften** aussah, erblickte ich etwas wie Feuer und Glanz ringsumher. Wie der Regenbogen steht in den Wolken, wenn es geregnet hat, so glänzte es ringsumher. **So war die Herrlichkeit des HERRN anzusehen**. Und als ich sie gesehen hatte, **fiel ich auf mein Angesicht** und hörte einen reden.* (Hes. 1,26-28)

Hesekiel sah *das Bild der Herrlichkeit des Herrn*; dieses Bild nahm die Gestalt eines Mannes an, so wie der Menschensohn in der ersten und der himmlische Mann in der zweiten Vision von Daniel. Jede Manifestierung dieses übernatürlichen Mannes, beginnend mit seiner Erscheinung bei Josua, ist nicht mehr und nicht weniger als eine Manifestierung des ewigen Christus - Jesus, des Sohnes Gottes. Wir sollten ein für allemal das Bild vom „süßen, freundlichen Jesulein" aus unserem Geist verbannen. Er demonstrierte, daß er nicht immer so „süß und freundlich" ist, als er in Joh. 2,15 eine Peitsche machte und Käufer und Verkäufer zusammen mit ihren Schafen und Ochsen aus dem Tempel trieb, als er die Münzen von Geldwechslern auf den Boden warf und deren Tische umwarf. Wir glauben doch wohl nicht, daß es nicht genügend Juden gab, die zornig genug waren, um ihn von diesem Tun abzuhalten? Aber sie konnten es nicht! Jesus dachte die Gedanken Gottes und tat, was Gott tut. Er ist in der Lage, leidenschaftlich zu lieben, und er ist ebenso fähig, mit der gleichen Leidenschaft alles, was eigensüchtig und böse ist, zu hassen. Die Liebe Gottes hat keinen Raum für Sünde oder Selbstsucht. Jesus zeigte die Wut Gottes, und sogar seine Augen blitzten wahrscheinlich so sehr, daß diejenigen, auf die er zornig war, in Angst und Schrecken versetzt wurden. Hier auf Erden war Jesus an einen Körper aus Fleisch und Blut gebunden, aber der Tag kommt, an dem dieser Schreckliche *vom Himmel offenbart wird mit den Engeln seiner Macht, in flammendem Feuer, wenn er Vergeltung gibt denen, die Gott nicht kennen, und denen, die dem Evangelium nicht gehorchen* (siehe auch 2.Thess. 1,7-8). Das Neue Testament ist voller Warnungen über die kommenden Gerichte Gottes. Wir müssen nur die Worte Jesu in den Evangelien lesen, die Warnungen des Petrus, den Judasbrief. Das Buch der Offenbarung ist voller Hinweise auf den Zorn Gottes, der auf diese Erde ausgegossen werden soll.

Der Gott Israels ist gnädig und barmherzig, aber er vollstreckt Gerechtigkeit mit einer erschreckenden Gnadenlosigkeit, die die Erde erzittern läßt. Und in dem Buch der Offenbarung sehen wir Jesus, den siegreichen König an der Spitze seiner Armeen:

*Und ich sah den Himmel aufgetan; und siehe, ein weißes Pferd. Und der darauf saß, hieß: **Treu** und **Wahrhaftig**, und **er** richtet und kämpft mit Gerechtigkeit. Und **seine** Augen sind wie eine **Feuerflamme**, und auf **seinem** Haupt sind viele Kronen; und **er** trug einen Namen geschrieben, den niemand kannte **als er selbst**. Und **er** war angetan mit einem Gewand, das mit Blut getränkt war, und **sein** Name ist: **Das Wort Gottes**. Und **ihm** folgte **das Heer des Himmels** auf weißen Pferden, angetan mit weißem, reinem **Leinen**. Und aus **seinem** Munde ging ein scharfes Schwert, daß **er** damit die Völker schlage; und **er** wird sie regieren mit eisernem Stabe; und **er tritt die Kelter, voll vom Wein des grimmigen Zornes Gottes, des Allmächtigen**, und trägt einen Namen geschrieben auf **seinem** Gewand und auf **seiner** Hüfte: **König aller Könige und Herr aller Herren**.*
(Offb. 19,11-16)

Jesus, der ewige Sohn des lebendigen Gottes, ist KÖNIG ALLER KÖNIGE UND HERR ALLER HERREN, und als solcher wird er natürlich an der Spitze seiner Armeen in den Krieg ziehen. Der HERR, der Gott des Himmels und der Erde, der Gott Israels, hat einen Rechtsstreit mit den Nationen. Er ist der absolute und souveräne Eigentümer von Himmel und Erde und verfügt über gewaltige Streitkräfte und Waffenarsenale, mit denen er Krieg über die Nationen bringen kann. Er hat auch die unerschütterliche Treue von Jesus, dem fleischgewordenen Gott, Kriegskönig und Befehlshaber der mächtigen himmlischen Armeen.

5

Der Fürst
Israels

Heutzutage wird der Staat Israel (s. auch Kapitel 8) als viertstärkste Streitmacht in der Welt eingeschätzt. Die Erklärung hierfür liegt nicht bei Israels Kampfkraft, sondern bei den übernatürlichen Mächten, die mit Israel gegen seine Feinde kämpfen. Sogar in den Tagen des Propheten Elisa, als der König von Syrien seine Truppen zur Belagerung Dothans ausgesandt hatte, tröstete der Prophet seinen erschrockenen Diener folgendermaßen:

*Er sprach: Fürchte dich nicht, denn **derer sind mehr, die bei uns sind, als derer, die bei ihnen sind!** Und Elisa betete und sprach: HERR, öffne ihm die Augen, daß er sehe! Da öffnete der HERR dem Diener die Augen, und er sah, und siehe, **da war der Berg voll feuriger Rosse und Wagen um Elisa her.** (2. Kön. 6,16-17)*

So, wie es im alten Israel geschehen war, geschieht es auch im modernen Israel. In meinem Buch *Wenn Tag und Nacht vergehen* erwähnte ich aktuelle Beispiele eines übernatürlichen Eingreifens auf den Schlachtfeldern Israels, die die Israelis in Ehrfurcht versetzten und die Herzen der feindlichen Soldaten mit Schrecken erfüllten. Die Feinde Israels mögen tausende moderner Panzer besitzen, aber **der Wagen Gottes sind ... Tausende und aber Tausende** (Ps. 68,17, Elberfelder Übers.). Das heutige Israel ist die Fortführung des alten Israel, weil es die Erfüllung von Prophezeiungen erlebt, die dem alten Israel gegeben wurden. Und sowohl die wundersamen als auch die übernatürlichen Phänomene, die so deutlich vorhanden sind in den dokumentierten historischen Ereignissen in Verbindung mit Gottes auserwählter Nation, nehmen an Häufigkeit zu in dem Maße, in dem Israel seiner göttlichen Bestimmung näherkommt.

Es gibt eine andere, äußerst kraftvolle, mit Israel verbündete übernatürliche Macht, die wir bisher nicht berücksichtigt haben. Wir müssen ihn jedoch berücksichtigen, denn er besitzt die unvergleichliche Macht des Allmächtigen, und seine alleinige Aufgabe ist es, über Israel zu wachen und zu gewährleisten, daß es seine Bestimmung erfüllt. Im gesamten Alten sowie im Neuen Testament gibt es zahlreiche Hinweise auf Fürsten oder Herrscher. Das im Alten Testament gebrauchte hebräische Wort *sar* und das im Neuen Testament verwendete griechische *archon* sind von der Bedeutung her identisch und werden gleichermaßen für himmlische oder irdische Wesen angewendet. Unser Augenmerk liegt hier aber auf den himmlischen und nicht auf den irdischen Wesen. In Jes. 9,5 wird Jesus als *sar-schalom*, Fürst des Friedens, bezeichnet. In Joh. 12,31 wird Satan *archon*, der Fürst oder Herrscher dieser Welt genannt. Aus diesen beiden Beispielen allein können wir ersehen, daß im geistlichen Bereich „Fürst" gleichbedeutend ist mit jemandem, der große Macht und Autorität besitzt.

Im zehnten Kapitel des Buches Daniel wird berichtet, wie Daniel drei Wochen lang fastete, betete und trauerte, und als diese Zeit beendet war, geschah folgendes:

*Ich erhob meine Augen und sah, und siehe, ein **Mann**, gekleidet in Leinen, um dessen Hüfte war ein Gürtel von reinstem Gold. **Sein** Körper war wie Topas, **sein** Gesicht wie die Erscheinung eines Blitzes, **seine** Augen waren wie flammende Fackeln, **seine** Arme und Beine glänzten wie die Farbe von polierter Bronze, und als er sprach, war **seine** Stimme wie der Klang einer großen Menge.*

(Dan. 10,5-6, Übersetzung des Autors)

Daniel sah, wie Johannes im Buch der Offenbarung, die himmlische Erscheinung von Jesus, dem Sohn Gottes, dem Menschensohn. Da uns ein besserer Begriff fehlt, wollen wir in diesem Kapitel den Einen in der Vision Daniels als den Himmlischen bezeichnen.

Die Erzählung im Buch Daniel, Kapitel dreizehn, berichtet uns, daß der Himmlische gesandt wurde, um Daniel über zukünftige

Ereignisse in bezug auf Israel zu informieren. Obwohl der himmlische Mann sehr mächtig war, wurde er drei volle Wochen lang von der regierenden spirituellen Macht über dem uns heute als Iran bekannten Land bekämpft, und er war nicht fähig, zu Daniel durchzudringen, bis Hilfe kam:

*Aber der Engelfürst des Königreichs Persien hat mir einundzwanzig Tage widerstanden; und siehe, **Michael**, einer der Ersten unter den Engelfürsten, kam mir zu Hilfe.*
(Dan. 10,13)

Wir bekommen hier ein klares Bild von der Macht eines spirituellen Fürsten. Der Fürst von Persien konnte sogar den Himmlischen erfolgreich aufhalten und so seine Mission verzögern. Aber jetzt wird uns *Michael, einer der ersten Fürsten*, vorgestellt, der dem Himmlischen zur Hilfe eilte und dem Widerstand des Fürsten von Persien ein Ende machte.

Um Verwirrung zu vermeiden, müssen wir eine klare Trennung zwischen Jesus und allen „geschaffenen" Fürsten vornehmen. Jesus ist der Sohn Gottes, weil er ewig und wesenhaft mit dem Vater verwandt ist und den Titel ***Fürst des Friedens*** führt - dies ist ein besonderer Titel. In dem oben erwähnten Text wird Michael als *einer der ersten Fürsten* bezeichnet. Die Wortwahl im Hebräischen bedeutet, daß Michael viel mehr ist als nur einer der großen Fürsten unter den Engeln. Er ist der ranghöchste oder der bedeutendste der großen Fürsten. Und, nach dem neunten Vers im Judasbrief, ist er Michael, der Erzengel. Das Wort Erzengel erscheint nur zweimal in der Bibel, und zwar nur in der Einzahl. So ist Michael entweder der erste und ranghöchste einer kleinen, ausgewählten Gruppe von Engeln oder noch eher der einzige seiner Art, der ranghöchste und mächtigste im gesamten Engelheer.

Der hebräische Name Michael bedeutet wörtlich übersetzt „wer ist wie Gott". In seiner Abhandlung über den Erzengel schreibt der angesehene Keil-Delitzsch Kommentar über das Alte Testament folgendes: „Deshalb ist Michael der Erzengel, der die unvergleichliche Macht Gottes besitzt."

Dieser mächtige Erzengel, der ranghöchste des gesamten Engelheeres und ausgestattet mit der ungeheuren Macht Gottes, ist der Schutzfürst Israels. Der Himmlische, der mit Daniel sprach, bezeichnete Michael mit „euer Fürst" (Dan. 10,21). Das „euer" bezieht sich nicht nur auf Daniel, sondern auf die gesamte Nation Israel:

*Zu jener Zeit **wird Michael, der große Engelfürst, der für dein Volk eintritt, sich aufmachen** ... Aber zu jener Zeit wird **dein Volk errettet** werden ...* (Dan. 12,1)

Hier werden drei Gesichtspunkte bestätigt: Erstens ist Michael **der** große Fürst, im Gegensatz zu einem großen Fürsten; zweitens steht Michael für bzw. wacht über die Kinder Israel und ist tatsächlich der Schutzfürst Israels; drittens, wenn Michael aufsteht oder gegen die Feinde Israels kämpft, dann siegt er wegen der Macht, die er besitzt. Sogar die vereinten Mächte der Hölle sind dem Fürsten Israels unterlegen. Mit der Macht des Allmächtigen wird Michael gemeinsam mit den unter seinem Befehl stehenden Mächten immer triumphieren:

*Und es entbrannte ein Kampf im Himmel: **Michael und seine Engel kämpften gegen den Drachen.** Und der Drache kämpfte und seine Engel, und sie siegten nicht, und ihre Stätte wurde nicht mehr gefunden im Himmel.*

(Offb. 12,7-8)

Wenn wir das gesamte 12. Kapitel der Offenbarung, aus dem dieser Text entnommen ist, lesen, dann sehen wir, daß der Drache oder Satan die Frau verfolgt, auf deren Kopf ein Kranz von zwölf Sternen ist. Bei der Frau handelt es sich offensichtlich um Israel; und Michael, der Schutzfürst Israels, enthebt Satan seiner Macht und wirft ihn und die rebellischen Engel aus dem Himmel, weil sie eine Bedrohung darstellten für Gottes Absichten mit Israel.

Wenn wir auch die Könige und Königreiche beachten, die in den Kapiteln 10 und 11 des Buches Daniel erwähnt werden, dann verstehen wir, daß alle Weltmächte gegen Israel verbündet waren. Der Himmlische sagt im Hinblick auf die Könige, Königreiche und spirituellen Fürsten folgendes:

*... **und es ist keiner, der mir hilft** gegen jene, **außer eurem Engelfürst Michael. Und ich stand auch bei ihm** im ersten Jahr des Darius des Meders, **um ihm zu helfen und ihn zu stärken.*** (Dan. 10,21-11,1)

Michael und der Himmlische haben die Aufgabe, Israel zu beschützen und Gottes Beschlüsse in bezug auf diese Nation durchzusetzen. Michael unterstützt den Himmlischen, den Befehlshaber der Kriegsengel des Herrn, indem er irdische Könige und Königreiche stärkt oder schwächt, und er führt Krieg gegen *Fürstentümer, Gewalten, gegen die Weltbeherrscher dieser Finsternis, gegen die geistlichen Mächte der Bosheit in den himmlischen Örtern* (siehe Eph. 6,12). Die Geschichte zeigt uns, daß Darius der Meder, von dem Himmlischen gestärkt, Babylon eroberte. Die Zerstörung des Babylonischen Weltreichs bereitete wiederum den Weg für die Rückkehr der Juden in ihr Land. So sehen wir eine direkte Auswirkung der Intervention durch dieses ehrfurchtgebietende Paar.

Die göttliche Macht, die verfügbar ist für die Verteidigung und den Schutz Israels kann nicht mit menschlichen Worten beschrieben werden. Der König der Schöpfung, der in die Finsternis hineinsprach und die ganze Welt hervorbrachte, ist der Gott Israels. Der Befehlshaber der göttlichen Armee von Kriegsengeln ist der Sohn des Gottes Israels. Der Schutzfürst von Israel ist Michael, der die unvergleichliche Macht des Gottes Israels besitzt. Wenn wir diese Tatsachen für sich sprechen lassen, dann überrascht es uns nicht, daß trotz unüberwindbarer Hindernisse Israel aus jedem der sechs seit der Staatsgründung im Jahre 1948 gegen das Land geführten Kriege siegreich hervorging. Wie wir jetzt wissen, ist es nicht die Kampfkraft Israels, sondern die schreckliche Macht seines Gottes, die den Ausgang des Kampfes bestimmt, eine Macht, die unendlich größer ist als die größte Atombombe, die Menschen jemals bauen können. Die Macht eines Engels übersteigt die einer ganzen Armee, und es gibt mehr Engel als gegnerische Streitkräfte. Die Macht des Gottes Israels ist kolossal, die Zukunft ist beschlossen, und *der HERR hat einen Rechtsstreit mit den Nationen.*

TEIL II

Israel

6

Israel

In den Augen vieler Nationen ist Israel ein Hindernis auf dem Weg zum Weltfrieden und ein bedeutendes Problem, das direkt oder indirekt fast die ganze Menschheit betrifft. Israel ist der Kopfschmerz der Welt, und wie sehr wünscht die Welt sich, einfach Aspirin zu schlucken und sich davon befreien zu können. Aber Israel kann man nicht so einfach loswerden. Viele haben versucht, es auszuradieren, aber es kommt immer wieder, und diejenigen, die es gern zerstören wollen, werden selbst in den Ruin getrieben. Es ist zweifelhaft, ob überhaupt jemand eine vollständige Offenbarung über Israel besitzt; aber für den gottesfürchtigen, bibeltreuen, zweimal geborenen Christen beweist Israel die Genauigkeit und Verläßlichkeit des Wortes Gottes und ist ein Hinweis auf ein schnelles und gewaltsames Ende dieses Zeitalters und das baldige Kommen des göttlichen Gerichts.

Das jüdische Volk erlitt mehr Verfolgungen als jede andere Nation im Verlauf der Weltgeschichte. Zunächst wurden die Juden durch die assyrischen und babylonischen Weltreiche vor etwa 2.700 Jahren ihres gottgegebenen Landes beraubt. Aber Gott handelte im Einklang mit seinem Wort und brachte sie zurück in ihr Land, errichtete ihr Staatswesen wieder und gab das assyrische und babylonische Weltreich völliger Zerstörung preis. Eine andere Nation, Rom, erhob sich, um die Welt zu beherrschen; dieses mächtige Weltreich beraubte das jüdische Volk wiederum seines göttlichen Erbes und zerstreute die Juden über die ganze Erde. Heute, fast 2.000 Jahre später, ist Israel als Staat auf seinem gottgegebenen Land wieder errichtet und bringt zur Zeit Millionen seiner im Exil lebenden Bürger nach Hause. Andererseits ist Rom heute eine Stadt mit zerfallenden Monumenten, mit Ruinen, die uns erzählen, daß Rom sich der langen Reihe vergangener historischer Größen angeschlossen hat.

Die Geschichte des jüdischen Volkes ist tragisch. Als

Nachkomme Abrahams, eines gottesfürchtigen Glaubenshelden, hat Israel je nach dem Grad seiner Ehrfurcht vor und seines Gehorsams gegen seinen Gott an Macht und Einfluß zu- oder abgenommen. Der Höhepunkt vergangener Herrlichkeit wurde in den Tagen des Königs David und seines Sohnes Salomo erreicht, vor etwa 3.000 Jahren. Über David sagte Gott: *„Ich habe David gefunden, einen Mann nach meinem Herzen, der meinen ganzen Willen tun wird"* (Apg. 13,22). Und über Salomo steht geschrieben: *„Und der König Salomo war größer als alle Könige der Erde an Reichtum und an Weisheit"* (1. Kön. 10,23). Gegründet von einem gottesfürchtigen Mann, stieg Israel auf, als es von einem anderen gottesfürchtigen Mann geführt wurde. Aber als gottlose Könige den Thron der Macht bestiegen und regierten, nahm die ganze Herrlichkeit ab. Die Herrlichkeit Israels und seines Gottes verließ das Land, und als disziplinarische Maßnahme wurden auch die Einwohner von dem Gott Israels daraus verbannt - in ein siebzig Jahre dauerndes Exil nach Babylon (Jer. 29,10). Aber er blieb seinem Wort treu und brachte sie am Ende der von ihm beschlossenen Zeit wieder in ihr Land zurück.

Als Israel seinen Messias an die Römer auslieferte und auf seiner Kreuzigung bestand, war dies der letzte Akt der Rebellion gegen Gott und brachte seinen Zorn über die damalige Generation. Diejenigen, die das Schwert überlebten, wurden aus dem Land der Verheißung vertrieben und seit etwa zwei Jahrtausenden wurden sie und ihre Nachkommen zu staatenlosen Wanderern, gejagt, mißhandelt und ermordet, getrieben von Land zu Land in der Furcht um ihr Leben, aber sie klammerten sich an die Verheißung, daß Gott *eines Tages noch zum zweiten Male seine Hand ausstrecken würde, um den Überrest seines Volkes .... loszukaufen und ... die Vertriebenen Israels zusammenbringen ... von den vier Enden der Erde* (Jes. 11,11-12, Elberfelder Übers.). Und dies tut er in unserer heutigen Zeit.

Im Laufe seiner langen Geschichte hat Israel seine Erwählung für die Absichten Gottes als eine Bevorzugung von seiten Gottes mißgedeutet. Als Ergebnis dieser geistlichen Blindheit wartet es noch heute auf seine von Gott beschlossene Rolle. Auf Golgatha beugten sich Gnade und Liebe nieder und sagten: *„Vater, vergib* *ihnen"* (Luk. 23,34). Jesus sprach niemals ein Gebet, das nicht erhört wurde, und deshalb wurde Israel Vergebung von Gott zuteil. *Zu Ende ist seine Knechtschaft, gesühnt ist seine Schuld. Zweifaches hat es empfangen aus der Hand des Herrn für alle seine Sünden* (Jes. 40,2). *Mein Sohn, mein Erstgeborener, ist Israel* (2. Mose 4,22), sagt Gott. Ein Sohn braucht die Züchtigung durch seinen Vater, und diese Züchtigung beweist die Liebe des Vaters zu seinem Sohn. Der Herr Jesus *ist Gottes eingeborener Sohn* (Joh. 3,16), *doch dem HERRN gefiel es, ihn zu zerschlagen* (Jes. 53,10). Wenn es dem HERRN gefiel, den Einen, *an dem ich Wohlgefallen habe* (Matth. 3,17), zu zerschlagen, sollte es uns dann wundern, daß er *den Liebling seiner Seele* (Jer. 12,7) zerschlägt? Wenn es dem Herrn gefiel, den Einen, der seine Erlösung ist (Luk. 2,30), zu verwunden, sollte es uns dann wundern, daß er die zerschlägt, durch die seine Erlösung kommt, denn *das Heil kommt aus den Juden* (Joh. 4,22)? Jesus, *obwohl er Sohn war, ... lernte Gehorsam an dem, was er litt* (Hebr. 5,8). Auch Israel, *Gottes erstgeborener Sohn*, lernt Gehorsam durch Leiden.

In christlichen Kreisen herrscht ein weit verbreitetes Mißverständnis im Hinblick auf die Namen Jakob und Israel. Die Bedeutung des Namens Jakob (Jaakov) wird traditionell als „Verdränger" oder „Ersatz" gelehrt, die des Namens Israel als „ein Fürst mit Gott". Das hebräische Wort „Ersatz" hat jedoch eine völlig andere Wurzel und diese Bedeutung kann völlig außer Acht gelassen werden. Jakob (Jaakov) kommt von dem hebräischen Wort *akov*, das „krumm, verschlagen" oder „betrügerisch" bedeutet und mit dem hebräischen Wort *akav* verwandt ist - die „Ferse" seines Bruders Esau, die Jakob bei der Geburt festhielt. Die Bedeutung des Namens Jakob kann eindeutig dem Wort Gottes entnommen werden: *Ist es nicht, weil man ihm den Namen Jakob gegeben, daß er mich nun zweimal **überlistet** hat* (1. Mose 27,36, Elberfelder Übers.)? Das Wort, das mit „überlistet" übersetzt wurde, ist das hebräische Wort *akov*. Der listige, verschlagene Jakob erhielt jedoch vom HERRN einen neuen Namen: *Nicht Jakob soll hinfort dein Name heißen, sondern Israel* (1. Mose 32,28, Elberfelder Übers.). Der Name Israel besteht aus zwei hebräischen Wörtern, einmal aus *jaschar*, d.h. „gerade" und *El*, d.h. „Gott". Die Bedeutung des Namens Israel ist daher „gerade gemacht durch Gott". Nur mit einem klaren Verständnis dieser beiden Namen ist es möglich, den vollständigen Sinn von „Jakob" und „Israel" zu erkennen. Gott wählte absichtlich diese beiden Namen, um seine Erlösung und Errettung des Menschen durch den rebellischen Jakob, die Nation Israel, zu demonstrieren. Die spirituelle Bedeutung der Namen Jakob und Israel kann ohne weiteres als kosmisch bezeichnet werden. Rebellion ist allen Menschen mit der Natur Adams gemeinsam. List ist ebenso das Erbe eines jeden Menschen: *Arglistig ist das Herz, mehr als alles, und verderbt ist es; wer mag es kennen?* (Jer. 17,9, Elberfelder Übers.) Die Arglist des menschlichen Herzens täuscht sogar den Menschen, in dessen Brust dieses Herz schlägt. Und das hebräische Wort, das hier mit „arglistig" übersetzt wird, ist wieder akov, von dem sich der Name Jakob ableitet. Aber das „Krumme" (wieder das hebräische Wort *akov*, von dem Jakob herkommt), das „Arglistige", soll von Gott (hebräisch *El*) „gerade" (hebräisch j*aschar*) gemacht werden, und so ergibt sich der Name Israel. Wir sollten jetzt in der Lage sein, die Bedeutung des folgenden Textes zu erfassen:

> *Bereitet dem HERRN den Weg, macht in der Steppe eine* ***ebene*** *Bahn unserem Gott! Alle Täler sollen erhöht werden, und alle Berge und Hügel sollen erniedrigt werden, und was* ***uneben*** *ist, soll* ***gerade***, *und was hügelig ist, soll eben werden;* (Jes. 40,3-4)

Das arglistige und krumme Herz des Menschen soll verändert und gerade gemacht werden durch die vom HERRN bewirkte Erlösung. Jedes Tal (der demütige Mensch) soll erhöht und jeder Berg und Hügel (die stolzen Menschen) soll erniedrigt werden; *denn nichts bleibt, wie es ist, sondern was hoch ist, soll erniedrigt werden, und was niedrig ist, soll erhöht werden* (Hes. 21,31). Deshalb ist Israel eine Analogie, ein Bild der wundervollen Erlösung durch unseren Gott. Der HERR erwählte *das geringste unter allen Völkern* (5. Mose 7,7), *ein verkehrtes und verdrehtes Geschlecht* (5. Mose 32,5), *widersetzlich und widerspenstig* (Ps. 78,8), *mit einem Herzen aus Diamant* (Sach. 7,12), um sie zu *einer großen und mächtigen Nation* (1. Mose 18,18) zu machen, mit einem *fleischernen Herz* (Hes. 11,19), *daß die Nationen wissen, daß ich der HERR bin, der Heilige in Israel* (Hes. 39,7). Die Bestimmung Israels soll der Kanal sein, durch den die Erlösung zur gesamten Menschheit kommt. Erwählte Gefäße leiden immer. Jesus, der Kanal für Gottes Liebe und Errettung, hat gelitten. Der große Apostel Paulus, der Kanal für die frohe Botschaft Gottes an die Nichtjuden, hat ebenfalls gelitten (2. Kor. 11,23-27). Israel, der Kanal für die Erlösung Gottes, der Kanal für die heiligen Propheten Gottes, der Kanal für die Heiligen Schriften und der Kanal für Jesus, den Heiligen Gottes, leidet bis heute. Sowohl Jesus als auch Paulus gewannen den Wettlauf und vollendeten die Pläne Gottes, obwohl sie beide einen schändlichen Tod im Fleisch erlitten.

Auch Israel vollendet die Pläne Gottes. Während dieses Jahrzehnts wird es mit Sicherheit die Aufmerksamkeit der ganzen Welt gefangennehmen und zur Zielscheibe ihrer antichristlichen Giftpfeile werden, aber auch dies ist Teil seiner Bestimmung. Und genauso, wie der HERR seine Macht sowohl in Jesus wie auch in Paulus manifestierte, wird er seine Macht in Israel manifestieren: *„Denn ich bin mit Euch, spricht der Herr der Heerscharen. Das Wort, welches ich mit euch eingegangen bin, als ihr aus Ägypten zoget, und mein Geist bestehen in eurer Mitte: Fürchtet euch nicht!"* (Hag. 2,4, Elberfelder Übers.). Israel soll sich nicht fürchten. Der Geist des HERRN wirkt in seiner Mitte, um jeden Stein wegzuräumen, der im Weg des göttlichen Erlösungsplans liegt.

Gott hat zum dritten und letzten Mal Israel als unabhängige Nation gegründet. Diese Nation wurde aus den Flammen des Holocaust geboren, der das Leben von sechs Millionen Juden gefordert hatte. Und um sie in der modernen Völkerwelt willkommen zu heißen, wurde diese Nation am Tag nach ihrer Gründung am 14. Mai 1948 von sieben mächtigen, gut ausgebildeten, hochgerüsteten, feindlichen arabischen Nationen angegriffen. Durch übernatürliche Hilfe gewann Israel diesen Krieg sowie jeden der fünf folgenden Kriege.

Geboren in eine Welt, in der Geld mehr zählt als Leben oder Gerechtigkeit, ist Israel zur Zielscheibe eines weltweiten, siebenundvierzig Jahre dauernden Wirtschaftsboykotts geworden, mit dem Ziel, diese Nation wirtschaftlich in die Knie zu zwingen. Aber trotz des arabischen Boykotts, der Israels Handel um mindestens 50 Milliarden US-Dollar beraubte, hat dieses Land in den letzten drei Jahren die gesamte Welt im Bereich des Wirtschaftswachstums angeführt, mit einer Wachstumsrate, die das Dreifache der Vereinigten Staaten oder Japans erreichte. Unter der Voraussetzung, daß Israel eine von Gott beschlossene Bestimmung hat und daß gewaltige übernatürliche Mächte mobilisiert werden, um die Erfüllung dieser Bestimmung zu gewährleisten, wird folgendes deutlich: Wer auch immer auf Israels Seite ist, befindet sich auf der Seite Gottes und damit auf der Seite des Gewinners. Wer auf der anderen Seite ist, befindet sich auf der Seite des Verlierers; er kann nicht gewinnen, sondern wird in das sichere Verderben laufen.

7

Israel - der Schlüssel zum Wohlergehen

Abram, dem Gott später den neuen Namen Abraham gab, war der Vater des jüdischen Volkes und des Staates Israel. Vor ungefähr 4.000 Jahren, als er allein war, ohne Nachkommen, machte der HERR den Fall Abrahams zu seinem eigenen. Er verkündete die wesenhafte Verbindung Abrahams mit seinem Erlösungsplan, und auch mit dem Wohlergehen und dem Unglück aller, die mit ihm Kontakt hatten.

Und der HERR sprach zu Abram: Geh aus deinem Vaterland und von deiner Verwandtschaft und aus deines Vaters Hause in ein Land, das ich dir zeigen will. **Und ich will dich zum großen Volk machen** *und will dich segnen und dir einen großen Namen machen,* **und du sollst ein Segen sein. Ich will segnen, die dich segnen, und verfluchen, die dich verfluchen; und in dir sollen gesegnet werden alle Geschlechter auf Erden.** (1. Mose 12,1-3)

Das Versprechen Gottes, das Wohlergehen derer, die Abraham begegneten, mit seiner Person zu verknüpfen, war nicht auf Abraham allein beschränkt. Der Schlüssel zum Wohlergehen einer jeden Nation und jedes einzelnen liegt heute in der Einstellung, die gegenüber Israel und dem jüdischen Volk, den Nachkommen Abrahams, zum Ausdruck gebracht wird. Wir wissen dies, weil von den sieben verschiedenen Anwendungen des Fürworts „du" durch Gott nur vier auf Abraham anzuwenden sind, während alle sieben auf seine Nachkommen zutreffen. Abraham war niemals eine große Nation. Sein volles Lebensalter betrug *hundert fünfundsiebzig Jahre* (1. Mose 25,7), aber es wird von ihm berichtet, daß er nur achtzehn Kinder und Enkelkinder hatte. Etwa 560 Jahre später wurde aus seinen Nachkommen durch Isaak die junge Nation Israel. Es dauerte weitere 2.000 Jahre, bis aus ihnen *eine große Nation* wurde.

Abraham war nur für wenige Menschen ein Segen, aber seine Nachkommen sind ein Segen für viele, und durch sie werden *alle Geschlechter der Erde* gesegnet. Die Juden haben in der Welt einen enormen Einfluß. Obwohl ihre Anzahl sich auf weniger als ein Viertel der Weltbevölkerung beläuft, stellen sie mehr als zehn Prozent aller Nobelpreisträger der Welt. Sie sind mit Talenten, Begabungen und Intelligenz weit über das normale Maß hinaus „gesegnet". Die genialen Entdeckungen und Schöpfungen von Juden auf den Gebieten der Naturwissenschaft, Medizin und in den bildenden Künsten sind legendär. Durch das jüdische Volk erhielt die Welt die Bibel und Jesus, das Lamm Gottes, das die Sünden der Welt hinwegnimmt. Natürlich wissen wir, daß Jesus der Sohn Gottes war und ist, aber Jesus wurde als Jude in diese Welt hineingeboren, und *Jesus Christus ist derselbe gestern, heute und in Ewigkeit* (Heb. 13,8). Wir sollten niemals vergessen, daß Jesus ein Jude war und ist.

Später, als Abraham noch immer ohne Nachkommen war, versprach ihm Gott folgendes:

Und er sprach zu ihm: Ich bin der HERR, der dich aus Ur in Chaldäa geführt hat, auf daß ich dir dies Land zu besitzen gebe. (1. Mose 15,7)

Obwohl dieses Versprechen Abraham direkt galt, wissen wir, daß er niemals selbst das Gelobte Land besaß oder ererbte, denn es heißt:

... aber er gab ihm kein Eigentum darin, auch nicht einen Fußbreit ... (Apg. 7,5)

Es sind die Nachkommen Abrahams, die durch Isaak das Land besaßen und ererbten, so wie dieselben Nachkommen durch Isaak der Welt ihren segensreichen Einfluß brachten. Als der Herr dem Abraham die Verheißungen gab, waren die Empfänger der „Same", der in Abrahams „Lenden" war (vergl. Heb. 7,5.9-10). Diesen wichtigen Aspekt müssen wir in seiner Tiefe verstehen. Es sind die Nachkommen Abrahams, die durch Isaak nicht nur ein Besitzrecht an dem heutigen Land Kanaan haben, *von dem Strom*

Ägyptens an bis zu dem großen Strom Euphrat (1. Mose 15,18), sondern sie sind auch eng verknüpft mit dem Wohlergehen und dem Mißgeschick all jener, die mit ihnen in Berührung kommen. Es herrscht jedoch ein großes Mißverständnis im Hinblick auf den ersten Bibeltext, den wir aus dem 1. Buch Mose, Kapitel 12 zitierten. Dieses Mißverständnis wird so lange bestehen bleiben, wie Herausgeber weit verbreiteter Bibelübersetzungen den „traditionellen" Wiedergaben folgen, anstatt aus dem Ghetto ihrer christlichen Bequemlichkeit herauszugehen und neuen Boden zu betreten. Der Text, in dem das Mißverständnis liegt, ist ein vielzitierter Lieblingstext vieler Christen. Es ist natürlich nicht verkehrt, diesem Text eine geistliche Bedeutung zu geben und ihn auf sich selbst oder die Gemeinde Jesu anzuwenden, aber er ist in Wirklichkeit an das jüdische Volk gerichtet, und zwar folgendermaßen: *Ich will segnen, die dich segnen, und wer dir flucht, den werde ich verfluchen* (1. Mose 12,3, Elberfelder Übers.).

Das Segnen und Verfluchen ist abhängig von der Haltung der Menschheit gegenüber Abraham und seinen Nachkommen. Was ihnen angetan wird, das gilt dem HERRN selbst, und so steht es über das jüdische Volk geschrieben: *Denn wer euch antastet, der tastet seinen Augapfel an!* (Sach. 2,8, Elberfelder Übers.). „Segnen" bedeutet „jemanden ehren oder jemandem Gunst erweisen", und Gott verspricht dies jenen, die Israel ehren und Gunst erweisen. Aber das nächste Textsegment *„ wer dir flucht, den werde ich verfluchen"* führt uns in die Irre aufgrund der falschen Wiedergabe in den weit verbreiteten Bibelübersetzungen (so wie oben die Elberfelder Übersetzung, Anm. d. Übers.). Auf den ersten Blick scheint diese Aussage einen göttlichen Schlagabtausch zu beinhalten. Aber im Hebräischen sind die beiden Wörter, die als „fluchen", bzw. „verfluchen" wiedergegeben werden, völlig verschieden. Sie sind nicht nur unterschiedlich, sondern auch weit voneinander entfernt in ihrer Bedeutung, ja, sie haben sogar verschiedene Wurzeln. Das erste hebräische Wort ist *arar*, und das zweite *kilel*. Nur zweimal in der ganzen Bibel erscheinen diese beiden Wörter gemeinsam in einem einzigen Vers, und zwar in dem, mit dem wir uns beschäftigen, und in dem folgenden:

*Gott sollst du nicht **lästern,** und einem Obersten in deinem Volk sollst du nicht fluchen.* (2. Mose 22,28)

Hier wird das Wort *kilel* mit „lästern" übersetzt. Es handelt sich um genau dasselbe hebräische Wort, das in unserem Vers aus dem 1. Buch Mose vorkommt, dort aber völlig anders übersetzt wird. Aber wir wollen fortfahren und die wirkliche Bedeutung des Wortes analysieren.

Es ist der HERR, der spricht. Es ist der HERR, der „segnen" und der HERR, der „verfluchen" wird. Der machtvolle Segen des HERRN ist für uns ein Grund zur Freude:

Der Segen des HERRN *allein macht reich, und nichts tut eigene Mühe hinzu.* (Spr. 10,22)

*... ob ich euch nicht die Fenster des Himmels auftun und euch **Segen ausgießen werde bis zum Übermaß.***
(Mal. 3,10, Elberfelder Übers.)

Die machtvollen Gerichte des HERRN finden sich in seinen Flüchen:

*Da sprach Gott der HERR zu der Schlange: Weil du das getan hast, seist du **verflucht,** verstoßen aus allem Vieh und allen Tieren auf dem Felde. **Auf deinem Bauche sollst du kriechen** und Erde fressen dein Leben lang.* (1. Mose 3,14)

Einst ging die Schlange wie die anderen vierbeinigen Tiere über diese Erde. Die meisten Menschen wissen nicht, daß Schlangen in ihren Körpern rudimentäre Beine haben - eine immerwährende und lebendige Erinnerung an die schreckliche Macht des göttlichen Richterspruchs.

*Und zum Manne sprach er: Weil du gehorcht hast der Stimme deines Weibes und gegessen von dem Baum, von dem ich dir gebot und sprach: Du sollst nicht davon essen - ,verflucht sei der Acker um deinetwillen! **Mit Mühsal sollst du dich von ihm nähren dein Leben lang. Dornen und Disteln soll er dir tragen,** und du sollst das Kraut auf dem Felde essen.* (1. Mose 3,17-18)

Ursprünglich aß Adam Nahrungsmittel, die wie von selbst aus der Erde sprossen. Aber nachdem der HERR den Erdboden verflucht hatte, muß die Menschheit im Schweiße ihres Angesichts Nahrung aus der Erde hervorbringen. Die Disteln und Dornen, die gegen Bauern und Gärtner Krieg führen und unsere Haut und Kleidung zerreißen, sind eine Erinnerung an diesen Fluch über die Erde.

Wir erkennen folgende tragische Ergebnisse des göttlichen Fluches über Jericho (von den Lippen Josuas kommend, aber trotzdem das Wort des HERRN):

Verflucht vor dem HERRN sei der Mann, der sich aufmacht und diese Stadt Jericho wieder aufbaut! Wenn er ihren Grund legt, das koste ihn seinen erstgeborenen Sohn, und wenn er ihre Tore setzt, das koste ihn seinen jüngsten Sohn! (Jos. 6,26)

In einem späteren Text lesen wir folgendes:

Zur selben Zeit baute Hiel von Bethel Jericho wieder auf. Es kostete ihn seinen erstgeborenen Sohn Abiram, als er den Grund legte, und seinen jüngsten Sohn Segub, als er die Tore einsetzte, nach dem Wort des HERRN, das er geredet hatte durch Josua, den Sohn Nuns. (1. Kön. 16,34)

Hiel wollte Jericho wieder aufbauen, und sein erstgeborener Sohn starb, als er die Fundamente für die Stadt legte. Als er die Stadttore einsetzte, starb auch sein jüngster Sohn.

In allen der oben erwähnten drei Texte (es gibt noch viele andere) ist das mit „Fluch" übersetzte Wort das hebräische *arar*. Es bedeutet „haßerfüllt reden", „über jemanden schlecht reden" oder „etwas, das großen Schaden oder Leid verursacht". Als Gegensatz zu diesem schrecklichen Wort sehen wir uns das zweite hebräische Wort *kilel* an. Das Wort wird in seinem jeweiligen Zusammenhang hervorgehoben, und verschiedene Bibelübersetzungen werden zum besseren Verständnis der Wortbedeutung verwendet.

Als sie nun sah, daß sie schwanger war, achtete sie ihre Herrin gering. (1. Mose 16,4)

Gott sollst du nicht lästern, und einem Obersten in deinem Volk sollst du nicht fluchen. (2. Mose 22,27)

*Du sollst Gott nicht **verächtlich machen** und den Fürsten deines Volkes nicht verfluchen.* (2. Mose 22,28; Einheitsübers.)

*Wenn man ihm vierzig Schläge gegeben hat, soll man nicht weiter schlagen, damit, wenn man mehr Schläge gibt, er nicht zuviel geschlagen werde und dein Bruder **entehrt** werde in deinen Augen.* (5. Mose 25,3)

*Sie ... begaben sich in den Tempel ihres Gottes, aßen und tranken und **stießen Verwünschungen** gegen Abimelech aus.* (Ri. 9,27)

*Sie ... gingen in das Haus ihres Gottes und aßen und tranken und **fluchten** dem Abimelech.* (Ri. 9,27, Elberfelder Übers.)

*Ach, ich bin zu **gering**: was soll ich dir entgegnen?* (Hiob 40,4; Menge)

*Der Herr der Heerscharen hat es verhängt, ... um zu **verunehren** alle Geehrtesten der Erde.* (Jes. 23,9; Menge)

Wir haben hier sieben Bibeltexte mit acht unterschiedlichen Übersetzungen desselben hebräischen Wortes in vier verschiedenen deutschen Bibelübersetzungen. Diese Ausdrücke lassen sich folgendermaßen definieren:

gering achten:	„auf jemanden herabsehen, keine hohe Meinung von jemandem haben"
lästern:	„jemanden verunglimpfen oder entehrend über jemanden reden"
verächtlich machen:	„in beleidigender oder herabsetzender Weise über jemanden reden oder an jemandem handeln"
entehren:	„den Stolz oder die Würde einer Person erniedrigen, demütigen"
(zu) gering sein:	„von zuwenig/ohne Vorzug, Verdienst oder Wert sein"
verunehren:	„das Verhalten gegen eine Person oder auch Sache, die für wertlos, niedrig oder für nicht beachtenswert gehalten wird"

Verwünschungen ausstoßen: „Worte, mit denen Verachtung
für oder Zorn gegen eine Person
ausgedrückt werden sollen"
Diese Definitionen geben uns ein klares Verständnis über das,
was in 1. Mose 3,12 wirklich gesagt wird. Der HERR hat
angekündigt, diejenigen zu verfluchen, d.h. großes Leid und
Schaden über die Menschen zu bringen, die eine niedrige Meinung
über das jüdische Volk haben. Der HERR kündigt an, diejenigen
zu verfluchen und großes Leid über sie zu bringen, die die Würde
oder den Stolz des jüdischen Volkes verletzen. Der HERR kündigt
an, diejenigen zu verfluchen und großes Leid über sie zu bringen,
die sich mit Verachtung oder Zorn über das jüdische Volk äußern.
Der HERR kündigt an, diejenigen zu verfluchen und großes Leid
über sie zu bringen, die meinen, der Jude sei wertlos, minderwertig
oder nicht wert, daß man ihn beachtet. Der HERR kündigt an,
diejenigen zu verfluchen und großes Leid über sie zu bringen, die
sich verächtlich über sein heiliges Volk, Israel, äußern. So wie
der HERR durch Josua eine Warnung über Jericho aussprach,
spricht er ebenso eine Warnung an die Nationen aus, und zwar im
Hinblick auf die Juden.

Der HERR verspricht, diejenigen zu segnen, die Abraham und
seine Nachkommen segnen und umgekehrt diejenigen zu
verfluchen, die sie verachten. Er gab diese Versprechen vor mehr
als 4.000 Jahren, und die inzwischen vergangenen Jahrtausende
haben weder dem Segen noch der Strenge des Fluches die Wirkung
genommen. Das, was der HERR zu Abraham sprach, gilt noch
heute, und Millionen Menschen, auch eine große Anzahl von
Christen, bewegen sich auf äußerst dünnem Eis, was den Fluch
angeht. Es ist unsere Pflicht, die Warnung des HERRN in bezug
auf Israel ernst zu nehmen. Wenn wir segnen, dann ist uns der
Segen sicher, aber der Fluch ist uns ebenso sicher, wenn wir Israel
nicht den Respekt zeigen, der von seinem Gott gefordert wird.

8

Israel - die Supermacht Gottes

In unserer heutigen Welt gibt es etwa 250 Nationen. Die Größe ihrer Territorien variiert von winzig klein bis riesig, die Zahl ihrer Bevölkerung von mehreren Hundert bis hin zu eineinviertel Milliarden. Ihr kultureller Stand umfaßt die gesamte Skala von der Steinzeit bis Hightech, ihr Lebensstandard reicht von unbeschreiblicher Armut bis hin zu fast anstößigem Luxus, ihre natürlichen Ressourcen von praktisch null bis außerordentlich zahlreich. Ihre militärische Kampfkraft reicht vom Speer bis hin zur Fähigkeit, den gesamten Planeten zu beherrschen und politische Bedingungen zu diktieren. Inmitten dieser Vielfalt von Nationen befindet sich Israel, mit einer sehr kleinen Landmasse von nur 20.323 Quadratkilometern, das entspricht ungefähr der Größe des amerikanischen Bundesstaates New Jersey (bzw. des deutschen Bundeslandes Hessen, Anm. des Übers.). Die Bevölkerung von Israel hat kürzlich die Fünfmillionenmarke überschritten; diese kleine Zahl ergibt eine Bevölkerungsdichte von 246 Personen pro Quadratkilometer. Im Vergleich dazu hat New Jersey weniger als 0,4 Personen pro Quadratkilometer. Israel hat nur wenige Bodenschätze, und an materiellem Reichtum nicht mehr als das, was seit der Staatsgründung vor fast fünfzig Jahren aus einem dürren und unfruchtbaren Land hervorgebracht wurde. Aber die Fakten in von Menschen geschriebenen, zusammengestellten und herausgegebenen Weltjahrbüchern stellen die Antithese dar von den Fakten in der Bibel - geschrieben, zusammengestellt und herausgegeben von dem Heiligen Geist Gottes.

Ein Studium von gesammelten „Fakten" über die Nation Israel zeigt ein Bild eines bereits überbevölkerten, ums Überleben kämpfenden Nichts, das von den meisten anderen Nationen der Welt bekämpft und kritisiert wird. Die Bibel stellt uns dagegen Israel als den Mittelpunkt der Welt vor, zu dem jeder und alles „hinaufgehen" muß. Israel nimmt den ersten Platz unter den Nationen ein - es ist *die Spitze der Nationen* (Jer. 31,7; Amos 6,1).

Israel wird die reichste unter allen Nationen sein - *denn des Meeres Fülle wird sich zu dir wenden, der Reichtum der Nationen zu dir kommen ... und deine Tore werden beständig offen stehen; Tag und Nacht werden sie nicht geschlossen werden, um zu dir zu bringen den Reichtum der Nationen ... ihr werdet der Nationen Reichtümer genießen ... Gold und Silber und Kleider in großer Menge* (Jes. 60,5.11; 61,6; Sach 14,14).

Israel wird sich als die stärkste Militärmacht erweisen, die diese Welt jemals kennengelernt hat - *nun haben sich viele Nationen wider dich versammelt ... aber sie kennen nicht die Gedanken des HERRN und verstehen nicht seinen Ratschluß; denn er hat sie gesammelt, wie man Garben auf die Tenne sammelt. Mache dich auf und drisch, Tochter Zion! denn ich werde dein Horn zu Eisen und deine Hufe zu Erz machen und du wirst viele Völker zermalmen ... Siehe, ich habe dich zu einem scharfen, neuen Dreschschlitten gemacht, mit Doppelschneiden versehen: du wirst Berge dreschen und zermalmen, und Hügel der Spreu gleichmachen; du wirst sie worfeln, daß der Wind sie entführt und der Sturm sie zerstreut ... du bist mir ein Streithammer, eine Kriegswaffe; mit dir zerschmettere ich Nationen, und mit dir zerstöre ich Königreiche ... denn der HERR der Heerscharen wird seiner Herde, des Hauses Juda, sich annehmen und sie machen wie sein Prachtroß im Streite ... und der Strauchelnde unter ihnen wird an jenem Tage wie David sein, und das Haus Davids wie Gott, wie der Engel des HERRN vor ihnen her* (Mich. 4,11.12-13; Jes. 41,15.16; Jer. 51,20; Sach. 10,3; 12,8).

Die obigen Prophezeiungen sind alle nachexilisch und warten noch auf ihre Erfüllung. Und wie ich klar und deutlich in der prophetischen Studie in meinem Buch *Wenn Tag und Nacht vergehen* darlegte, stehen oder fallen biblische Lehren nicht mit der „Interpretation" von Prophetie. Prophezeiungen sollten nicht „interpretiert" werden. Die Erfüllung von Prophezeiungen wird nach oder in dem konkreten Moment der Erfüllung erkannt. Aber die Worte der Bibel machen uns in umfassender Weise deutlich, daß es am Ende dieses Zeitalters nur eine Weltmacht geben wird - Israel. Dieses Land wird wohlhabend sein durch die Reichtümer der Nationen und mächtig durch die Macht Gottes. Israel ist wie ein besonderer Baustein, der nur auf die Spitze eines Gebäudes paßt. Und bis Israel seinen Platz an der Spitze der Nationen findet, wird es *ein Laststein für alle Völker* (Sach. 12,3) sein. Israel wird die einzige zukünftige „Supermacht" in der Welt sein. Für Menschen mit einem nicht wiedergeborenen, beschränkten Verstand ist dies natürlich einfach lächerlich. Führende Köpfe von Nationen, Weltmächten, früheren Weltmächten und zerfallenden Weltmächten werden sowohl die Bibel als auch das von ihr gezeichnete Bild von Israel ins Lächerliche ziehen. Und dies wird mit großer Wahrscheinlichkeit die Ursache für ihre völlige Vernichtung sein. Die Vereinigten Staaten von Amerika, zur Zeit die reichste und mächtigste Nation der Welt, müssen ihrem ehemaligen Feind, der Sowjetunion, große Aufmerksamkeit widmen. Die ehemalige Sowjetunion war das größte Land der Welt - zweieinhalbmal größer als die USA und mit den weltweit bedeutendsten Ölvorkommen. Ihre Bevölkerungszahl übertraf weit die der USA, und sie besaß auch die größte militärische Kampfkraft in der Geschichte der Menschheit. Sowjetische Politiker feindeten jedoch Israel aus allen Richtungen an, verfolgten die im Lande lebenden Juden und verweigerten ihnen das Recht auf Auswanderung nach Israel. Heute gibt es keine Sowjetunion mehr. In ihren Fußstapfen folgten eine katastrophale wirtschaftliche Situation, Krieg, Aufruhr, Streit, Armut, Not und Hunger.

Dagegen hat Israel niemals einen Finger erhoben oder einen einzigen Schuß abgefeuert, sondern sein Gott, der Gott der Bibel, hat sich dieser Situation angenommen, indem er den Nationen des zwanzigsten Jahrhunderts zeigte, daß ihre Größe, Position, Macht und Wohlstand so vergänglich sind wie bei den Nationen des Altertums.

Einige der oben angeführten Prophezeiungen kommen in dieser Zeit zu einer mindestens teilweisen Erfüllung. Es wurde bereits erwähnt, daß Israel während der letzten drei Jahre die Welt im Bereich des industriellen Wachstums angeführt hat; die Exportrate ist im Vergleich zur Importrate hochgeschnellt - der Reichtum der Nationen beginnt seinen Weg in den jüdischen Staat. Wie die Herbstausgabe von 1992 des christlichen Magazins *Tishrei* berichtete, steht Israel mit seiner militärischen Kampfkraft an vierter Stelle in der Welt, und zwar hinter den USA, Rußland und China. Und am 11. Januar 1993 verwies der israelische Rundfunk auf einen in der *New York Times* veröffentlichten Artikel, in dem Israel zusammen mit Großbritannien als fünftgrößte Atommacht dargestellt wurde, und zwar nach den USA, Rußland, China und Frankreich. Israels winzige Armee wird nur deshalb mit den Armeen der großen Nationen verglichen, weil sie nicht alleine kämpft, sie hat vielmehr, wie wir bereits erkannten, gewaltigen Beistand von Engeln. Die Größe der israelischen Armee spielt hierbei keine Rolle. Der Umfang des göttliche Beistands wird immer im Verhältnis zu der Größe der feindlichen Heere an der Front stehen. Während des Unabhängigkeitskrieges im Jahre 1948 standen an der israelischen Frontlinie lediglich 18.000 Männer gegen sieben mächtige, gut ausgebildete und voll ausgerüstete arabische Armeen. Israel war so schlecht ausgerüstet, daß viele Soldaten sogar völlig unbewaffnet in den Kampf zogen. Und trotzdem brachte Israel dem Feind eine vernichtende Niederlage bei. Charles Gulston schreibt in seinem Buch *Jerusalem: The Tragedy and the Triumph* (Jerusalem - die Tragödie und der Triumph) folgendes:

„Obwohl die Sonne während des Befreiungskrieges nicht stillstand, wird behauptet, daß die Bienen für Israel kämpften, als sich der Feind Tel Aviv näherte. Ganze Schwärme dieser kleinen Lebewesen aus den Hainen östlich von Petah Tikva, der ältesten von Juden gegründeten landwirtschaftlichen Siedlung, deren Name „Tor der Hoffnung" bedeutet, griffen die Araber an; die Ägypter ergaben sich, als sie glaubten, von einer riesigen Armee umzingelt zu sein, und in Galiläa wurde eine gemeinsame Einheit von Syrern und Libanesen durch Krankheit kampfunfähig gemacht."

Der Sechstagekrieg von 1967, in dem Israel in einem Blitzangriff fünf gegnerische Armeen dezimierte, ist als eines der klassischen Beispiele für Kriegsführung in die Annalen der Militärgeschichte eingegangen. Und am Jom Kippur (dem Versöhnungstag), dem heiligsten und feierlichsten Tag des jüdischen Jahres (an diesem Tag sind die Straßen wie leergefegt, es gibt kein Radio- und Fernsehsendungen, keine Zeitungen, und nur wenige Menschen gehen ans Telefon) erlebte Israel einen Überraschungsangriff an zwei Fronten, und zwar durch eine gemeinsame Streitkraft von mehr als 1.200.000 Soldaten aus vierzehn Nationen und tausende von Panzern und Kampfflugzeugen. Ägypten und Syrien waren die Hauptgegner, und ihre Armeen schickten mehr als eine Million Soldaten in den Angriff. Als sie nach einem fünfstündigen Gottesdienst aus den Synagogen kamen, befanden sich die Israelis in ihrem kostspieligsten Krieg, sowohl im Hinblick auf finanzielle Mittel als auch auf den Verlust von Menschenleben. Die Israelis brauchten drei Tage für eine vollständige Mobilisierung ihrer 300.000 regulären Soldaten und Reservisten und weitere sieben Tage, um den Feind vernichtend zu schlagen und ihm große Verluste beizufügen. Die Sowjetunion, die die angreifenden Armeen ausgerüstet und ausgebildet hatte, mußte zusehen, wie ihre Ausrüstung durch die Israelis in die Luft gejagt wurde, und empfand dies als Erniedrigung. Der Kreml drohte dem Weißen Haus, daß die Sowjetunion Israel mit Raketen von der Landkarte tilgen würde, wenn die USA nicht einen Waffenstillstand erzwingen würden. Das Weiße Haus reagierte sofort und zwang Israel, den Angriff auf die zurückweichenden Armeen abzubrechen, indem es den Nachschub zurückhielt und sogar mit einer Bewaffnung Ägyptens und Syriens drohte, wenn Israel nicht sofort mit dem Kampf aufhörte. Als der Waffenstillstand in Kraft trat, befanden sich israelische Truppen in unmittelbarer Nähe von Damaskus (der Hauptstadt Syriens) und Kairo (der Hauptstadt Ägyptens).

Menschliche Macht, unabhängig von ihrer Größe, ist im Vergleich zur göttlichen Macht wie ein Kinderspielzeug, das in einen Wirbelsturm geworfen wird. Jeder der sechs Kriege, die Israel führte, waren buchstäblich getränkt mit übernatürlichen Phänomenen, die für die Nachwelt festgehalten wurden.

Unglücklicherweise werden Kriege auch in der Zukunft Israels eine große Rolle spielen. Wegen ihres fast universellen Pazifismus schrecken Christen in der Regel sogar vor dem bloßen Gedanken an Krieg zurück. Jahrhundertelange Tradition in der Gemeinde Jesu hat eine pazifistische Geisteshaltung hervorgebracht, die keinerlei biblische Grundlage hat. Es ist naiv, zu glauben, daß vor dem zweiten Kommen des Herrn vom Himmel Kriege aufhören oder weniger werden. Im Gegenteil, die Bibel sagt uns, daß Kriege zunehmen werden, wenn der Tag seines Kommens näherrückt. Millionen von Christen beten täglich für den Frieden von Jerusalem. Das tun sie schon seit fast 2.000 Jahren, ohne daß dies etwas bewirkt hätte außer vielleicht eine beschleunigte Rückkehr des Herrn. Die Ergebnisse dieses zweitausendjährigen Gebetes für den Frieden der Stadt stehen im Widerspruch zu der Lehre, daß Gott **immer** Gebete erhört, denn Jerusalem hat mehr Kriege erlitten und mehr Blutvergießen erlebt als jede andere Stadt in der Welt! Wenn Blut unauslöschlich wäre, so sagt man, dann wäre Jerusalem tiefrot, und zwar die ganze Stadt. Die Bibel zeigt uns, daß Jerusalem eines der größten Hindernisse für den Weltfrieden ist und die Ursache sowie der Ort von katastrophalen und zerstörerischen Kriegen sein wird: *... dann werde ich alle Nationen versammeln und sie in das Tal Josaphat hinabführen ... Er wird eines jeden Fleisch verwesen lassen, während er auf seinen Füßen steht, und seine Augen werden verwesen in ihren Höhlen, und seine Zunge wird in seinem Munde verwesen* (Joel 3,2; Sach 14,12, Elberfelder Übers.). Ein ganz bestimmter Krieg wird von solcher Intensität und Gewalt sein, daß nur wenige aus den Nationen ihn überleben werden. Aber die Überlebenden werden zu einem neuen Verständnis über Israel und zu einer tiefen Ehrfurcht vor dem Gott Israels finden: *Und es wird geschehen, daß alle Übriggebliebenen von allen Nationen, welche wider Jerusalem gekommen sind, von Jahr zu Jahr hinaufziehen werden, um den König, den HERRN der Heerscharen, anzubeten und das Laubhüttenfest zu feiern* (Sach. 14,16, Elberfelder Übers.).

Gebet, wenn es im Einklang mit dem Willen Gottes gesprochen wird, kann große Dinge bewirken, aber wenn es außerhalb seines Willens geschieht, dann bewirkt es gar nichts. Daher befinden sich Christen, wenn sie für den Frieden von Jerusalem beten, außerhalb des Willens Gottes, weil er uns nie geboten hat, dies zu tun. Natürlich gibt es einen Vers in Ps. 122,6, der in vielen

englischen und einigen deutschen (Anm. d. Übers.) Bibelübersetzungen folgendermaßen lautet: „Bittet um Frieden für
Jerusalem! Es möge wohlgehen denen, die dich lieben." (In
anderen Übersetzungen, z.b. der Elberfelder Übersetzung, steht:
„Bittet um die Wohlfahrt Jerusalems". Anm. d. Übers.) Dies ist
eine sehr schlechte Übersetzung aus dem Hebräischen. In den
vorherigen Kapiteln habe ich schon so viel über Tradition und
falsche, irreführende Bibelübersetzungen gesagt, daß man damit
einen heiligen Krieg anfangen könnte, und ich möchte nicht im
Kreuzfeuer landen, weil ich einen der am häufigsten zitierten
Bibelverse antaste. Aber *„bittet um Frieden für Jerusalem"* ist
eine weitere „traditionelle" Übersetzung, die kaum auf dem
Grundtext basiert. Sie ist, wie man in Jiddisch sagt, eine *Bubbe
Meiser* - ein von der Großmutter erzähltes Märchen. Aber sie ist
so sehr zum Teil der christlichen Tradition geworden, daß es kaum
einen Verleger von Bibeln gibt, der sie zu ändern wagt, auch wenn
die richtige Übersetzung bekannt ist. Mit dem letzten Teil des
Verses, und zwar „es möge wohlgehen denen, die dich lieben",
ist alles in Ordnung, er ist völlig „koscher". Aber der erste Teil
heißt im Hebräischen: *„scha'alu schlom Jeruschalajim".* Das
hebräische Wort *scha'alu* kommt von dem Verb *scha'al* und sollte
niemals mit *„beten"* oder *„bitten"* übersetzt werden! Aus den
168 Texten, in denen dieses Wort in der hebräischen Bibel
vorkommt, wählten die frühen Gelehrten allein diesen Vers in Ps.
122 für die Übersetzung von *scha'al* mit „beten", und dies konnte
nur aufgrund eines Mißverständnisses im Hinblick auf die
Bedeutung des Satzes geschehen. In allen anderen Fällen
übersetzten sie *scha'al* richtig mit „fragen", „erfragen", „erbitten",
„grüßen" etc.

Andererseits ist das hebräische Wort für „beten" das Verb *palal*,
und in allen 83 Fällen, in denen es in den hebräischen Texten
erscheint, wird es richtig übersetzt mit „beten", „bitten" (im Gebet)
oder „flehen" (im Gebet). Und was hat das alles zu bedeuten? Die
Antwort ist eigentlich recht einfach. Viele Leser wissen, daß
schalom „Frieden" bedeutet. Sie wissen auch, daß *Schalom!* bei
den Israelis „Guten Tag", „Hallo", oder „Auf Wiedersehen"
bedeutet. Wenn sich Israelis begegnen, dann grüßen sie sich mit
„Frieden!" Und wenn sie auseinandergehen, dann ist ihr letztes

Wort „Frieden!". Als Jesus den versammelten Jüngern zum ersten
Mal nach seinem Tod erschien, sagte er „Schalom Alechem!" -
„Friede sei mit euch!" (Luk. 24,36; Joh. 20,19.21.26). Nachdem
sich Israelis mit „Frieden!" begrüßt haben, fragen sie oft: „Wie
geht es Ihnen/dir?", indem sie sagen „Ma schlomcha?" - wörtlich
übersetzt heißt das „was ist Ihr/dein Frieden?" - wobei schlom,
wie in Ps. 122,6, die verkürzte Aussprache von schalom ist. Die
Psalmen 120 bis 134 sind die Wallfahrtslieder oder Stufenlieder,
das heißt, diese Psalmen wurden rezitiert oder gesungen, wenn
die Israeliten die lange Reise von ihren Städten und Dörfern hinauf
nach Jerusalem machten, um an den Festen des HERRN
teilzunehmen (siehe auch 2. Mose 23,14-17). Die Reisenden nach
Jerusalem wurden in den am Weg liegenden Dörfern versorgt,
und zwar in den Häusern derjenigen, die nicht zum Fest
hinaufgingen. Wenn sie ihre Reise fortsetzten, sagten die Gestgeber
zu ihnen „scha'alu schlom Jeruschalajim!", das heißt wörtlich
übersetzt „Bittet den Frieden von Jerusalem", aber in der heutigen
Umgangssprache würden wir sagen: „Grüßt Jerusalem von mir".
Der Vers in Ps. 122 sollte daher folgendermaßen heißen: „Grüßt
Jerusalem: möge es wohlgehen denen, die dich lieben." Wenn
die Leser dieses Buches den Wunsch haben, für den Frieden von
Jerusalem zu beten, dann wären sie besser beraten, das Gebet des
Johannes am Ende des Buches der Offenbarung zu sprechen, das
folgendermaßen lautet: „Amen, ja komm', Herr Jesus!" Frieden
kann nur in Jerusalem einziehen, nachdem der Messias seine
Herrschaft in seiner Stadt aufgerichtet hat, der Stadt des großen
Königs (Ps. 48,2). Da Jerusalem zum Schauplatz des Gerichts für
viele Nationen werden wird und viel, viel mehr Blutvergießen
erleben muß, bevor der Messias kommt, sollten wir den HERRN
um folgendes bitten: „Im Zorne denke an Barmherzigkeit" (Hab.
3,2).

Als die Jünger mit Jesus nach Bethanien gingen und nicht
erkannten, daß er im Begriff war, zur Rechten des Vaters
aufzufahren, stellten sie ihm eine Frage, die sie schon seit einiger
Zeit bewegte:

**Herr, wirst du in dieser Zeit wieder aufrichten das Reich
für Israel?** (Apg. 1,6)

Das Reich, das sie meinten, war natürlich das Königreich Davids. Dieses Reich erhob Israel hoch über die Nationen, zum Gipfel von Macht und Einfluß. Seine Armee war unschlagbar im Kampf, sogar wenn sie in zwei Streitkräfte aufgeteilt war und gleichzeitig gegen mehrere Armeen kämpfte (2. Sam. 10,6-19). Die militärischen Niederlagen und die Unterwerfung der Feinde Israels bereiteten den Weg für das goldene Zeitalter von Frieden und Wohlstand unter der Herrschaft von Davids Sohn, und Menschen kamen *vom Ende der Erde, um Salomos Weisheit zu hören* (Matth. 12,42). Aber die Antwort Jesu auf die Frage seiner Jünger ist von großer Bedeutung:

Es gebührt euch nicht, Zeit oder Stunde zu wissen, die der Vater in seiner Macht bestimmt hat. (Apg. 1,7)

Er verneinte ihre Frage nicht, sondern sagte nur, daß sie nicht wissen sollten, wann das Reich für Israel wieder aufgerichtet würde. Es gibt sogar eine Bestätigung im Alten Testament, daß das Reich der Macht und des Wohlstands zu Israel zurückkehren wird.

*An jenem Tage, spricht der HERR, **werde ich das Hinkende sammeln** und das Vertriebene **zusammenbringen**, und dem ich Übles getan habe. **Und ich werde** das Hinkende zu einem Überrest, und das Weitentfernte **zu einer gewaltigen Nation machen**; und der HERR wird König über sie sein auf dem Berge Zion, von nun an bis in Ewigkeit. Und du, Herdenturm, du Hügel der Tochter Zion, **zu dir wird gelangen und zu dir wird kommen die frühere Herrschaft, das Königtum der Tochter Jerusalem.*** (Mich. 4,6-8, Elberfelder Übers.)

Es wird ein Zusammenbringen der Lahmen und Verstoßenen geben, der vom HERRN Geschlagenen, und dies geschieht heute. Der junge, moderne Staat Israel wird heute von Juden bevölkert, die aus mehr als 140 Nationen zurückgekehrt sind. Der HERR hat versprochen, diese Sammlung von Verstoßenen in eine *starke Nation* umzuwandeln, und zu dieser Nation wird wird die *Herrschaft* oder die Macht kommen - *das Königtum der Tochter Jerusalem.* In nur wenigen Jahren haben sich die Überlebenden des Holocaust und ihre Nachkommen zur viertstärksten Armee der Welt entwickelt und teilen den fünften Platz in den Reihen der Atommächte. Aber Israel muß sich noch in die furchtbarste Militärmacht verwandeln, die die Welt jemals gesehen hat. Israel wird sieben Monate brauchen, um die Leichen der Feinde in dem Krieg gegen Gog aus dem Lande Magog, der in Hesekiel 38 und 39 beschrieben wird, zu begraben. Dies ist auf keinen Fall unlogisch. Nach dem Sechstagekrieg schrieb ein Kriegsbericht-erstatter folgendes: „Israelische Bestattungskommandos sind zum Sinai gekommen, um zehntausend Ägypter zu beerdigen, die während des israelischen Sturmangriffs bis zum Suezkanal gefallen sind. Ihre Leichen, die bereits in Verwesung übergegangen und voller Fliegen waren, lagen fast zehn Tage lang auf dem kochendheißen Sand des Sinai. Von der 120.000 Mann starken Armee wurden nur etwa 3.000 Gefangene gemacht." Die Nationen müssen verstehen, daß der Allmächtige, der HERR der Armeen, der Gott Israels und seine mächtigen Engelheere, für Israel kämpfen werden mit einer größeren Macht als der Atomkraft und den Feind in ihre Hände ausliefern werden. *Denn der Herr der Armeen ist es, der die Erde anrührt, daß sie bebt* (Amos 9,5). Während des Holocaust gingen die Juden wehrlos zur Schlachtbank, aber sowohl Israel als auch sein Gott haben beschlossen, daß so etwas nie mehr geschehen wird.

Die Israelis haben auch beschlossen, daß es nie wieder eine Wiederholung der Ereignisse auf Masada im Jahre 73 n. Chr. geben wird. Während des Krieges gegen Rom war Israel dem Gegner zahlenmäßig hoffnungslos unterlegen, und weniger als tausend Juden hielten die Wüstenfestung Masada in der Judäischen Wüste trotz zweijähriger Belagerung. Als die Römer schließlich die Mauern durchbrachen, fanden sie nur noch Leichen vor. In der Nacht davor hatten 960 Juden lieber ihr Leben geopfert, als sich zu unterwerfen. Heute werden viele Offiziere, Rekruten und Absolventen der Militärakademien in Israel in den 2.000 Jahre alten Ruinen von Masada vereidigt, mit dem Schwur, daß „Masada nie mehr fallen" wird. Israel kämpft nicht um eine Sache oder Ideologie, sondern um das Überleben, und sein Gott tut dafür mehr, als nur eine hilfreiche Hand auszustrecken.

Der Gott Israels hat seinem Volk zum Beispiel dadurch geholfen, daß er ihnen feindliche Ausrüstung auslieferte. Teile der militärischen Ausrüstung Israels bestehen aus feindlichen Gerätschaften. Israel sorgt dafür, daß erbeutete Ausrüstungsgegenstände demontiert, geprüft und wieder zusammengesetzt werden und dadurch der Aufrüstung und der Stärkung verwundbarer Gegenden dienen; oft wird die Ausrüstung sogar gegen diejenigen eingesetzt, von denen sie erbeutet wurde. Als die Sowjetunion 1989 ihr modernstes Kampfflugzeug, die MiG-23, an die Feinde Israels verkaufte, benötigte Israel dringend eine dieser Maschinen, um ihre Kapazität und Schwächen zu beurteilen, so daß die israelische Luftwaffe sie im Falle einer kriegerischen Auseinandersetzung schnell unschädlich machen konnte. In einem bisher noch nie dagewesenen Vorfall während eines Übungsflugs am 11. Oktober 1989 lief ein Major der syrischen Luftwaffe mit seiner MiG-23 zu Israel über. Dies war die erste Maschine, die in den Westen gelangte. Die Kenntnis über die in dem Flugzeug enthaltene Technologie wird sich im Falle einer Begegnung mit diesem Flugzeugtyp für die gut ausgebildeten, kampferprobten israelischen Piloten als unentbehrlich erweisen.

In diesen Tagen sammelt der HERR die Verstreuten von Israel und errichtet aus ihnen eine starke Nation; und während dieser Zeit der Sammlung wird der HERR die Nationen gegen Jerusalem bringen (Joel 3,1). Aber, wie es sich immer wieder seit der Gründung des modernen Staates gezeigt hat, ist dies nicht eine Zeit der Furcht. *Siehe, der Hüter Israels schläft und schlummert nicht* (Ps. 121,4). Zum Beispiel hat während des Golfkrieges im Jahre 1991 der Irak 39 Raketen gegen Israel abgefeuert, und 31 fanden ihr Ziel. (Im Gegensatz zu den von den Medien als Wahrheit verkündeten Fakten waren die Patriot-Abwehrraketen sowohl in Israel als auch in Saudi-Arabien äußerst wirkungslos.) Die Raketen zerstörten oder beschädigten etwa 5.000 Häuser, aber wunderbarerweise wurden nur zwei Menschen durch diese getötet. Einige Todesfälle wurden durch Schock oder dadurch ausgelöste Herzattacken verursacht.

Als in Tel Aviv Sirenengeheul den ersten Raketenangriff ankündigte, eilten Bewohner der Vorstadt Tikva (Hoffnung) zu dem Luftschutzraum im Stadtzentrum und fanden ihn verschlossen. Niemand hatte einen Schlüssel. Da sie Warnungen erhalten hatten, daß ihnen nur zwei Minuten blieben, um im Falle eines Angriffs mit chemischen Waffen die versiegelten Räume zu erreichen, rannten sie schnell zu anderen öffentlichen Schutzräumen in der Nähe. Einige Sekunden später traf die Rakete den verschlossenen Schutzraum und explodierte vier Meter unter der Erde. Der Schutzraum war völlig zerstört, und nahegelegene Gebäude waren beschädigt. Heute steht ein Denkmal an der Stelle des Schutzraums in Anerkennung des göttlichen Eingreifens. Es stellt einen der sechsflügeligen Seraphim dar, die im sechsten Kapitel des Buches Jesaja beschrieben werden.

Kriegführung mit Raketen ist kein neues Phänomen. Die Vorläufer der modernen Rakete waren die V1- und V2-Raketen, die während des Zweiten Weltkriegs von den Deutschen eingeführt wurden. Die Zerstörungskraft dieser Raketen war eher psychologisch als materiell zu bewerten, aber die heutigen ballistischen Raketen werden täglich weiter entwickelt, ihre Genauigkeit und zerstörerische Wirkung immer tödlicher. Während des Golfkriegs versah der Irak, wohl aus Furcht vor einem atomaren Vergeltungsschlag durch Israel, seine auf Israel abgefeuerten Raketen lediglich mit konventionellen und nicht mit den von Saddam Hussein angedrohten chemischen Sprengköpfen. Chemische Kriegführung (verschiedene Arten von Giftgas) wurde von den Deutschen während des Ersten Weltkriegs eingeführt, aber wegen ihrer gräßlichen Auswirkungen wurde sie geächtet, und im Jahre 1982 hat die Generalversammlung der UNO eine weitere Ächtung gegen die Verwendung von Giftgas erlassen. Trotz alledem werden riesige Mengen chemischer Waffen produziert und in den Arsenalen aller bedeutenden Militärmächte und vieler arabischer Staaten gelagert. In den sechziger Jahren benutzte Ägypten Senfgas im Jemen, und 1982 kamen in Syrien 20.000 syrische Bürger durch Zyanidgas ums Leben. Während des Krieges zwischen Iran und Irak verwendeten beide Seiten gewaltige Mengen (1.000 Tonnen) von Nervengas gegeneinander, und 1988 wurden im Irak tausende kurdischer Zivilisten mit chemischen Waffen umgebracht.

1972 wurde biologische Kriegführung geächtet, aber biologische Waffen, wie z.b. der Milzbrandvirus, werden nach wie vor von einigen Staaten hergestellt. Eine Rakete mit einem Milzbrand-Sprengkopf hat die gleiche tödliche Wirkung wie ein

Atomsprengkopf, aber verursacht nur einen Bruchteil von dessen materieller Zerstörung. Auch Jahrzehnte nach seinem ersten Auftreten verliert der Milzbrand seine tödliche Wirkung nicht. Israel ist dabei, eine Arrow-Abwehrrakete zu entwickeln, die in der Lage ist, feindliche Kurzstreckenraketen nur neunzig Kilometer nach deren Start zu zerstören. Die Arrow dient sowohl der Abschreckung als auch der Verteidigung gegen Raketen mit konventionellen, atomaren, chemischen oder biologischen Sprengköpfen. Sie wird eine Rakete innerhalb von Sekunden nach deren Start noch im feindlichen Territorium zum Explodieren bringen und so die zerstörerische Wirkung des Sprengkopfes bei der Zivilbevölkerung des Aggressors entfalten. Die Arrow-Rakete erreicht eine Geschwindigkeit von 11.000 Stundenkilometern, kann bis zu einer Höhe von 30.000 Metern aufsteigen, und ihre Komponenten können Beschleunigungen von bis zu 6.600 Stundenkilometern pro Sekunde aushalten. Die Arrow war einige Jahre lang im Entwicklungsstadium und sollte im Jahre 1995 einsatzbereit sein.

Israel betreibt auch ein begrenztes Weltraumprogramm, das dazu bestimmt ist, Informationen über militärische Ausrüstung und Truppenbewegungen zu gewinnen. Hunderte von Wissenschaftlern und Technikern sind daran beteiligt, darunter auch Spezialisten aus der früheren Sowjetunion. Seit 1988 wurden unter großer Geheimhaltung zwei Satelliten gestartet und aus dem Weltraum zurückgeholt. Aber niemand kann das Datum für den Start des dritten vorhersagen, der angeblich ein echter Spionagesatellit sein soll.

Am Ende wird dieser winzige, verunglimpfte und verachtete Staat für viele Nationen zur Ursache eines bitteren Erwachens werden.

Getümmel, Getümmel im Tale der Entscheidung; denn nahe ist der Tag des HERRN im Tale der Entscheidung. Die Sonne und der Mond verfinstern sich, und die Sterne verhalten ihren Glanz. Und der HERR brüllt aus Zion und läßt aus Jerusalem seine Stimme erschallen, und Himmel und Erde erbeben. Und der HERR ist eine Zuflucht für sein Volk und eine Feste für die Kinder Israel.
(Joel 3,14-16, Elberfelder Übers.)

Lassen wir uns nicht täuschen. Der HERR, der Gott Israels hat sein Volk nicht zurückgebracht, damit es von feindlichen Nationen eingeäschert oder ausgelöscht wird. Er hat es zurückgebracht, um durch dieses Volk seine Macht zu zeigen und die Nationen auf die Knie zu bringen - in Anbetung. Gott handelt zuerst für seine eigene Herrlichkeit und dann für das Beste der größten Anzahl von Menschen für einen längstmöglichen Zeitraum. Die Rolle Israels ist äußerst wichtig in den Plänen des HERRN. Der Erste Weltkrieg dauerte vier Jahre und kostete zehn Millionen Soldaten und Zivilisten das Leben, aber innerhalb von elf Tagen, nachdem Palästina aus der Umklammerung des *Islam* befreit war, war der Krieg beendet. Und wenn Gott bereit war, den Verlust von weiteren siebenundvierzig Millionen Menschenleben im Zweiten Weltkrieg zuzulassen (darunter sechs Millionen von seinem auserwählten Volk durch systematischen Mord), um den Staat Israel in Palästina zu gründen, wozu ist er dann noch bereit, um seine Gegenwart und Erlösung der ganzen Menschheit bekannt zu machen? Vor etwa 3.000 Jahren geschah folgendes: *Es zog aber gegen sie (Israel) Serach, der Kuschiter, mit einer Heeresmacht von tausendmal tausend, dazu dreihundert Wagen* (2. Chr. 14,9), aber sie konnten gegen Israel nicht den Sieg erringen. Und vor nur zwanzig Jahren zogen Armeen oder mehr als eine Million Mann mit tausenden von Panzern - eisernen Wagen - gegen Israel, und den Arabern ging es nicht besser als den Kuschitern. Bald werden die Supermächte an der Reihe sein und Israel angreifen, und so, wie David den Goliath erschlug, wird Israel die gigantischen Militärmächte schlagen - *denn der HERR rechtet mit den Nationen, er hält Gericht mit allem Fleische; die Gesetzlosen gibt er dem Schwerte hin* (Jer. 25,31).

TEIL III

Das vollstreckte Gericht

9

Gericht

Nach der Flut, der großen Überschwemmung, die alle Einwohner der Erde vernichtete außer den acht Familienmitgliedern aus der Sippe Noahs, nämlich Noah und seine Frau, ihre drei Söhne, Sem, Ham und Japheth und deren Frauen, sprach der HERR folgenden Eid: *"daß hinfort nicht mehr alles Fleisch verderbt werden soll durch die Wasser der Sintflut und hinfort keine Sintflut mehr kommen soll, die die Erde verderbe"* (1. Mose 9,11). Der wunderschöne Regenbogen, der alle Farben des Spektrums enthält und von Milliarden Erdbewohnern gesehen und bewundert wird, ist Gottes Bestätigung dieses Bundes, den er mit der Erde geschlossen hatte. Jede Nation, die vor der Flut existierte, wurde zerstört. Gott machte einen Neubeginn mit der Menschheit, und jede heute existierende Nation, ob groß oder klein, hat ihren Ursprung in den Söhnen Noahs. Der HERR machte einen Bund, daß er nie wieder *alles Fleisch* vernichten würde, aber er beschwor niemals, einzelne oder Gruppen von Nationen nicht zu zerstören, zu bestrafen oder zurechtzuweisen. Im Gegenteil, er versprach, *niemanden ungestraft zu lassen* und *die Kinder und Kindeskinder bis ins dritte und vierte Glied* zu bestrafen (siehe 2. Mose 34,7). Manche Menschen werden sagen, dies sei ungerecht; aber was ist gewonnen, wenn man Gott der Ungerechtigkeit beschuldigt? Er ist *die Wohnung der Gerechtigkeit* (Jer. 50,7, Elberfelder Übers.) und *der Richter aller Welt* (1. Mose 18,25). Diese Welt ist Gottes Welt. Er trifft die Anordnungen und der Mensch die Entscheidung. Der Mensch kann wählen, ob er sich an diese Anordnungen halten oder die Konsequenzen seiner Rebellion tragen will.

Eine genaue Betrachtung der biblischen Berichte über Nationen, die durch die Jahrtausende hindurch unter Gottes Gericht kamen, zeigt uns, daß jede einzelne Sünde dieser Nationen für die Nachwelt ans Licht gebracht wurde. Indem er die Sünde einer Nation aufdeckt, warnt der HERR andere Nationen klar und deutlich, daß dieselbe Sünde die gleiche Art von Gericht nach sich zieht. Deshalb können wir aus den uns hinterlassenen Beispielen viele ungeschriebene Regeln Gottes herausfinden; an diese Regeln müssen wir uns halten oder wir gehen zugrunde. Wir können die Grenzen erkennen, die wir nicht überschreiten dürfen und können durch einfache Schlußfolgerung ein Szenarium für die Zukunft entwerfen, das äußerst erschreckend ist. Die einzige Möglichkeit, dieses Szenarium zu ändern, besteht für die Nationen in einer ernsthaften Besinnung auf sich selbst, gefolgt von einer Umkehr auf nationaler Ebene. Eine Studie der gerichteten Nationen ergibt, daß sie alle auf irgendeine Weise gegen Israel gesündigt hatten sowie auch verschiedene andere Sünden begingen. Es ist offensichtlich, daß Sünden gegen Israel in den meisten Fällen die schlimmsten Gerichte nach sich zogen, manchmal endeten sie in der völligen Vernichtung der beteiligten Nation. Neben der direkten Verbindung zu Israel gibt es noch politische, gesell-schaftliche, moralische und religiöse Sünden, die die Herzen unserer Politiker mit Furcht erfüllen sollten. Und es ist interessant, festzustellen, daß die katastrophalsten Gerichte direkt von Engeln vollstreckt werden, eine weitere Bestätigung der in den vorherigen Kapiteln beschriebenen Funktion dieser himmlischen Boten.

Wir wollen uns eine Anzahl von Beispielen im Hinblick auf gerichtete Nationen ansehen, die Sünden, die zu den Gerichten führten, erkennen sowie die unterschiedlichen Grade der Strenge bei den vollzogenen Gerichten. Gott allein ist der Richter, aber es gibt offensichtlich unterschiedliche Strafmaße bei bestimmten Sünden, denn sonst würden alle Gerichte mit der gleichen Strenge durchgeführt, und dies ist nicht der Fall. Wenn wir die Ursachen der Gerichte über vergangene Nationen und die Größenordnung der mit ihren Sünden verknüpften Gerichte untersuchen, können wir die Ergebnisse auf die moderne Welt anwenden. Damit dieses Buch nicht zu lang wird, müssen wir natürlich die Anzahl der modernen Nationen, auf die wir unsere Studie anwenden, begrenzen. Aber der Leser dieses Buches wird, unabhängig von seiner Nationalität oder Sprache, wenn er informiert ist über die politischen, gesellschaftlichen und religiösen Positionen in seinem Land, in die Lage versetzt, mit verhältnismäßig großer Genauigkeit und Sicherheit das Schicksal seiner Nation vorherzusehen, sollte eine nationale Umkehr ausbleiben. Die sehr große und verderbte Stadt Ninive vollzog bis auf den letzten Mann eine Umkehr in Staub und Asche wegen der Verkündigung eines einzelnen Mannes - Jona. Wer weiß, welche Katastrophen abgewendet werden könnten, wenn gottesfürchtige, wiedergeborene Christen aufstünden und in ihren eigenen Städten eine ähnliche Botschaft wie Jona predigen würden: *"Es sind noch vierzig Tage, so wird Ninive untergehen"* (Jona 3,4).

10

Gerichtet

Es ist bekannt, daß die Geschichte sich wiederholt, aber der Mensch nichts aus den Lektionen der Geschichte lernt. Wenn wir die Gerichte studieren, die ein gerechter Gott über ungerechte Nationen vollstreckt hat, dann erkennen wir Ursache und Wirkung dieser Gerichte. Wir erkennen auch, daß deutliche Warnungen zum Vorteil anderer Nationen ausgesprochen werden. Jeder Christ ist ein Wächter - Gottes erwählter Wächter auf den Mauern einer Stadt. Wenn die Wächter versagen und die Warnungen an Politiker und Regierungen ihrer Nationen nicht klar und deutlich aussprechen, dann werden sie dafür zur Verantwortung gezogen.

*Wenn aber der Wächter das Schwert kommen sieht und nicht die Posaune bläst und sein Volk nicht warnt und das Schwert kommt und nimmt einen von ihnen weg, **so wird der wohl um seiner Sünde willen weggenommen; aber sein Blut will ich von der Hand des Wächters fordern.*** (Hes. 33,6)

Wir sind dazu verpflichtet, die Lektionen der Geschichte richtig zu werten. Die gleichen Prinzipien, die vor 4.000 Jahren Gerichte auslösten, galten vor 2.000 Jahren und auch heute, in den nächsten 100 oder 1.000 Jahren. Wenn wir die Sünden beurteilen, die Gerichte zu den Nationen der alten Welt brachten, sollten wir erkennen, daß weder die Nation selbst noch ihre Größe von Bedeutung ist. Die „Supermächte" der antiken Welt litten nicht weniger als die unbedeutenden Nationen, denn der HERR *sieht die Person nicht an noch nimmt er Geschenke* (5. Mose 10,17). Einzig die Art der Sünde und das dadurch hervorgerufene Gericht ist von Bedeutung.

Notwendigerweise wird im folgenden Abschnitt die Nation Israel öfter genannt werden. Ich sage „notwendigerweise", denn neunzig Prozent der gesamten Bibel, sowohl Altes als auch Neues Testament, beziehen sich direkt auf Israel. Die Häufigkeit, mit

der Israel in diesem Abschnitt erwähnt wird, läßt keine
Rückschlüsse darauf zu, daß die Verderbtheit Israels größer war
als die jeder anderen Nation. In der Bibel wird die gesamte
viertausendjährige Geschichte Israels für alle offengelegt. Heute
würden die meisten Nationen vor Scham erröten, wenn ihre ganze
schmutzige Wäsche in der Öffentlichkeit gewaschen würde, so
wie das bei Israel geschehen ist. Wir wollen uns daher
hauptsächlich mit Handlungen und deren Konsequenzen und
weniger mit den Nationen selbst befassen.

SÜNDEN VON NATIONEN

SODOM UND GOMORRA

Das erste dokumentierte Gericht an einer Nation nach der Flut
war jenes über die Städte Sodom und Gomorra.

Und der HERR sprach: **Es ist ein großes Geschrei über
Sodom und Gomorra,** *daß ihre Sünden sehr schwer sind.*
**Darum will ich hinabfahren und sehen, ob sie alles getan
haben nach dem Geschrei,** *das vor mich gekommen ist, oder
ob's nicht so sei, damit ich's wisse.* (1. Mose 18,20-21)

Diesem Bibeltext können wir die ersten Prinzipien im Hinblick
auf Gott, Sünde und Gericht entnehmen. Zunächst stellen wir fest,
daß ein Geschrei zu Gott aufsteigt, wenn Sünde sichtbar wird. Es
gibt noch einige andere Beispiele für das Geschrei nach
Gerechtigkeit, das die Ohren Gottes erreicht.

Nachdem Kain seinen Bruder Abel ermordet hatte, sagte der
HERR zu Kain: *„Die Stimme des Blutes deines Bruders* **schreit
zu mir** *von der Erde"* (1. Mose 4,10). Wenn das Blut eines
Menschen vergossen wird, schreit es zu Gott nach Gerechtigkeit.

Als die Israeliten in Ägypten waren, *kam ihr Schreien über
ihre Knechtschaft vor Gott* (siehe 2. Mose 2,23-24), *und Gott
erhörte ihr Wehklagen* und sagte: *„...ich bin herniedergefahren,
daß ich sie errette"* (2. Mose 3,8). Wenn ein Mensch
ungerechtfertigterweise leidet, dann ruft der Leidende zu Gott um
Gerechtigkeit, und der HERR kommt persönlich, um einzu-
schreiten.

Die Schreie der Betrogenen rufen nach Gerechtigkeit gegen den Betrüger: *Siehe, der Lohn der Arbeiter, die euer Land abgeerntet haben, den ihr ihnen vorenthalten habt, der schreit, und das Rufen der Schnitter ist gekommen vor die Ohren des Herrn Zebaoth* (Jak. 5,4). Die brutalen und habgierigen Taten der Reichen und Mächtigen, betrügerisches und unehrliches Geschäftsgebaren, alle schreien zu Gott um Gerechtigkeit.

Wir stellen weiterhin fest, daß es der HERR selbst ist, der sich über die Berechtigung dieser Rufe nach Gerechtigkeit überzeugt. Er handelt nicht nach Hörensagen, auch wird er nicht durch die Bitten der Heiligen bewegt, ohne eine vollständige Untersuchung der Anklagen vorzunehmen. Jede Art von Sünde resultiert in einem Ruf nach Gerechtigkeit, der zum HERRN aufsteigt, und er HERR überzeugt sich persönlich von der Wahrheit dieses Schreiens.

Die Sünde, die Gericht über die Städt Sodom und Gomorra brachte, war sexuelle Perversion, in anderen Worten „Sodomie". Die moderne Welt zieht es vor, über Sodomie in einem „netteren" Ton zu sprechen und hat ein „akzeptableres" Wort dafür gefunden, nämlich Homosexualität. Jedoch hat das Wort Sodomie die in Sodom begangene Sünde zum Ursprung, und umfaßt pervertierte sexuelle Handlungen zwischen Menschen und auch zwischen Menschen und Tieren. Der Versuch, den Ausdruck für sexuelle Perversion zu verschönern, verringert die Sündhaftigkeit dieses Treibens nicht. *Es ist ein Greuel* (3. Mose 18,22), und wird im Neuen Testament als *„ausschweifendes Leben"* (2. Petr. 2,7) bezeichnet. Es wird das Gericht Gottes über diejenigen bringen, die es praktizieren, tolerieren, rechtfertigen und legalisieren - auch über die vielen Kirchengemeinden und Gemeindeglieder, die heute daran beteiligt sind. Diese Sünde ist so abscheulich, daß nur vier Menschen den Zorn Gottes überlebten, der auf Sodom und Gomorra ausgegossen wurde - alle anderen Einwohner wurden vernichtet.

Das *„Geschrei"*, das zu Gott kam, richtete sich *„gegen Sodom und Gomorra"*. Die Einwohner dieser Städte hatten die Gewohnheit, Fremdlinge, die durch die Gegend kamen, zu mißhandeln, und auch dies ist ein Greuel für Gott, der sich um den Fremden genauso kümmert wir um die Waisen und Witwen.

*... **und schafft Recht** den Waisen und Witwen und **hat die Fremdlinge lieb** ...* (5. Mose 10,18)

Die Fremdlinge sollst du nicht bedrängen und bedrücken; (2. Mose 22,20)

*Wenn ein Fremdling bei euch wohnt in eurem Lande, **den sollt ihr nicht bedrücken**. Er soll bei euch wohnen wie ein Einheimischer unter euch, und **du sollst ihn lieben wie dich selbst;*** (3. Mose 19,33-34)

Lot, der sich an das biblische Gebot der Gastfreundschaft gegenüber Fremden hielt und nicht wußte, daß die Reisenden, die er am Stadttor antraf, Todesengel waren, bestand darauf, sie für die Nacht in seinem Haus aufzunehmen und bereitete ein großes Festmahl für sie. Später kamen die Männer von Sodom und verlangten sexuelle Befriedigung von den Gästen Lots. Er bat sie, seine Gäste zu verschonen: *Ach, liebe Brüder, tut nicht so übel! Siehe, ich habe zwei Töchter, die wissen noch von keinem Manne; die will ich herausgeben unter euch, und tut mit ihnen, was euch gefällt; **aber diesen Männern tut nichts** ...* (1. Mose 19,7-8). Lot war eher bereit, seine eigenen Töchter zu opfern, als die Männer unter seinem Dach einem solchen Treiben auszusetzen. Die Engel schlugen die Leute jedoch mit Blindheit, und im Morgengrauen nahmen sie Lot, seine Frau und seine beiden Töchter aus der Stadt und befahlen ihnen, um ihr Leben zu fliehen und nicht zurückzuschauen. Dann zerstörten sie die ganze Gegend völlig durch Feuer und Schwefel, die Städte und Dörfer mit allen ihren Einwohnern. Sogar heute sind riesige Felsenformationen in diesem Gebiet löchrig und scharf, und sind noch stumme Zeugen eines Hagels aus brennenden Schwefelkörnern.

Vor der Zerstörung Sodoms und Gomorras hatte Gott die Sache Abrahahms zu seiner eigenen gemacht (1. Mose 12,3) - wer Abraham anrührte, rührte den Augapfel Gottes an (Sach. 2,8). Lot war der Neffe Abrahams, und dieser nahm ihn mit, als er gemäß der Anweisung des HERRN die Reise nach Kanaan antrat, und Abraham hatte ein gewisses Maß an Verantwortung für das Wohlergehen Lots. Wenn deshalb Lot in irgendeiner Weise betroffen war, so war dies, als ob Abraham selbst betroffen wäre.

ÄGYPTEN

Ägypten war nach dem biblischen Bericht die zweite Nation, die nach der Flut unter Gericht kam. Die berühmten zehn Plagen waren Gerichte über Ägypten (siehe 2. Mose 6,6; 7,4; 12,12). Diese Gerichte mit Blut, Fröschen, Läusen, Fliegen, erkranktem Vieh, Beulen, Hagel, Heuschrecken, Dunkelheit und Tod der Erstgeborenen zerstörten die Nation (2. Mose 10,7), außerdem waren in jeder ägyptischen Familie Tote zu beklagen (2. Mose 12,30). Ägypten wurde zu allererst wegen seiner Behandlung der Israeliten, des auserwählten Volkes und der Nachkommen Abrahams, bestraft. Diese Sünde beinhaltete auch die Unterdrückung des Fremdlings im Land und Blutvergießen durch den Mord an israelitischen Säuglingen (2. Mose 1,16-22).

AMALEK

Die nächste Nation, die unter das Gericht kam, war Amalek. Die Sünde der Amalekiter bestand darin, daß sie die durch die Wüste ziehenden Israeliten angriffen, und zwar war dieser Angriff grundlos und feige.

... wie sie dich unterwegs angriffen **und deine Nachzügler erschlugen, alle die Schwachen, die hinter dir zurückgeblieben waren, als du müde und matt warst ...**
(5. Mose 25,18)

In der nachfolgenden Schlacht besiegten die Israeliten Amalek, aber eine militärische Niederlage genügte nicht, um den Zorn Gottes zu besänftigen. Der Gott Israels gab folgende Erklärung ab: *... denn ich will Amalek unter dem Himmel austilgen, daß man seiner nicht mehr gedenke.*(2. Mose 17,14) *So spricht der HERR Zebaoth:* **„Ich habe bedacht, was Amalek Israel angetan und wie es ihm den Weg verlegt hat, als Israel auszog.** *So zieh nun hin und schlag Amalek und* **vollstrecke den Bann an ihm und an allem, was es hat; verschone sie nicht, sondern töte Mann und Frau, Kinder und Säuglinge, Rinder und Schafe, Kamele und Esel"** (1. Sam. 15,2-3).

Wir sollten uns jedoch von der Vorstellung freimachen, daß Gottes Gerichte immer sofort eintreten. Die völlige Vernichtung der Rasse der Amalekiter umfaßte eine Zeitspanne von 1.000

Jahren oder mehr. Die Amalekiter erlitten eine Niederlage nach der anderen durch die Hand Israels, und ihre endgültige Vernichtung erfolgte in dem großen Gemetzel an den Feinden der Juden im Buch Esther. Haman, der Erzfeind Mordechais, war ein Amalekiter (Esther 8,5) und offensichtlich auch viele der durch die Hand der Juden Getöteten, als sie *vom Indus bis zum Nil* zum Angriff übergingen - in 127 Nationen (siehe Esther 1,1).

SIEBEN NATIONEN IN KANAAN

Etwa vierzig Jahre, nachdem die Israeliten aus Ägypten zogen, überquerten sie den Jordan und betraten das Gelobte Land unter der Führung Josuas. Sie erhielten deutliche Anweisungen, wie sie mit den sieben einheimischen Nationen umzugehen hatten, den Hethitern, Girgasitern, Amoritern, Kanaanitern, Perisitern, Hewitern und den Jebusitern:

... *und wenn sie der HERR, dein Gott, vor dir dahingibt, daß du sie schlägst, **so sollst du an ihnen den Bann vollstrecken**. Du sollst **keinen Bund mit ihnen schließen und keine Gnade gegen sie üben**.* (5. Mose 7,2)

Sieben Nationen sollten von den Israeliten vollständig ausgelöscht werden. Warum? Nur, damit Israel das Land bewohnen konnte? Nein, niemals! Natürlich waren die Israeliten Gottes *auserwähltes Volk, ein Volk des Eigentums* (5. Mose 7,6), und das Land war ein Land, *auf das der HERR achthat* (5. Mose 11,12); sondern diese Nationen wurden wegen ihrer Sünde gerichtet, nicht weil sie gerade im Weg waren. Gott war bereits in den Tagen Abrahams bereit, alle diese Nationen außer den Amoritern zu zerstören, aber Gott ist geduldig. Der HERR sagte Abraham, daß seine Nachkommen 400 Jahre lang in Ägypten leiden müßten, *denn die Missetat der Amoriter ist noch nicht voll* (1. Mose 15,13-16). Daraus schließen wir, daß die anderen sechs Nationen äußerst verderbt waren, und daß der moralische Verfall der Amoriter weitere 430 Jahre dauerte, bis er den Grad der Bosheit erreicht hatte, der eine Vernichtung rechtfertigte. Offensichtlich wurden die anstößigsten Sünden begangen, wenn die totale Zerstörung von sieben vollständigen Nationen erforderlich war. Die Sünden, die ihre Vernichtung herbeiführten, werden im 3. Buch Mose, im achtzehnten Kapitel beschrieben, in dem Kapitel über Sexualmoral. Der HERR verbietet in diesem Kapitel sexuellen Verkehr zwischen Bruder und Schwester, Sohn und Mutter, Mutter und Schwiegersohn, Vater und Tochter, Vater und Schwiegertochter; weiterhin verbietet der HERR sexuelle Handlungen zwischen Mutter und Tochter, Vater und Sohn, zwischen Männern, zwischen Frauen oder mit Tieren. Der HERR sagte folgendes zu Israel:

Ihr sollt euch mit nichts dergleichen unrein machen; denn mit alledem haben sich die Völker unrein gemacht, die ich vor euch her vertreiben will. Das Land wurde dadurch unrein, und ich suchte seine Schuld an ihm heim, daß das Land seine Bewohner ausspie. (3. Mose 18,24-25)

Israel wurde zum Vollstrecker des göttlichen Gerichts über sieben Nationen. Diese Nationen begingen die abscheulichsten Sünden, die man sich vorstellen kann, und wie Sodom und Gomorra wurden sie völlig zerstört wegen ihrer *Perversion* (3. Mose 18,23).

ISRAEL

Israel ist einerseits beneidenswert, andererseits aber auch bedauernswert; beneidenswert deshalb, weil das jüdische Volk Gottes auserwähltes Volk ist, sein Eigentum (5. Mose 7,6) aus allen Völkern; bedauernswert deshalb, weil das Auserwähltsein ein strengeres Gericht nach sich zieht wegen des größeren Lichts, das empfangen und genossen wurde (dieses Prinzip ist auch heute noch gültig, wie uns das Neue Testament zeigt: *... nicht jeder von euch soll ein Lehrer werden; und wißt, daß wir ein desto strengeres Urteil empfangen werden;* Jak. 3,1); beneidenswert deshalb, weil im Gegensatz zu einigen Nationen, die vernichtet wurden, der HERR versprach, Israel niemals genauso zu behandeln: *Aber wenn sie auch in der Feinde Land sind, verwerfe ich sie dennoch nicht, und es ekelt mich nicht vor ihnen, so daß es mit ihnen aus sein sollte und mein Bund mit ihnen nicht mehr gelten sollte* (3. Mose 26,44); bedauernswert, weil keine andere Nation in der Geschichte ein so furchtbares Abschlachten seiner Bürger erleiden mußte.

Millionen von Juden starben auf die schrecklichste und barbarischste Weise, die sich gefallene Menschen je haben

ausdenken können. Und dies war kein Produkt des finsteren
Mittelalters. Barbarisches Verhalten gegenüber Juden begann
bereits vor Jahrtausenden und fand seinen Höhepunkt in dem
systematischen Mord an sechs Millionen Juden durch die
Deutschen während des Zweiten Weltkrieges, ein Ereignis, das
die Geschichte heute unter dem Namen Holocaust kennt. Die Juden
wurden zuerst zu Zehntausenden erschlagen, zerhackt oder
erschossen, aber dies erwies sich als zu langsam und kostspielig
für die Deutschen. Eine Präzisionsmaschine für den Tod wurde
installiert, und die Juden kamen durch billig produziertes Giftgas
ums Leben. Goldzähne wurden aus den Kiefern von Toten
herausgebrochen, und die vielen Tonnen des auf diese Weise
gewonnenen Goldes unterstützten die Finanzierung von Hitlers
Kriegsmaschinerie. Das Haar von Frauen und Mädchen wurde
abrasiert und in Stoffe eingewebt oder als Matratzenfüllung
verwendet. Die zarte Haut jüngerer Juden wurde von ihren
Leichnamen abgezogen und zu Lampenschirmen verarbeitet, und
die Leichen von ungefähr fünf Millionen wurden zu Seife
verarbeitet oder verbrannt - die Asche diente in deutschen Gärten
als Dünger.

Israel wurde zweimal aus seinem Land vertrieben, nachdem es
schreckliche Greueltaten durch die Hand der göttlichen
Gerichtswerkzeuge erlitten hatte. Israel wurde zum ersten Mal
gerichtet und vertrieben, weil es den HERRN abgelehnt hatte.

Denn mein Volk tut eine zwiefache Sünde: **mich, die**
lebendige Quelle, verlassen sie *und machen sich Zisternen,*
die doch rissig sind und kein Wasser geben. (Jer. 2,13)

Die zweifache Sünde Israels bestand darin, daß es den
lebendigen Gott, von dem sein gesamter Wohlstand und
Wohlergehen kam, ablehnte und seine Aufmerksamkeit Götzen
zuwandte, die ihm keinerlei Vorteil brachten. Nachdem Jahrzehnte
vergingen, ohne daß eine Umkehr erfolgte, verkündete der Prophet
Jeremia, getrieben durch den Heiligen Geist, das Gericht: *Denn*
du, HERR, bist die Hoffnung Israels. **Alle, die dich verlassen,**
müssen zuschanden werden, und die Abtrünnigen müssen auf
die Erde geschrieben werden; *denn sie verlassen den HERRN,*
die Quelle des lebendigen Wassers (Jer. 17,13). Nur ein paar

tausend Israeliten überlebten die Schwerter der Assyrer und Babylonier. Die Juden wurden auf die Erde geschrieben - dem Vergessen überantwortet.

Etwa 560 Jahre, nachdem Gott die verstreuten Israeliten (die Nachkommen der Überlebenden) in ihr Land zurückgeführt und sie als Nation wiederhergestellt hatte, fügte Israel, tief verstrickt in die gleichen Sünden wie vorher, seiner Schuld die Ablehnung des Messias hinzu.

Er war der Allerverachtetste und Unwerteste, voller Schmerzen und Krankheit. **Er war so verachtet, daß man das Angesicht vor ihm verbarg; darum haben wir ihn für nichts geachtet.** (Jes. 53,3)

Die Quelle lebendigen Wassers, in Gestalt des Messias Jesus, kam, um den Durst der geistlich Ausgedörrten zu löschen: *Wer aber von dem Wasser trinken wird, das ich ihm gebe, den wird in Ewigkeit nicht dürsten, sondern das Wasser, das ich ihm geben werde, das wird in ihm eine Quelle des Wassers werden, das in das ewige Leben quillt* (Joh. 4,14). Aber anstatt ihren Durst zu stillen, schrieen sie:

Weg, weg mit dem! Kreuzige ihn! (Joh. 19,15)

Die Römer vollstreckten zwar die Kreuzigung, aber die Sünde der Ablehnung wurde noch verstärkt durch den Versuch vieler, die frühe, vollständig jüdische Gemeinde an der Verbreitung der guten Nachricht über die göttliche Errettung unter den Nichtjuden zu hindern. Dies führte dazu, daß *der Zorn Gottes schon in vollem Maß über sie (Israel) gekommen ist* (1. Thess. 2,16).

ASSYRIEN

Assyrien war eine der gewaltigsten Militärmächte in der antiken Welt - grausam und schreckenerregend. Die Bibel berichtet, daß Gott mächtige Nationen benutzte, um seine Gerichte auf Erden zu vollstrecken. Assyrien war das besondere Werkzeug, das Gott benutzte, um in dieser Zeit Gericht über Israel zu bringen. Der HERR sagt folgendes: *Wehe Assur, der meines Zornes Rute und meines Grimmes Stecken ist* (Jes. 10,5). Es ist jedoch ein biblisches Prinzip, daß derjenige, der aus irgendeinem Grund Israel Schaden zufügt, *der tastet seinen (des HERRN) Augapfel an!* (Sach. 2,8, Elberfelder Übers.). Assyrien war deshalb dem Untergang geweiht, und zwar von dem Augenblick an, als es gegen die zehn Nordstämme Israels vorging. Assyrien griff zuerst die Nordstämme an, richtete ein furchtbares Blutbad an und nahm die Überlebenden als Gefangene mit nach Assyrien. Dann marschierte Assyrien gegen das südliche Königreich Juda und zerstörte Städte und Dörfer, bis hin zur Belagerung Jerusalems. Hier schlug Assyrien den letzten Nagel in seinen Sarg. Obwohl Assyrien Jerusalem einnehmen sollte, tröstete Hiskia, der König von Juda, die Einwohner, indem er sagte, daß der HERR sie erretten würde. Die assyrischen Machthaber begingen den Fehler, den Namen des HERRN zu lästern:

Laßt euch von Hiskia nicht bereden, wenn er sagt: Der HERR wird uns erretten! **Haben etwa die Götter der anderen Völker ihr Land errettet aus der Hand des Königs von Assyrien?** (Jes. 36,18)

Sie wollten damit sagen, daß der HERR Jerusalem nicht aus der Hand des assyrischen Königs befreien könnte - und dies war Blasphemie. Der HERR wartete nicht lange mit seiner Antwort:

*Wen hast du **geschmäht und gelästert**? Über wen hast du die Stimme erhoben? Du hobst deine Augen empor wider den **Heiligen Israels**.* (Jes. 37,23)

Natürlich nahmen die Assyrer Jerusalem nicht ein. *Da fuhr aus der Engel des HERRN und schlug im assyrischen Lager **hundertfünfundachtzigtausend** Mann. Und als man sich früh am Morgen aufmachte, siehe, da lag alles voller Leichen* (Jes. 37,36). Der König von Assyrien kehrte nach Ninive zurück, wo er unverzüglich von seinen eigenen Söhnen ermordet wurde. Gericht wurde über Assyrien verkündet: *Und der HERR wird seine Hand ausstrecken nach Norden und Assur umbringen. Ninive wird er öde machen, dürr wie eine Wüste* (Zeph. 2,13). Assyrien wurde etwa achtzig Jahre nach der Belagerung Jerusalems zerstört, und alles, was heute von Ninive zu sehen ist, besteht aus einigen Erdhügeln in der Wüste vor der Stadt Mossul im heutigen Irak.

BABYLON

Nebukadnezar, der König von Babylon, marschierte gegen das Südreich Juda, um zu vollenden, was der König von Assyrien nicht fertigbrachte wegen seines Stolzes und seiner Lästerung gegen den HERRN. Die Babylonier waren wie die Assyrer das Werkzeug für die Vollstreckung des Gerichts über Juda und Jerusalem. *So spricht der HERR Zebaoth, der Gott Israels: Siehe, ich will hinsenden und **meinen Knecht Nebukadnezar, den König von Babel**, holen lassen und will seinen Thron oben auf diese Steine setzen* (Jer. 43,10). Doch obwohl Nebukadnezar, der Knecht des HERRN, der Vollstrecker seiner Gerechtigkeit war, waren die Babylonier seit ihrer ersten Begegnung mit Israel zum Untergang verurteilt. *Darum spricht der HERR Zebaoth, der Gott Israels: Siehe, ich will heimsuchen den König von Babel und sein Land, gleichwie ich den König von Assyrien heimgesucht habe ...So soll **Babel, das schönste unter den Königreichen, die herrliche Pracht der Chaldäer, zerstört werden von Gott wie Sodom und Gomorra*** (Jer. 50,18; Jes. 13,19). Etwa sechzig Jahre nach der Zerstörung Jerusalems durch Nebukadnezar eroberte das Medo-Persische Reich die Babylonier, und die glanzvolle Hauptstadt Babylon wurde zerstört.

EDOM

Die Edomiter waren die Nachkommen von Esau, dem Zwillingsbruder Jakobs. Edom kam unter das Gericht wegen vier Sünden, und zwar verbündete es sich mit Nebukadnezar, als er Jerusalem angriff, und freute sich über die Zerstörung Israels durch Nebukadnezars Armee.

Und wie du dich gefreut hast über das Erbe des Hauses Israels, weil es verwüstet war, ebenso will ich mit dir tun: das Gebirge Seïr soll zur Wüste werden mit ganz Edom.
(Hes. 35,15)

Edom eignete sich zu Israel gehörendes Land an:

*darum, so spricht Gott der HERR: Wahrlich, ich habe in meinem feurigen Eifer geredet gegen die Heiden, die übriggeblieben sind, und **gegen ganz Edom, die mein Land***

*in Besitz genommen haben mit Freude von ganzem Herzen
und mit Hohnlachen, um es zu verheeren und zu plündern.*
                                                                    (Hes. 36,5)
Edom griff Israel an:

**Um des Frevels willen, an deinem Bruder Jakob
begangen**, *sollst du zu Schanden werden und für immer
ausgerottet sein.* (Obadja 1,10)

Edom litt unter ständig wiederkehrenden Invasionen durch
feindliche Nationen, die große Zerstörung anrichteten. Schließlich
wurde Edom im vierten Jahrhundert v. Chr. von den Nabatäern
erobert und als Nation ausgelöscht.

POLITISCHE SÜNDEN

NICHTEINHALTUNG VON BÜNDNISSEN / VERTRÄGEN

Als Nebukadnezar zuerst nach Jerusalem kam, eroberte er die
Stadt und führte den König von Juda, seine Familie, die Offiziere
seiner Armee und alle tapferen Soldaten, zusammen mit den
führenden Köpfen des Landes, Reiche und Mächtige - tausende
von Gefangenen - nach Babylon (2. Kön. 24,12-16). Danach
machte Nebukadnezar Mattania, den Onkel des Königs, zum
König von Juda. Nebukadnezar änderte seinen Namen in Zedekia,
und Zedekia schwor Nebukadnezar einen Treueeid. Aber später
rebellierte Zedekia gegen Nebukadnezar (2. Kön. 24,20). Aus
diesem Grund kam Nebukadnezar nach Jerusalem zurück, nahm
die Stadt nochmals ein, ließ alle ihre Mauern niederreißen und die
Stadt sowie den prunkvollen Tempel Salomos verbrennen (2. Kön.
25,9-10). *Und sie erschlugen die Söhne Zedekias vor seinen Augen
und blendeten Zedekia die Augen und legten ihn in Ketten und
führten ihn nach Babel* (2. Kön. 25,7).
Oberflächlich, d.h. mit menschlichen Augen betrachtet, scheint
es so, daß ein schreckliches Schicksal über Jerusalem und den
König von Juda hereinbrach, weil dieser versuchte, das Joch des
mächtigen Babylonischen Reiches abzuschütteln. Aber Gott sieht
Ereignisse nicht aus menschlicher Perspektive! Wir müssen das
verstehen lernen und erkennen, daß Gottes Wege nicht menschliche
Wege sind. *Denn meine Gedanken sind nicht eure Gedanken, und*

eure Wege sind nicht meine Wege, spricht der HERR, sondern soviel der Himmel höher ist als die Erde, so sind auch meine Wege höher als eure Wege und meine Gedanken als eure Gedanken (Jes. 55,8-9). So müssen wir uns auch in diesem Fall fragen, wie denn der Gott Israels, der Schöpfer des Himmels und der Erde und aller Dinge in ihr, die Handlungsweise Zedekias beurteilt.

*Sollte er davonkommen, wenn er das tut? Sollte er, **der den Bund bricht**, davonkommen? So wahr ich lebe, spricht Gott der HERR: an dem Ort des Königs, der ihn als König eingesetzt hat, **dessen Eid er verachtet und dessen Bund er gebrochen hat**, da soll er sterben, mitten in Babel. Denn **weil er den Eid verachtet und den Bund gebrochen hat**, weil er seine Hand darauf gegeben und doch dies alles getan hat, wird er nicht davonkommen. Darum spricht Gott der HERR: So wahr ich lebe, will ich **meinen Eid, den er verachtet hat, und meinen Bund, den er gebrochen hat**, auf seinen Kopf kommen lassen.* (Hes. 17,15.16.18-19)

Zedekia hatte geschworen, Nebukadnezar zu dienen, aber er brach sein Wort und erlitt ein schreckliches Schicksal, so wie alle Einwohner von Jerusalem. Eine ganze Reihe anderer Akte politischen Verrats sind in der Bibel dokumentiert. Eine Auseinandersetzung mit diesen enthüllt, daß Gott politischen Verrat als gegen sich selbst gerichtet ansieht. Wenn eine Einzelperson oder Regierung einen Bund - einen Vertrag - bricht, dann haben sie in Wirklichkeit **Gottes Bund - Gottes Vertrag -** gebrochen! Vielleicht können wir jetzt den Psalmisten besser verstehen, wenn er sagt: *„HERR, wer darf weilen in deinem Zelt? Wer darf wohnen auf deinem heiligen Berge? ... **wer seinen Eid hält, auch wenn es ihm schadet*** (Ps. 15,1-4). Das Wort eines Menschen oder einer Regierung muß bindend sein, wenn sie vom göttlichen Gericht verschont bleiben wollen.

GRUNDLOSE AGGRESSION

Ich habe mich nicht an dir versündigt, du aber tust so Böses an mir, daß du mit mir kämpfst. *Der HERR, der da Richter ist, richte heute zwischen Israel und den Ammonitern.* (Ri. 11,27)

Der HERR richtete die Motive des Herzens, und Ammon erlitt eine Niederlage durch Israel, so wie alle anderen Aggressoren es auch erleben werden.

ANGRIFF AUF NATIONEN ZUR ERWEITERUNG DER EIGENEN GRENZEN

*So spricht der HERR: Um drei, ja um vier Frevel willen derer von Ammon will ich sie nicht schonen, weil sie die Schwangeren in Gilead aufgeschlitzt haben, **um ihr Gebiet zu erweitern**.* (Amos 1,13)

Um drei, ja um vier Frevel willen bedeutet nicht, daß Ammon nur drei oder vier Sünden begangen hatte. Es bedeutet, daß sie eine weitaus größere Schuld auf sich geladen hatten, aber Prinzip Nummer eins war ihr Angriff auf Israel, um Territorium zu gewinnen. Deshalb wurde Ammon erobert, und sein König und seine Fürsten wurden als Gefangene weggeführt.

SCHADENFREUDE ÜBER DAS UNGLÜCK EINER NATION

*Und ich will Rabba zur Kameltrift machen und das Land der Ammoniter zu Schafhürden, und ihr sollt erfahren, daß ich der HERR bin. Denn so spricht Gott der HERR: **Weil du in die Hände geklatscht und mit den Füßen gestampft und über das Land Israels von ganzem Herzen so höhnisch dich gefreut hast,** darum siehe, ich will meine Hand gegen dich ausstrecken und dich den Völkern zur Beute geben.*
(Hes. 25,5-7)

Die moderne Stadt Amman, die Haupstadt Jordaniens, ist auf den Ruinen der ehemaligen ammonitischen Hauptstadt Rabba errichtet worden; der Name der antiken Stadt lautet wörtlich übersetzt „die Große". Sogar die Größten werden zu Staub, wenn Israel im Spiel ist. Viele Nationen haben sich seit mehr als 4.000 Jahren über das Unglück Israels gefreut. Könige, Präsidenten, Premierminister und viele Nationen sind in Vergessenheit geraten, aber die Juden sind nach 4.000 Jahren immer noch da. Und heute führt Israel mit seinem industriellen Wachstum die Welt an, und zwar auf seinem ererbten Land.

ÄUSSERSTE GRAUSAMKEIT IN KRIEGS- ODER FRIEDENSZEITEN

*So spricht der HERR: Um drei, ja um vier Frevel willen derer von Damaskus will ich sie nicht schonen, **weil sie Gilead mit eisernen Dreschschlitten gedroschen haben.***
(Amos 1,3)

Die Syrer hatten auch eine große Zahl von Sünden begangen, aber Prinzip eins war Grausamkeit und Brutalität gegenüber israelitischen Kriegsgefangenen. Die Syrer fuhren mit Dreschmaschinen, die mit Eisenspitzen und Eisenrädern versehen waren, über die Israeliten. Für diese Tat wurde Syrien von einem gleichsam brutalen Eroberer bezwungen und aufgeteilt - Assyrien.

STOLZ AUF NATIONALE SICHERHEIT

*Der Hochmut deines Herzens hat dich betrogen, weil du in den Felsenklüften wohnst, in deinen hohen Schlössern, und du sprichst in deinem Herzen: **Wer will mich zu Boden stoßen?** Wenn du auch in die Höhe führest wie ein Adler, und machtest dein Nest zwischen den Sternen, dennoch will ich dich von dort herunterstürzen, spricht der HERR.*
(Obadja 1,3-4)

Stolz auf alles andere als die Güte, Gnade und Barmherzigkeit des HERRN wird immer Zerstörung mit sich bringen: *Wer zugrunde gehen soll, der wird zuvor stolz; und Hochmut kommt vor dem Fall* (Spr. 16,18). Wie andere Nationen, die auf ihre nationale Sicherheit stolz waren, wurde Edom erobert und ist heute untergegangen. Für jede Nation gibt es Sicherheit nur in der Furcht Gottes.

UMGARNEN KLEINERER NATIONEN

*Das alles um der großen Hurerei willen der schönen Hure, die mit Zauberei umgeht, **die mit ihrer Hurerei die Völker und mit ihrer Zauberei Land und Leute an sich gebracht hat.** Siehe, ich will an dich, spricht der HERR Zebaoth (der Armeen);* (Nah. 3,4-5)

Die großen antiken Weltreiche „prostituierten sich" gegenüber anderen Nationen und vergrößerten durch ihr „Liebesspiel" - ihre großzügigen und freundlichen Annäherungsversuche - ihre Macht und Einflußsphäre und machten die kleineren Nationen zu unterwürfigen und abhängigen Vasallen. Die Assyrer machten sich auch auf diese Weise schuldig - sie „täuschten die Nationen mit leeren Versprechungen im Hinblick auf Hilfe und Schutz" (*Keil-Delitzsch, Kommentar zum Alten Testament*), und, wie vorher bereits erwähnt, wurde Assyrien völlig zerstört.

NATIONALE SÜNDEN

MORD UND PERVERTIERTE MORALVORSTELLUNGEN

*Und er sprach zu mir: Die Missetat des Hauses Israel und Juda ist allzu groß; es ist **lauter Blutschuld im Lande und lauter Unrecht in der Stadt.** Denn sie sprechen: Der HERR hat das Land verlassen, der HERR sieht uns nicht. Darum soll mein Auge ohne Mitleid auf sie blicken, ich will auch nicht gnädig sein, sondern will ihr Tun auf ihren Kopf kommen lassen.* (Hes. 9,9-10)

*... sondern **Verfluchen, Lügen, Morden, Stehlen und Ehebrechen haben überhandgenommen, und eine Blutschuld kommt nach der andern.** Darum wird das Land dürre stehen, und alle seine Bewohner werden dahinwelken; auch die Tiere auf dem Felde und die Vögel unter dem Himmel und die Fische im Meer werden weggerafft.*
(Hosea 4,2-3)

Mord, unmoralisches, korruptes und pervertiertes Verhalten bewirkt ein Ausgießen des göttlichen Zorns, das eine Nation zerbrochen und verwüstet zurückläßt.

RELIGIÖSE SÜNDEN

WEIGERUNG, GOTTES WORT ZU HÖREN

*Aber sie wollten nicht aufmerken und kehrten mir den Rücken zu und verstockten ihre Ohren, um nicht zu hören, **und machten ihre Herzen hart wie Diamant, damit sie nicht*** *hörten das Gesetz und die Worte, die der HERR Zebaoth (der Armeen) durch seinen Geist sandte durch die früheren Propheten. Daher ist so großer Zorn vom HERRN Zebaoth (der Armeen) gekommen.* (Sach. 7,11-12)

DIE AUSBREITUNG DES EVANGELIUMS VERHINDERN
*Und um das Maß ihrer Sünden allewege vollzumachen, **wehren sie uns, den Heiden zu predigen zu ihrem Heil.** Aber der Zorn Gottes ist schon in vollem Maß über sie gekommen.* (1. Thess. 2,16)

Religiöse Sünden ziehen schwerere göttliche Gerichte nach sich. *Zorn ist schon in vollem Maß über sie gekommen* - ein größeres Ausgießen von göttlichem Zorn über Israel war nicht möglich. Die Juden wurden zu Millionen hingeschlachtet, und seit fast 2.000 Jahren von ihrem Land vertrieben; sie wurden verfolgt, von Land zu Land getrieben und verloren immer wieder alles, was sie besaßen. Einzig und allein die Treue Gottes zu seinem Wort, *sie nicht völlig zu zerstören* (3. Mose 26,44) rettete Israel vor dem Untergang. Wenn man das Licht kennengelernt hat und es dennoch ablehnt, hat man das Leben selbst abgelehnt. In dem allerersten Kapitel der Bibel steht der Bericht über die Schöpfung, und dort heißt es, daß *Finsternis über der Tiefe war* (1. Mose 1,2). Dies war totale, völlige Finsternis - es war noch kein Licht da. Aber es gibt eine Finsternis, die noch größer ist als diese totale, völlige Finsternis, und das ist die Finsternis, die aus der Ablehnung des Lichts resultiert.

OKKULTISMUS

*So höre nun dies, die du in Wollust lebst und so sicher sitzest und sprichst in deinem Herzen: „Ich bin's, und sonst keine; ich werde keine Witwe werden noch ohne Kinder sein": Dies beides wird plötzlich über dich kommen auf einen Tag, daß du Witwe und ohne Kinder bist. Ja, es wird in vollem Maße über dich kommen trotz der **Menge deiner Zaubereien** und trotz der großen **Macht deiner Beschwörungen**. Denn du hast dich auf deine Bosheit verlassen, als du dachtest: Niemand sieht mich! Deine Weisheit und Kunst hat dich* *verleitet, daß du in deinem Herzen sprachst: **Ich bin's, und sonst keine!** Aber nun wird über dich Unglück kommen, das du nicht wegzuzaubern weißt, und Unheil wird auf dich fallen, das du nicht durch Sühne abwenden kannst. Und es wird plötzlich ein Verderben über dich kommen, dessen du dich nicht versiehst. So tritt nun auf mit deinen **Beschwörungen und der Menge deiner Zaubereien,** um die du dich von deiner Jugend auf bemüht hast, ob du dir helfen und es abwenden kannst. Du hast dich müde gemacht mit der Menge deiner Pläne. Es sollen hertreten und dir helfen **die Meister des Himmelslaufs und die Sterngucker, die an jedem Neumond kundtun,** was über dich kommen werde! Siehe, sie sind wie Stoppeln, die das Feuer verbrennt, sie können ihr Leben nicht erretten vor der Flamme Gewalt. Denn es wird nicht eine Glut sein, an der man sich wärmen, oder ein Feuer, um das man sitzen könnte.* (Jes. 47,8-14)

Wenn der Mensch sich dem Licht gegenüber verschließt, wird sein Stolz auf Gott durch nationalen Stolz und Stolz auf seine eigenen Leistungen ersetzt. Er wendet sich hin zu Horoskopen, Handlesen, Hexerei und anderen Ausdrucksformen des Okkulten. Die Verbreitung dieser Phänomene innerhalb von Nationen war immer ein Vorzeichen für Gericht.

Religiöse Sünde kann viele Formen annehmen:

*Denn **Ungehorsam** ist Sünde wie **Zauberei,** und **Widerstreben** ist wie Abgötterei und Götzendienst.*
(1. Sam. 15,23)

Wir können diesem Text entnehmen, daß Hexerei und Götzendienst in ihrem Wesen miteinander verbunden sind. Auch Götzendienst kann verschiedene Formen annehmen:

*... **und die Habsucht, die Götzendienst ist.**(Kol. 3,5)

Wir erkennen, daß Habsucht auch eine Form von Götzendienst ist. Habsucht ist daher mit Hexerei verbunden. *Laßt euch von niemandem verführen mit leeren Worten; **denn um dieser Dinge willen kommt der Zorn Gottes** über die Kinder des Ungehorsams* (Eph. 5,6).

SEXUELLE SÜNDEN

In dem Kapitel mit der Überschrift „Sünden von Nationen"
betrachteten wir die wegen sexueller Perversion auferlegten
Gerichte, da dies eindeutig ein Greuel vor Gott ist. Wir sind
gehalten, uns auch von allen anderen Formen von sexueller Sünde
fernzuhalten.

So tötet nun ... **Unzucht, Unreinheit, schändliche
Leidenschaft, böse Begierde** *...* (Kol. 3,5)

Das Gericht Gottes ist immer über Nationen gekommen, die
sexuelle Sünden begangen haben. Das Römische Reich war ein
mächtiges Weltreich, das einst hohe sittliche Werte besaß. Die
moralische Haltung der Römer war so hochstehend, daß in über
500 Jahren nur ein einziges Ehepaar geschieden wurde, und der
Name des Mannes ist in die römische Geschichte eingegangen.
Aber nach und nach wurden griechische Wertvorstellungen
eingeführt, und Rom wurde zum Schauplatz totaler Verderbtheit;
und dies, zusätzlich zu der Sünde, Israel anzutasten, führte
schließlich zum Zusammenbruch des Weltreiches.

ANTISEMITISMUS

Antisemitismus ist eine weitere Sünde, die Gott als eine gegen
sich persönlich gerichtete Beleidigung ansieht.

*Nun sprach der HERR zu Abram: ... Ich werde dich segnen
und deinen Namen groß machen; und du wirst ein Segen
sein.* **Ich werde die segnen, die dich segnen, und ich werde
den verfluchen, der dich geringschätzt.**
(1. Mose 12, 1-3, wörtl. Übersetzung)

Wir haben uns in einem vorherigen Kapitel intensiv mit dem
Thema beschäftigt, wie Gott die Sache Abrahams mit der seinen
identifizierte. Wer seine Hand ausstreckt, um den Juden zu
schaden, bewirkt eine reflexartige Reaktion bei dem HERRN, dem
Gott Israels. So führten zum Beispiel die Intrigen Hamans zu seiner
eigenen Hinrichtung auf dem Galgen, den er für Mordechai
aufrichten ließ (Esther 8,7). Hamans zehn Söhne und weitere

75.000 Menschen starben, weil sie bereit waren, die Juden anzugreifen (Esther 9,16). Wer die Juden antastet, der tastet Gottes Augapfel an (Sach. 2,8), und wer sie verachtet, der fordert den göttlichen Gerichtsspruch heraus.

Wir haben nur einen kurzen Streifzug gemacht durch die Sünden, die Gericht, Zerstörung oder Vernichtung für so viele Nationen der antiken Welt bedeuteten. Es läßt sich durch weiteres Studium noch viel mehr ergründen, aber es wurden genügend Fakten aufgedeckt, die auf unsere heutige Welt angewendet werden können. Es führt zu unserem Verderben, wenn wir die Unwandelbarkeit Gottes aus den Augen verlieren. Er hat sich nicht verändert, und auch nicht seine moralischen Werte oder Gerichte. Was gestern die Ursache göttlicher Gerichte war, wird es auch morgen sein. Aber Gott hat Geduld mit uns - sein Morgen kann Monate, Jahre oder Jahrzehnte später kommen, oder sein Morgen könnte unser Morgen sein - nur er weiß es.

Die in den vorherigen Ausführungen aufgedeckten Sünden werden unten noch einmal aufgelistet. Sie werden in den voher aufgeteilten Gruppen aufgeführt, einschließlich der auf diese Sünden folgenden Gerichte. Eine genaue Analyse der heute und während der letzten fünfzig Jahren unter den Nationen stattfindenden Ereignisse läßt die Schlußfolgerung zu, daß moderne Nationen die gleichen Gerichte für diese Sünden empfangen.

POLITISCHE SÜNDEN

SKLAVEREI UND UNTERDRÜCKUNG: Naturkatastrophen und weitverbreiteter Tod

DISKRIMINIERUNG VON FREMDEN (einschließlich Rassendiskriminierung): Naturkatastrophen und weitverbreiteter Tod

MORD, PERVERTIERTES UND UNMORALISCHES VERHALTEN: Naturkatastrophen und weitverbreiteter Tod

VERTRAGSBRUCH AUF POLITISCHER EBENE: Zerstörung der Nation

STOLZ AUF NATIONALE SICHERHEIT: Zerstörung der Nation

MISSBRAUCH VON MACHT UND REICHTUM, UM KLEINERE NATIONEN GEFÜGIG ZU MACHEN: Zerstörung der Nation

KRIEGFÜHRUNG GEGEN ISRAEL: Zerstörung der Nation, bis hin zur Vernichtung

VERBÜNDETE IN DER KRIEGFÜHRUNG GEGEN ISRAEL: Zerstörung der Nation

ANEIGNUNG VON ISRAELS LAND: Zerstörung der Nation

FREUDE AN DEM UNGLÜCK EINER ANDEREN NATION (besonders von Israel): Zerstörung der Nation

GRUNDLOSE MILITÄRISCHE AGGRESSION: Niederlage mit hohen Verlusten

MILITÄRISCHE AGGRESSION ZUR VERGRÖSSERUNG VON TERRITORIEN: Zerstörung der Nation

EXTREME GRAUSAMKEIT IN KRIEGSZEITEN: Eroberung und Verwüstung der Nation

BETRÜGERISCHES UND HINTERLISTIGES GESCHÄFTSGEBAREN: Beschleunigte Zerstörung einer Nation (siehe die biblischen Berichte über den Fall von Ninive, Tyrus und Babylon)

SEXUELLE SÜNDEN

HOMOSEXUALITÄT: Vernichtung

SODOMIE (sexuelle Perversion, einschließlich sexueller Handlungen mit Tieren): Vernichtung

INZEST: Vernichtung

EHEBRUCH, EHESCHEIDUNG UND SEXUELLE GELÜSTE: Zusammenbruch der Nation

ANTISEMITISMUS

POLITISCH, ETHNISCH ODER RELIGIÖS: Gerichtsfluch oder völlige Zerstörung der Nation

RELIGIÖSE SÜNDEN

ABLEHNUNG GOTTES: drohende Vernichtung

ABLEHNUNG DER GÖTTLICHEN ERRETTUNG: drohende Vernichtung

UNTERDRÜCKUNG ODER VERHINDERUNG DER EVANGELIUMSVERKÜNDIGUNG: drohende Vernichtung

WEIGERUNG, GOTTES WORT ZU HÖREN UND DANACH ZU LEBEN: Zerstörung der Nation, drohende Vernichtung

PRAKTIZIERTE HEXEREI, HOROSKOPE UND DAS OKKULTE: drohende Vernichtung

HABSUCHT (Form von Götzendienst): Naturkatastrophen und weitverbreiteter Tod

BLASPHEMIE (Gott kann sowieso nichts tun, oder: Gott wird nicht tun, was er sagt): Zerstörung der Nation

TEIL IV

Das kommende Gericht

11

Vorspiel zum Gericht

Einige Dinge sind unumstritten, weil es dabei nur die Seite Gottes gibt, die zählt. Und das letzte Wort zu jedem Thema ist auch das Vorrecht Gottes. Deshalb stehen die Themen, wenn es um Sünde und Gericht geht, nicht zur Debatte, und der HERR hat das letzte Wort. Es gibt nicht den geringsten Zweifel, daß diese unsere Welt vor einer Erschütterung steht, die die Zähne ihrer Einwohner zum Klappern bringt. Der Geschützlärm des Krieges und der Geruch der Verwüstung liegen bereits in der Luft; dies wird für manche spürbar durch folgenden prophetischen Ruf: *Wie ist mir so weh! Mein Herz pocht mir im Leibe, und ich habe keine Ruhe; denn ich höre der Posaune Hall, den Lärm der Feldschlacht* (Jer. 4,19). Es ist an der Zeit für die Nationen, sich auf einen Krieg vorzubereiten - den Krieg gegen den allmächtigen Gott Israels.

Klingt dies zu sehr nach Kriegstreiberei für die empfindlichen Ohren heutiger Christen? Sicherlich wird manch einer unter ihnen sagen: „Ich bin froh, daß du nicht Gott bist." Ich kann da nur zustimmen. Aber, lieber Christ, es ist völlig naiv, wenn du denkst, daß Gott unsere kranke, selbstsüchtige, den Mammon vergötternde, materialistische Welt nicht richten wird. Sogar in der Gemeinde Jesu sind die neuesten Bestseller entweder Romane oder Bücher über Geld! Nur zu oft wird die prophetische Stimme in der Gemeinde Jesu selbst ignoriert, wenn sie nicht eine sanfte, rosige, bequeme Zukunft verspricht - für die Gemeinde oder die Welt. Aber prophetische Stimmen erklingen in der ganzen Welt - mit einem durchdringenden Klang, den wir zu unserem eigenen Verderben überhören. *Gott der HERR tut nichts, er offenbare denn seinen Ratschluß den Propheten, seinen Knechten* (Amos 3,7).

Lance Lambert, ein Bruder mit hervorragendem Ruf und einem internationalen Dienst, verkündete am 3. November 1992 in Jerusalem das nachfolgend zitierte Wort. Es ist bemerkenswert, wie klar und vollständig dieses prophetische Wort die meisten in diesem Buch gemachten Aussagen bestätigt.

Hört dies, was ich sage, spricht der HERR, und wartet in Stille auf mich. Ihr sollt nicht erschrecken vor **dem Aufruhr, der in Kürze über die ganze Erde kommen wird, denn die Tage des Gerichtes haben begonnen, und ich will umstürzen und umstürzen und umstürzen.** Ich will nicht aufhören, bis der wahre Geist und Charakter des gefallenen Menschen sich selbst offenbart. Ich will meinem Gegner, Satan, eine letzte Gelegenheit geben, **meine Autorität, mein Wort, meine Pläne und meinen Messias herauszufordern und in Frage zu stellen. Aus diesem Grunde werde ich, der HERR, diese politischen, ökonomischen und religiösen Umwälzungen sowie Naturkatastrophen verursachen.** Fürchtet euch nicht vor all diesem, denn ich bereite die ganze Welt auf diese letzte Phase vor, die diejenigen, die mich nicht kennen, als eine 'Neue Weltordnung' beschreiben, die aber in Wirklichkeit eine alte Weltordnung ist. Es ist die Macht und der Charakter von Babylon, gespeist von dem Geist der Finsternis, dem Fürsten von Babylon. Er ist der Geist des Antichristen, der sich zuerst in Babel manifestierte, wo er eine Einheitsweltordnung ohne mich aufzurichten versuchte; diesen Versuch habe ich vereitelt. Aber jetzt ist seine Stunde gekommen.

Fürchte dich nicht, kleine Herde derer, die auf die Absichten und Wünsche meines Herzens eingehen, diejenigen, die ich unterweisen möchte, mit mir in diesen stürmischen Zeiten des Umschwungs standzuhalten. Ich bin es, der souveräne HERR, der Allmächtige, der die ganze Welt vorbereitet auf das endgültige Erscheinen dieses Menschen der Sünde. **Nichts befindet sich außerhalb meiner Kontrolle, sondern alles steht unter meiner Autorität. Ich stehe hinter all den Erschütterungen, allen Veränderungen und Umwälzungen, denn ich bereite die ganze Erde und besonders Europa und Amerika darauf** vor. **Eine Supermacht habe ich niedergeworfen, und ich bin dabei, eine andere zu richten.** Ich will ebenfalls die **Macht des** *Islam* **niederwerfen, denn ich habe ihre Bosheit gesehen, spricht der HERR. Bittet mich nicht darum, diese Gerichte aufzuschieben, denn ich habe mich entschlossen, sie durchzuführen und will nicht davon abweichen.** Steht mit mir dafür ein, daß mein Wille geschieht. Fürchtet euch nicht, und laßt euch nicht niederdrücken durch alle diese Dinge. **Mein Rat soll bestehen bleiben, und ich will alles zu meinem Wohlgefallen durchführen; alles, was ich mir für meinen Sohn vorgenommen habe, soll erfüllt werden,** und alles, was ich für diejenigen beabsichtigt habe, die ich erlöst, die ich meinem Sohn gegeben habe, soll geschehen. **Mitten in all diesen weltweiten Stürmen will ich weltweit durch meinen Geist wirken und eine weltweite Ernte einbringen.** Dort, wo Finsternis und Leiden am größten gewesen sind, wird die Ernte am größten sein. Denn ich, der HERR, will ein Volk für meine Herrlichkeit vorbereiten. Ich will sie aus Rußland und all den Ländern ringsumher holen, aus China und allen Ländern ringsumher. Ich will sie aus den islamischen Ländern holen, gewaltige Mengen junger Menschen. Vom Osten und Westen, vom Norden und Süden will ich sie holen. In all dem Aufruhr und der Verwirrung will ich machtvoll handeln. Mit Gnade und Kraft will ich diejenigen salben, die treu sein wollen, und mit Zeichen und Wundern will ich ihr Werk begleiten. Aber **diejenigen, die mir treu bleiben, werden leiden.** Deshalb erlaubt mir, solange es Zeit ist, durch meinen Geist tiefgehende Veränderungen an euch zu bewirken.

Und wenn mein Herz sich nach denen sehnt, die ich aus den Nationen erlöst habe, damit sie wie eine Braut meine ewige Heimat und Herrlichkeit teilen werden, **so sehnt sich mein Herz mit einer grenzenlosen und alles übersteigenden Liebe nach Israel und nach den Juden, wo immer sie sein mögen. Denn so, wie ich die Erlösten von den Enden der Erde holen will, so will ich mein** jüdisches Volk zurückholen in das Land, das ich ihnen als ewiges Erbteil gegeben habe. **Ich gebe mein feierliches Versprechen, daß ich jede Nation und jeden Politiker richten will, die sich dieser meiner Absicht widersetzen, und ich will jedes Mittel nutzen, die Juden heimzubringen. Israel, das in seinem Abfall doch meinen Namen getragen hat, oft ohne es zu wissen, und das mein Gegner mit einem Haß verfolgt hat, der so grenzenlos ist wie meine Liebe, Israel, das gehaßt, verachtet, gejagt und verfolgt wird, das die Nationen hinausgeworfen und zertreten haben. Ich, der HERR, der Heilige Israels, sein Erlöser, ich, der HERR, will es, geschlagen und blutend, blind und taub wie es ist, liebevoll führen und zu seinem Platz als Haupt der Nationen bringen. Ja, ich, der HERR, verkünde, daß diejenigen, die Israel verfluchten und haßten, kommen und sich bis auf den Boden niederbeugen werden vor ihm. Denn in all diesen Gerichten will ich es retten. Ich, der HERR, will es in meiner Souveränität tun an dem Tag, an dem ich es dazu bringen werde, nach mir zu schreien, und will seine Augen öffnen und seine Ohren aufschließen. An jenem Tag, den ich machen werde, wird mein Herz singen vor Freude, und ich will den Tanz des Bräutigams tanzen.** Ich rufe euch daher zu einer Fürbitte auf, die euch alles kosten wird, damit mein Ziel erreicht werde! Ich bin das Alpha und das Omega, spricht der HERR, Gott, der da ist und der da war, und der da kommt, der Allmächtige.

Durch Lance Lambert macht der HERR deutlich, daß er es ist, der die Macht hat und die Ursache von „politischen, wirtschaftlichen, religiösen Umwälzungen sowie Naturkatastrophen" ist. Man hört so oft, daß Gott Unheil lediglich „zuläßt". Deshalb sollten wir uns folgenden in einem vorherigen Kapitel bereits zitierten Bibeltext noch einmal ins Gedächtnis rufen: *... der ich Frieden gebe und **schaffe** Unheil. Ich bin der HERR, der dies alles tut* (Jes. 45,7). Unheil kommt von der Hand Gottes! Die Menschen der Antike wußten sicher um die Wahrheit folgender Worte: *Ist etwa ein **Unglück** in der Stadt, **das der HERR nicht tut?*** (Amos 3,6) Unglücklicherweise verstanden die Menschen damals ein

Prinzip, das wir erst noch erkennen müssen.

Der HERR sagte durch Lance: „... denn ICH bereite die ganze Erde, und **besonders Europa und Amerika, darauf vor. Eine Supermacht habe ICH niedergeworfen, und ICH bin dabei, eine andere zu richten.**" Das Wort Gottes sagt uns, *daß durch zweier oder dreier Zeugen Mund jede Sache bestätigt werden soll* (2. Kor. 13,1). Die nachfolgenden Kapitel dieses Buches sind eine exakte Bestätigung der durch Lance gegebenen Worte - es scheint, als ob er die Notizen für das Manuskript vorher gelesen hätte!

Der HERR wird „Umsturz und Verwirrung" benutzen, um viele Seelen in sein Reich zu bringen, und um sein jüdisches Volk zurück in das Land zu holen. Auch während dieses Buch verfaßt wurde, kamen Juden auf der Flucht vor der Gewalt in Südafrika und aus dem von Krieg zerrissenen Aserbaidschan und Sarajevo in Israel an.

Es ist nicht der Wille Gottes, den Menschen, seine beste Schöpfung, zu zerstören. Er will nur die Verderbten bestrafen, um eine Umkehr und einen moralischen Wandel herbeizuführen, verbunden mit einer Hinwendung zu ihm: *Und ich werde alle Nationen erschüttern, und das **Ersehnte aller Nationen** wird kommen* (Hag. 2,7, Elberfelder Übers.). Das *Ersehnte aller Nationen* ist der Herr Jesus. Gott beeilt sich niemals mit der Bestrafung einer Nation. Sogar nach dem Urteilsspruch über eine Nation wartet Gott noch mit der Vollstreckung. Das einzige Mal, bei dem Gott sich beeilt hat, ist im Gleichnis vom verlorenen Sohn (Luk. 15,20). Gott, in Gestalt des Vaters, läuft schnell, um dem zurückgekehrten Sohn den Kuß der Vergebung aufzudrücken.

Aber Gott hat in seinem Wort deutlich und oft davon gesprochen, daß er die Nationen richten wird. Allein in den ersten neununddreißig Kapiteln des Buches Jesaja stehen siebenundzwanzig Prophezeiungen über das Gericht! *Denn siehe, des HERRN Tag kommt grausam, zornig, grimmig; ... **ich will den Erdkreis heimsuchen um seiner Bosheit willen** ... Das ist der Ratschluß, den er hat **über alle Lande**, und das ist die Hand, die ausgereckt ist **über alle Völker**. Denn der HERR Zebaoth (der Armeen) hat's beschlossen, - wer will's wehren?* (Jes. 13,9.11; 14,26-27)

Außerdem spricht Gott zu den Nationen durch seine heutigen

Propheten! Wir befinden uns im letzten Zeitalter, in einer Zeit, in der wir den Aufstieg und Fall der letzten Weltmächte miterleben.

Der HERR, der Gott Israels, hat wiederholt gezeigt, daß er in der Vollstreckung angekündigter Gerichte genauso gnadenlos vorgeht wie bei der Erfüllung verheißener Segnungen. Er ist geduldig, aber seine Geduld sollte niemals als Schwäche ausgelegt werden, sondern lediglich als Abneigung gegen Zerstörung. Und die Nationen können nicht mehr mit der Zeit spielen. Nur der Mensch lebt in einer zeitgebundenen Welt - Gott nicht. *Eins aber sei euch nicht verborgen, meine Lieben, daß ein Tag vor dem Herrn wie tausend Jahre ist und tausend Jahre wie ein Tag* (2. Petr. 3,8). Viele Gerichte können nicht umgangen werden, und auch das wird in der oben zitierten Prophezeiung bestätigt. Gott hat beschlossen, bestimmte Gerichte zu vollstrecken, und er wird nicht davon abweichen. Er allein kennt die Herzen der Menschen und er weiß, daß einige Nationen nicht von ihren verderbten Wegen umkehren werden: *Kann etwa ein Mohr seine Haut wandeln oder ein Panther seine Flecken? So wenig könnt auch ihr Gutes tun, die ihr ans Böse gewöhnt sei*d (Jer. 13,23).

Ninive war eine große Ausnahme. Eine große, aber verderbte Stadt mit 120.000 Säuglingen und Kleinkindern; ihr wurde verkündet, daß sie in nur vierzig Tagen zerstört werden sollte (Jona 3,4), aber sie kehrte um und wurde vor der Zerstörung bewahrt. Darauf könnte jede Stadt oder Nation genug Hoffung schöpfen; wenn eine wahre Umkehr erfolgt, gibt es noch Hoffung auf ein Morgen. Aber ein einfaches Gebet um Abwendung des Gerichts wird nichts bewirken, sondern eher eine radikale Änderung des Herzens und des Lebensstils.

Eines der ständig in der Bibel wiederkehrenden Themen besteht darin, daß Gott den Nationen ein Ende bereiten will, aber für Israel nicht dasselbe Schicksal zuläßt - dies hat er feierlich versprochen. Und, wie wir im vorigen Kapitel erkannt haben, sind Nationen tatsächlich völlig zerstört worden, während Israel, obwohl es das gleiche Schicksal verdient hätte, die unheilvollen Strafgerichte, die es erleiden mußte, überlebt hat. Eine ganz bestimmte Prophezeiung über das Schicksal Israels und der Nationen, die noch auf ihre Erfüllung wartet, beinhaltet schlimme Aussichten für die Nationen: *Denn ich bin bei dir, spricht der HERR, daß ich dir helfe. Denn ich will mit allen Völkern ein Ende machen, unter die ich dich zerstreut habe; aber mit dir will ich nicht ein Ende machen. Ich will dich mit Maßen züchtigen, doch ungestraft kann ich dich nicht lassen* (Jer. 30,11). Gott verkündet, daß er **alle Nationen**, in die Israel während der Zeit seiner Exile aus dem Gelobten Land zerstreut war, zerstören wird. Einige der an Israels erstem Exil beteiligten Nationen wurden völlig zerstört, andere nicht. Und während des zweiten Exils wurden die Juden bis an die vier Enden der Erde getrieben, und deshalb sind mehr als einhundert Nationen betroffen!

Wir können erkennen, daß der Schöpfer Israels entschlossen ist, den Ausgleich zu schaffen für das, was am jüdischen Volk seit den letzten 2.000 Jahren geschehen ist. Der Gott Israels beschloß die Bestrafung Israels, aber die Nationen gingen zu weit mit ihrer Brutalität: *und mit sehr großem Zorne zürne ich über die sicheren Nationen; denn ich habe ein wenig gezürnt, sie aber haben zum Unglück geholfen* (Sach 1,15, Elberfelder Übers.). Und einer der Wege, wie Gott Gericht über Nationen bringen will, besteht in direkter militärischer Konfrontation: *dann werde ich **alle Nationen versammeln** und sie in das Tal Josaphat hinabführen; und **ich werde daselbst mit ihnen rechten** über mein Volk und mein Erbteil Israel, **welches sie unter die Nationen zerstreut haben; und mein Land haben sie geteilt*** (Joel 3,2, Elberfelder Übers.). Es ist in der gesamten Geschichte der Menschheit noch nicht vorgekommen, daß alle Nationen in den Kampf gegen Jerusalem gezogen sind. Aus diesem Grund steht ein militärischer Konflikt zwischen Israel und vielen Nationen vor der Tür; diese Auseinandersetzung werden nur wenige aus diesen Nationen überleben, aber diese Überlebenden werden alle den HERRN erkennen (Sach. 14,16).

Die Gründe dieser Auseinandersetzung liegen in der Behandlung der Juden während ihres Exils und in der Aneignung ihres Landes, ihres gottgegebenen Erbes, durch die umliegenden Nationen. *Zur selben Zeit will ich Jerusalem machen zum Laststein für alle Völker. Alle, die ihn wegheben wollen, sollen sich daran wund reißen; **denn es werden sich alle Völker auf Erden gegen Jerusalem versammeln*** (Sach. 12,3). Die Welt weiß, daß Israel bereits eine gewaltige Militärmacht ist und seine Schlagkraft weiter ausbaut. Momentan wird Israel im Hinblick auf Nuklearwaffen mit Großbritannien gleichgesetzt. Durch die Entwicklung und Produktion von Massenvernichtungswaffen verstärkt Israel seine Arsenale. Vielleicht wird die letzte Auseinandersetzung zwischen Israel und den Nationen durch die folgenden Worte des Apostels Petrus beschrieben: ... *an dem die Himmel vom Feuer zergehen und die Elemente vor Hitze zerschmelzen werden* (2. Petr. 3,12). Wie auch immer das Szenarium aussehen wird, wir wissen aus der Bibel, daß Israel gewinnt und die Nationen zerstört werden.

Viele Nationen sind so stark mit vergossenem Menschenblut getränkt, daß es nur durch den Zorn Gottes entfernt werden kann. Viele Nationen schwelgen in moralischem Schmutz und Perversion. Regierungen machen sich schuldig, indem sie mit zweierlei Maß messen und ihre Verträge brechen. Politiker sind korrupt - sie mißbrauchen ihre Machtposition zu persönlichem und finanziellem Gewinn. Die große Masse tut das, was sie für richtig hält. Es handelt sich hierbei nicht bloß um eine isolierte Nation hier oder da, die vor der Zerstörung steht. *Die frommen Leute sind weg in diesem Lande, und die Gerechten sind nicht mehr unter den Leuten* (Mich. 7,2). Nein, heute stehen viele Nationen vor ihrer Zerstörung. Nur in der Furcht Gottes - sowohl im Sinne der Ehrfurcht als auch der Schrecken einflößenden Furcht vor Gott - liegt Sicherheit für eine Nation. Wiederholte Kriege sind Zeichen der steigenden Flut göttlicher Gerichte über Nationen. Der Höhepunkt göttlichen Gerichts wird eine verheerende Reinigung der Erde von den Gottlosen durch die volle Wucht des göttlichen Zorns sein. Die Auffassung, daß Gott zu freundlich ist, Millionen Menschen zu vernichten, ist Opium für das Volk - sowohl für Christen als auch Nichtchristen. Was heiß ist, das brennt - viele von uns lernen dies bereits in jungen Jahren aus Erfahrung. Wenn wir dieses Gesetz mißachten, dann erleiden wir Schmerzen. Es gibt auch ein Gesetz der Schwerkraft. Die Ablehnung, daran zu glauben, ändert nichts an seiner Existenz. Das gleiche gilt für die göttlichen Gesetze im Hinblick auf Sünde und Gericht.

Die Gerichte Gottes verlaufen genau nach einem Plan. Zuerst rührt er unsere Segnungen an: ... *ja, verfluchen werde ich euren Segen* (Mal. 2,2). Selbstverständlichkeiten, wie z.B. Regen, Arbeit,

Wohlstand usw. sind nicht mehr wie vorher frei verfügbar: *Aber eure Verschuldungen verhindern das, und eure Sünden halten das Gute von euch fern* (Jer. 5,25). Dann straft er durch die zerstörerischen Elemente, wie z.b. Wind, Hagel und Erdbeben (siehe auch Jes. 29,6) - aber diese Strafen dienen zur Warnung vor größeren Ereignissen, wenn sich bestimmte Verhaltensmuster nicht ändern. Schließlich vollstreckt Gott eine harte Strafe *durch das Schwert, durch Hungersnot und Seuchen* (Jer. 44,13). Dieser Satz erscheint nicht weniger als zweiundzwanzigmal in der Bibel. Gerichte sind nicht nur auf jeweils eine dieser drei Facetten begrenzt, und sie umfassen auch nicht unbedingt alle drei. Eine einzige Facette, eine Kombination von zwei oder allen drei können verwendet werden, je nach dem Ausmaß der begangenen Sünde - Gott allein ist die Entscheidung überlassen. Bereits in vorherigen Kapiteln wurde die Aussage getroffen, daß ein einfaches Gebet um Vermeidung oder Verzögerung eines Gerichts gar nichts bewirken wird. Ein Beispiel dafür ist der Zweite Weltkrieg. Mit Ausnahme von Kommunisten und Atheisten beteten alle Parteien und Opfer, die in die kriegerischen Auseinandersetzungen verwickelt waren. Sie beteten, daß ihre Nationen vor den Zerstörungen des Krieges bewahrt werden, daß ihre Nationen den Krieg gewinnen, daß ihre Angehörigen und sie selbst verschont bleiben sollten usw. Der Krieg dauerte fünf volle Jahre, viele Nationen wurden verwüstet, siebenundvierzig Millionen Menschenleben wurden geopfert und ein nicht zu berechnender Aufwand an Material und Geld wurde betrieben. Es scheint, als ob die einzige Lehre, die aus dem Krieg gezogen wurde, in dem Wissen besteht, wie eine noch größere Zerstörungskraft zu einem Bruchteil der bisherigen Kosten und Zeit entfaltet werden kann. Sünde ist heute viel weiter verbreitet als in den dreißiger Jahren. Wir können deshalb eine umwälzende Verwüstung kosmischen Ausmaßes innerhalb einer relativ kurzen Zeit erwarten - vielleicht innerhalb eines Jahrzehnts.

Wir müssen dem Zorn Gottes entrinnen. Und wohin, könnten wir uns fragen, gehen wir, um dem Zorn zu entgehen? Wir gehen zu Gott, denn in Gott finden wir Zuflucht vor Gott! Nur eine großzügige Besprengung mit dem Blut Christi kann die Flamme des göttlichen Zorns zum Erlöschen bringen. Der Finger des Gottes

Israels schreibt auf die Wände unserer heutigen Nationen *mene, mene, tekel, upharsin* (Dan. 5,25). Gott hat unsere Nationen gezählt, wir sind gewogen und zu leicht befunden worden. *Doch auch jetzt noch, spricht der HERR,* **bekehret euch zu mir von ganzem Herzen mit Fasten, mit Weinen, mit Klagen!** *Zerreißet* **eure Herzen und nicht eure Kleider und bekehret euch zu dem HERRN, eurem Gott!** **Denn er ist gnädig, barmherzig, geduldig und von großer Güte, und es gereut ihn bald die Strafe.** (Joel 2,12-13)

12

Die (ehemalige) Sowjetunion

Der Zusammenbruch der Sowjetunion im Jahr 1991 ist beispielhaft für Ereignisse, die zum Fall einer mächtigen Nation führen. Wir sahen und sehen immer noch mit an, zu welchem Ergebnis nationale, politische, religiöse und antisemitische Sünden führten - nämlich zum Fall der größten Militärmacht in der Welt und vielleicht in der gesamten Geschichte der Menschheit. Die Sowjetunion hat einen Zustand des Chaos erreicht und bittet heute ihre früheren Feinde um Hilfe.

Während wir das von den Sowjets erlittene Unglück noch in guter Erinnerung haben und die aktuellen Ereignisse in der Region nach wie vor Stoff für Schlagzeilen liefern, sind wir von unserer alphabetischen Auflistung der Nationen abgewichen, um von Anfang an zu erfahren, was andere Nationen noch zu erwarten haben. Deshalb haben wir in diesem Abschnitt die Sowjetunion an den Anfang unserer Liste gesetzt. Wir erleben das tatsächliche Gericht an einer Nation, einer Supermacht, und ich glaube nicht, daß dieses strenge Gericht an ihr ausgerechnet in dieser Zeit ein Zufall ist. In unserer Auflistung von Sünden im zehnten Kapitel dieses Buches zählten wir die Gerichte auf, die in Verbindung mit einer bestimmten Sünde stehen. Die ehemalige Sowjetunion beging viele dieser Sünden. Ich bin überzeugt, daß der Gott Israels den Nationen eindeutig zeigen will, was sie zu erwarten haben, wenn die Umkehr ausbleibt.

Die Parallele zwischen dem alten Ägypten und der Sowjetunion ist bemerkenswert. Beide Länder hielten die Juden gefangen. Die Kinder Israel waren jedoch Sklaven in Ägypten, sie verrichteten die niedrigsten Arbeiten, während die Juden in der Sowjetunion hauptsächlich Wissenschaftler, Ärzte, Rechtsanwälte und andere hochqualifizierte Akademiker waren und einen Großteil der Elite im Land stellten. Bis zur zweiten Hälfte des Jahres 1991 lebte in der Sowjetunion der drittgrößte Anteil der jüdischen Bevölkerung in der Welt (nach den USA und Israel). Und so wie Mose vom HERRN zum Pharao nach Ägypten gesandt wurde, um die Freilassung der Israeliten zu fordern, kamen Politiker (auch zwei Präsidenten der USA) und namhafte gottesfürchtige Männer und Frauen in den Kreml, um das gleiche Recht für die Juden der Sowjetunion zu fordern - das Recht auf Ausreise. Diese Menschen bekamen die selbe Antwort, die der Pharao dem Mose gab: Nein! Sowjetische Juden, die ausreisen wollten (nach Israel oder auch in andere Länder), erhielten keine Ausreisegenehmigung und fanden sich oft im Gefängnis wieder. Mit dem Antrag auf Ausreise verloren sie und ihre Familien automatisch das Recht auf Arbeit. Durch den Verlust des Lebensunterhalts wurde die Existenz für tausende sowjetischer Juden vorsichtig ausgedrückt gefahrvoll und traurig.

Zehn Katastrophen (s. Teil III, Kap. 10) kamen durch die Hand des HERRN über Ägypten, und das Land erlebte seinen Ruin. Heute liegt die Sowjetunion ebenfalls in Trümmern. Zeitungen und Zeitschriften in der ganzen Welt berichten über die furchtbaren Zustände in Rußland und den übrigen Mitgliedsstaaten der Gemeinschaft unabhängiger Staaten (GUS), wie die Region heißt. Die nukleare Katastrophe in Tschernobyl im April 1986 wurde in einer Sendung des israelischen Rundfunks im September 1992 als „schlimmste, in Zeiten des Friedens geschehene, nukleare Katastrophe in der Weltgeschichte" bezeichnet. Der Bericht wurde zu Ehren des siebenhundertfünfzigsten jüdischen Kindes, das aus Tschernobyl nach Israel einreiste und unter der Wirkung radioaktiver Strahlung litt, gesendet (die Sowjets hatten bestimmt, daß Juden sich in der Gegend von Atomkraftwerken ansiedeln sollten). Die Katastrophe von Tschernobyl hat nach heutigen Schätzungen nicht nur die in der sowjetischen Presse offiziell bekanntgegebenen 3.000 Menschen, sondern fast 300.000 das Leben gekostet. Das von radioaktiver Strahlung betroffene Gebiet wird nach wie vor größer. Aufgrund von Dürreperioden wird radioaktive Asche aus spontanen Waldbränden vom Wind in weit entfernte Gebiete getragen. Die amerikanische Zeitschrift *U.S. News and World Report* berichtete am 13. April 1992, daß durch eine frühere nukleare Explosion in Tscheljabinsk achtzig Tonnen radioaktives Material in die Luft geschleudert wurden und dadurch eine Zwangsevakuierung wie in Tschernobyl erforderlich wurde. Die Zahl der Todesopfer in Tscheljabinsk ist nach wie vor ein streng gehütetes Geheimnis. In dem Artikel wird weiter erwähnt, daß es allein im Jahr 1991 zu 270 registrierten Störfallen in sowjetischen Atomkraftwerken gekommen ist! Der Verlust an Menschenleben ist enorm, aber niemals bekannt geworden.

Der Zusammenbruch der Wirtschaft hat ein solches Ausmaß angenommen, daß die einst so einflußreiche Supermacht heute den Status eines Entwicklungslandes hat. Bereits im April 1991 baten russische Politiker westliche Nationen - ihre früheren Feinde - um einen „Notkredit" in Milliardenhöhe für den Kauf von Getreide zur Vermeidung einer Hungersnot. Der Rubel ist praktisch wertlos. Aufgrund einer galoppierenden Inflation stieg innerhalb weniger Monate der Wechselkurs des Rubel gegen den US-Dollar von 500 Rubel auf über 1.300 Rubel. Wodka hat für die Russen einen höheren Wert als der Rubel und hilft scheinbar auch, die ganze Situation zu ertragen.

Feldfrüchte, besonders Kartoffeln (ein Grundnahrungsmittel) werden ständig von Krankheiten befallen. Sie verfaulen bereits im Boden; dadurch entsteht großer Mangel und an Hungersnot grenzende Bedingungen werden verursacht. Das amerikanische Magazin *USA Today* berichtete im November 1991 folgendes: Die meisten Nahrungsmittel waren so knapp, daß viele Menschen mehr als vier Stunden um einen Laib Brot Schlange standen! Und oft war für die letzten kein Brot mehr übrig. Faustkämpfe und Rempeleien passierten täglich in Schlangen, die sich bis über mehrere Straßenzüge erstreckten. Im Oktober/November 1990 stiegen die Preise für Nahrungsmittel in privatisierten Läden um tausend Prozent in nur drei Wochen! Eine dreißig Zentimeter lange Wurst kostete fast ein halbes Monatsgehalt. Benzinpreise sind in die Höhe geschnellt, und heute kostet es einen russischen Normalverdiener einen halben Wochenlohn, um sein Auto vollzutanken.

Der Zusammenbruch der Sowjetunion hat dem Volk große Not gebracht, besonders der Bevölkerung in Rußland. Die Arbeitslosenquote ist hoch, und viele Menschen haben kein Geld, um Essen

zu kaufen, auch wenn Nahrungsmittel zur Verfügung stünden. *USA Today* berichtete folgendes aus einem Interview mit einem Russen: " 'Ich bin mein Leben lang meinem Land treu geblieben', sagt eine 79jährige Witwe, während sie auf ihr Mittagessen in einer Suppenküche wartet, 'und was bekomme ich dafür? Ich habe kein Geld und keine Hoffnung.' "
Die ganze Welt ist sich des Gerichts über die Sowjetunion bewußt.

Im September 1991 berichtete die thailändische Zeitung *The Bangkok Post* unter der Schlagzeile „In der Sowjetunion hat auch der Nikolaus nichts mehr im Sack", daß die Läden leer waren - es gab nichts zu kaufen. Der Artikel zitierte auch eine typisch russische Mutter: " 'Meine Tochter ist sieben. Sie will eine Barbiepuppe', sagt Marina mit brechender Stimme. 'Ich bin bereit, mehr als einen Wochenlohn für eine Barbiepuppe zu bezahlen, aber es gibt keine zu kaufen' "

Katastrophen haben zu einem hohen und weitverbreiteten Verlust an Menschenleben geführt. Der Zusammenbruch der Wirtschaft verursachte eine galoppierende Inflation und bewirkte eine Massenverarmung in der Bevölkerung. Eine hohe Zahl von Arbeitslosen und ein großer Mangel an allen lebensnotwendigen Waren bringen viele zur Verzweiflung, während Krieg und Genozid andere in totales Chaos stürzen. Dies sind die Zustände, die heute in den Gebieten der ehemaligen Sowjetunion vorherrschen.

Der Fall der Sowjetunion wurde am 6. September 1991 mit großen Schlagzeilen in die Welt hinausposaunt; so schrieb eine Zeitung kurz und bündig: „DIE SOWJETUNION IST AM ENDE." Diese mächtige Nation, die einen großen Teil der heutigen Welt unterdrückt hatte, dieser gottlose Gigant, wurde in wenigen Monaten zu einem Nichts - die Hydra verlor ihre Köpfe - und Gott ist noch immer nicht fertig mit ihr. Kriege zwischen ethnischen Gruppen fordern tausende von Menschenleben, die Anarchie regiert unter den 290 Millionen Einwohnern der GUS. Lenin und Marx versuchten, Gott aus Herz und Sinn des sowjetischen Volkes auszuradieren, aber heute werden ihre Namen, Statuen und Monumente niedergerissen. Der Vielvölkerstaat ist auseinandergerissen und im Begriff, sich aufzulösen. Ein prominenter russischer Physiker, Sergei Kapitza, analysierte in einem Interview mit der Zeitschrift *U.S. News & World Report* im April 1992 den Zerfall der Gesellschaft um ihn herum und faßte die Situation folgendermaßen zusammen: **„Unsere Wirtschaft befindet sich in völliger Verwirrung, unsere Armee ist auf dem Rückzug, unsere Union ist zerfallen. Wir haben alles erlebt außer einer militärischen Niederlage im klassischen Sinn."**

So wie der Zusammenbruch des alten Ägypten unter der Herrschaft des Pharao den Kindern Israel Befreiung von der Unterdrückung brachte, hat der Zusammenbruch der Sowjetunion den Juden ebenfalls Freiheit gebracht. Über 600.000 haben bisher die ehemalige Sowjetunion verlassen, und weitere 1,7 Millionen sitzen bereits auf ihren Koffern. Die Hitze des Konflikts in der ehemaligen Sowjetunion wird nicht nachlassen, bis alle Juden die Region verlassen haben.

Die frühere Sowjetunion hat einige der folgenden offensichtlichen Sünden begangen:

a) **Sklaverei und Unterdrückung**
b) **Diskriminierung von Fremden**
c) **Stolz auf nationale Sicherheit**
d) **Mißbrauch von Macht und Geld, um kleinere Nationen gefügig zu machen**
e) **Kriegführung gegen Israel** (Wie eine sowjetische Zeitschrift namens *Ekho Planety* berichtet, war die Sowjetunion an militärischen Konflikten zwischen Israel und Ägypten in den Jahren 1969 bis 1971 beteiligt, erlitt aber schwere Verluste durch israelische Bombenangriffe. Und in den ersten Stunden des Jom-Kippur-Krieges im Jahr 1973 wurden von den Israelis innerhalb von Sekunden vier von sowjetischen Piloten gesteuerte Kampfflugzeuge abgeschossen.)
f) **Verbündete derjenigen, die Krieg gegen Israel führen**
g) **Schadenfreude über das Unglück anderer Nationen (besonders im Hinblick auf Israels Unglück)**
h) **Grundlose militärische Aggression**
i) **Antisemitismus (politisch, ethnisch und religiös)**
j) **Ablehnung Gottes**

k) Ablehnung der göttlichen Errettung
l) Unterdrückung und Verhinderung der
    Evangeliumsverkündigung
m) Ablehnung, Gottes Wort zu hören und danach zu leben
n) Blasphemie

Die Gerichte sehen daher folgendermaßen aus: **Naturkatastrophen und weitverbreiteter Tod** (zweimal), **Zerstörung
der Nation** (siebenmal), **drohende Vernichtung** (fünfmal),
Niederlage mit hohen Verlusten sowie **Gerichtsfluch oder
völlige Zerstörung der Nation.**

Wenn wir die bisherigen und heutigen Ereignisse in der
ehemaligen Sowjetunion und in den Regionen, die früher unter
ihrem Einfluß standen, analysieren, dann kommen wir zu dem
Ergebnis, daß die obige Schilderung der göttlichen Gerichte ganz
und gar zutreffend ist. Deshalb können wir uns jetzt den weiteren
Beispielen von heutigen, vor dem Gericht stehenden, Nationen
zuwenden und mit völliger Gewißheit ihrer Verurteilung sowie
ihren Leiden im Einklang mit ihren Sünden entgegensehen.

13

Amerika

Vielleicht ist es ein Glücksfall, daß der HERR nur Israel dazu bestimmt hat, seine Bosheit, Übertretung und Sünde (2. Mose 34,7) für die Nachwelt festhalten zu lassen. Die Bewohner der ganzen Erde sind in der Lage, den biblischen Bericht darüber in hunderten von Sprachen und Dialekten nachzulesen, und viele geben Israel deswegen der Lächerlichkeit preis. Aber, so frage ich mich, wie viele von ihnen wollten ihre eigene Nation einer solchen Überprüfung aussetzen?

Israel hat eine viertausendjährige Geschichte hinter sich - viele Nationen können noch nicht einmal fünf Prozent dieser Zeitspanne aufweisen. Und trotz der relativ kurzen Zeit ihres Bestehens stinkt ihre Bosheit, Übertretung und Sünde zum Himmel.

Amerika war einst eine christliche Nation. Die Staatsmänner der jungen Nation machten es immer wieder deutlich, daß das Christentum die Religion Amerikas sein sollte. In der Verfassung wird Gott viermal erwähnt, und im allgemeinen durften nur Christen in Regierungsämter gewählt werden. Die Verfassung des Staates Delaware von 1776 war ein typisches Beispiel dieser Zeit: "Jeder, der in ein öffentliches Amt ernannt wird, muß folgendes sagen: 'Ich bekenne meinen Glauben an Gott, den Vater und seinen einzigen Sohn Jesus Christus, und an den Heiligen Geist, den einen Gott, gesegnet sei er immerdar. Und ich erkenne an, daß die Schriften des Alten und Neuen Testaments durch göttliche Inspiration entstanden sind.' " Aber das war vor zweihundert Jahren. Die Verfassungen sind heutzutage geändert worden, und bekennende Homosexuelle und Lesben, Zauberer und Hexen können in Regierungsämter gewählt werden. Gott wird systematisch aus den Vereinigten Staaten entfernt. Das Gebet ist nicht nur aus den Schulen verbannt worden, sondern es gibt Gesetze, nach denen es Schülern nicht erlaubt ist, sich in Gruppen zu versammeln und es privat zu praktizieren. In den meisten

öffentlichen Schulen ist auch Bibelstudium vom Gesetz her
verboten.

Von der US-Regierung veröffentlichte Statistiken beweisen,
daß seit 1962, als das Schulgebet abgeschafft wurde und durch
nachfolgende Gesetze das Bibellesen, das Zurschaustellen der Zehn
Gebote, das Aussprechen von Bittgebeten oder Segnungen bei
Schulveranstaltungen effektiv unterdrückt wurde, die Ergebnisse
katastrophal waren. Die während der letzten zwanzig Jahre in
Standardtests registrierten Durchschnittsnoten sind jährlich
gefallen. Die Zahl der Schwangerschaften unter Minderjährigen
ist um 553 Prozent angestiegen, die der Geschlechtskrankheiten
um 263 Prozent. Während der letzten zwanzig Jahren hat sich die
Scheidungsrate verdreifacht, und die Quote der Gewaltverbrechen
ist um schwindelerregende 544 Prozent angestiegen. Im Jahre 1992
waren zum ersten Mal in der Geschichte des Landes bei
Schulentlassungen die Schüler dümmer als ihre Eltern. Es gibt
mehr als 33 Millionen alkoholkranke Jugendliche, und täglich
begehen eintausend Jugendliche Selbstmordversuche. Das
Magazin *TIME International* berichtete am 2. August 1993, daß
im Jahr 1990 über 4.000 Jugendliche im Amerika erschossen
wurden, und daß etwa 100.000 Schüler mit einer Handfeuerwaffe
zur Schule gehen. Ein sechzehnjähriger Weißer sagte zu *TIME*:
„Wenn du ein Schießeisen hast, dann hast du Macht. Schießeisen
gehören heutzutage zum Erwachsenwerden."

Am 8. März 1991 veröffentlichte das Magazin *The Hong Kong
Standard* folgende Eindrücke, die von einer chinesischen
Delegation während eines Besuchs in den Vereinigten Staaten zum
Kennenlernen des dortigen Schulsystems gesammelt wurden:

Die Behörden versuchen die Schüler dazu zu bringen, ihre
Handfeuerwaffen zu Hause zu lassen. An den Schultoren
werden die Schüler nach Drogen durchsucht, und dann
werden kostenlose Kondome verteilt.

Die Vereinigten Staaten haben weltweit die höchste Rate an
Gefängnisinsassen - mehr als das **Zehnfache** als einige andere
Industriestaaten. In der Einleitung zum dem Weltalmanach von
1993 steht folgendes: „... die Anzahl der Amerikaner in den
Gefängissen oder Zuchthäusern hat sich in den letzten acht Jahren

verdoppelt, und ist während der letzten elf Jahre um 150 Prozent angestiegen." Ein weiterer Bericht, der 1991 in einem säkularen Magazin veröffentlicht wurde, stellte sogar die Behauptung auf, daß „an jedem Sonntag mehr Leute in den Gefängnissen sitzen als in den Kirchen." Die Anzahl der Mordopfer im Alter von achtzehn Jahren oder darunter ist, nach einem Bericht vom August 1991 in der Zeitung *The Cedar Rapids Gazette* **dreiundsechzigmal** höher als in anderen westlichen Nationen! Im April 1992 veröffentlichte das Magazin *U.S. News & World Report* einen vierseitigen Bericht über das Verbrechen in Amerika. Der Bericht erwähnte Zahlungen in Höhe von 125,8 Millarden US-Dollar, die die amerikanische Bevölkerung im abgelaufenen Jahr im Zusammenhang mit der Kriminalität leisten mußte.

Die Zehn Gebote müssen in amerikanischen Gerichten entweder entfernt oder verdeckt werden. Es ist deshalb nicht überraschend, wenn das Magazin *Reader's Digest* über einen Richter berichtet, der der Witwe eines Mannes, der zu Tode kam, als er Dachrinnen aus Kupfer stahl, einen Schadenersatz zugestand. Das Urteil des Richters lautete, daß der Mann von Beruf Dieb war, und aus diesem Grund hatte seine Witwe Anspruch auf Schadenersatz. Es war weiterhin nicht überraschend, einen Bericht über einen verdeckten Ermittler zu lesen (ebenfalls in dem Magazin *Reader's Digest*) der innerhalb von sechs Monaten (bevor er aufflog) Beweismaterial über etwa achtzig amerikanische Anwälte und Richter sammelte, die in Bestechungsskandale verwickelt waren. Der Ermittler sagte, daß die Anzahl der aufgedeckten Fälle lediglich die „Spitze des Eisbergs" sei. Viele Urteile, die von amerikanischen Gerichten gesprochen werden, sind „gekauft", und der HERR spricht: *„ Wie lange wollt ihr unrecht richten und die Gottlosen vorziehen? "* (Ps. 82,2)

Satansanbetung und Verwicklung in Okkultismus sind im ganzen Land verbreitet. Manche junge Mädchen wurden gezwungen, sich als „Gebärmaschinen" zu betätigen - sie sind ständig schwanger (oft von ihren eigenen Vätern) - so daß der jeweilige Säugling in dämonischen Ritualen geopfert werden kann. Andere junge Mädchen sind ein paar Tage lang lebendig begraben worden (oft von ihren eigenen Eltern), als Teil eines satanischen

Rituals. Am 2. Mai 1993 wurde in der amerikanischen Zeitung *Santa Cruz Sentinel* ein Bericht über eine Versammlung von 200 Hexen in einem farbig gedruckten Leitartikel auf der ersten Seite abgedruckt. Abbildungen zeigten Hexen, wie sie Weihrauch verbrannten und ihre dämonischen Gottheiten anbeteten.

Die amerikanischen Medien waren gnadenlos in ihrer Behandlung Israels während der *Intifada* (die Bedeutung des arabischen Wortes lautet „abschütteln", gemeint ist damit der Aufstand der Palästinenser gegen die Herrschaft der Israelis, der im Dezember 1987 ausbrach), und es wurden während dieser Zeit „Nachrichten" veröffentlicht oder gesendet, die von der israelischen Presse wiederholt als „Lügen" bezeichnet wurden. Die Ursache für die besonders schlechte Presse der amerikanischen Medien über Israel liegt nach dem Buch von Jim Lederman, mit dem Titel *Battle Lines: The American Media and the Intifada* (Fronten - die amerikanischen Medien und die Intifada) darin, daß amerikanische Jounalisten meinen, die Israelis sollten sich **zivilisierter** verhalten, und so mehr den Verhaltensnormen eines demokratisch regierten Landes entsprechen. An dieser Stelle sollte deutlich gemacht werden, daß die Intifada in Wirklichkeit ein Krieg ist und nicht ein Mittagessen für ausländische Würdenträger im Weißen Haus. Während der ersten fünf Jahre der Konfrontation wurden 1.100 Palästinenser ermordet - 650 von anderen Palästinensern und nicht von Israelis. In Amerika wurden zur gleichen Zeit etwa 125.000 Morde begangen - offensichtlich handelt es sich hierbei um normales zivilisiertes Verhalten.

Richard Wurmbrand berichtete in der *Stimme der Märtyrer* von Oktober 1987, daß amerikanische Ärzte rumänische Gefangene untersuchten, die in dem Gefängnis unter dem Palast von Präsident Ceaucescu einsaßen. Nach der Untersuchung wurden die gesündesten Gefangenen hingerichtet; ihre Herzen, Lebern, Nieren und andere Organe wurden danach von denselben Ärzten für Organtransplantationen nach Amerika transportiert. Offensichtlich ist auch das normales, zivilisiertes Verhalten für Bürger eines demokratischen Landes wie Amerika. Ganz bestimmt ist es lukratives Verhalten, denn ein Freund des Autors unterzog sich einer Nierentransplantation im Jahr 1989 - damals kostete die Operation die stolze Summe von 75.000 US-Dollar.

Amerika wurde Gott nicht über Nacht los. Es war einfach ein fortschreitender Verfall, der bereits vor Jahrzehnten einsetzte. Sklaverei, rassistische Vorurteile und ein Pseudo-Christentum waren lediglich Symptome einer Krankheit. Die über das Land verstreuten Indianerreservate und Ghettos der Schwarzen sind stumme Zeugen der Geschichte. Am 13. Oktober 1988 veröffentlichte das Magazin *USA Today* einen Artikel, in dem unter anderem das Interview mit einer farbigen Frau abgedruckt war, deren Sohn im Jahr 1955 geschlagen, angeschossen und gelyncht wurde, weil er einer Weißen nachgepfiffen hatte. In dem Artikel wurde folgendes berichtet: „Lynchaktionen wurden sogar angekündigt, und viele Leute nahmen ihr Mittagessen mit in die Kirche, weil sie nach dem Gottesdienst zum Lynchen gehen wollten." In ganz Amerika ist ein gewisses Pseudo-Christentum weit verbreitet, und die Durchschnittschristen sind heute so, daß sie *das Vergnügen mehr lieben als Gott, die eine Form der Gottseligkeit haben, deren Kraft aber verleugnen* (2. Tim. 3,5).

Gallup- und andere Umfragen in Amerika zeigen einen alarmierenden Verfall moralischer Normen unter bekennenden Christen, so ist z.b. die Scheidungsrate unter Christen höher als unter Nichtchristen, obwohl Gott klar und deutlich sagt, daß *er Scheidung haßt* (Mal. 2,16). Die Ergebnisse dieser Umfragen zeigen auch, daß Christen in demselben Maß stehlen, lügen und kleine Diebstähle begehen wie Nichtchristen. In seinem Buch *The 7 Laws Of The Teacher* (Die sieben Gesetze des Lehrers) erwähnt Howard Hendriks, daß von christlichen Jugendorganisationen durchgeführte Studien zu folgendem Ergebnis kamen: Der einzige bedeutende Unterschied zwischen christlichen und nichtchristlichen Jugendlichen liegt im **verbalen** Bereich. „Die Christen antworten mit 'nein', wenn sie gefragt werden, ob sie lügen, betrügen, stehlen oder mit jemandem ins Bett gehen würden, während die Nichtchristen antworten: 'Natürlich, wenn es zu meinem Vorteil ist'." Der „Christ" lügt im Hinblick auf Sünde, begeht sie aber dennoch. Dr. Bruce Wilkinson von der christlichen Organisation „Walk Thru The Bible Ministries" bestätigt diese Beobachtungen. Als Dr. Wilkinson für die Einführung einer neuen Zeitschrift, die christliche Jugendliche in Amerika wirkungsvoll ansprechen sollte, recherchierte, machte er im Oktober 1988 folgende Aussage:

Fünfundsechzig Prozent der Jugendlichen, die in Atlanta, Georgia, christliche Schulen besuchten, waren sexuell aktiv; fünfundsiebzig Prozent betrogen regelmäßig; dreißig Prozent der Schüler in den höheren Klassen hatten innerhalb der letzten dreißig Tage Ladendiebstähle begangen; vierzig bis fünfundvierzig Prozent der Schwangerschaften wurden abgebrochen; zehn Prozent haben Erfahrungen mit homosexuellen Beziehungen, und einhundert Prozent haben Filme gesehen, die als „nicht jugendfrei" eingestuft wurden.

Dr. Wilkinson zitierte auch Ergebnisse von Studien über christliche Manager. Fünfundzwanzig Prozent der Befragten hatten bereits ein ehebrecherisches Verhältnis hinter sich oder waren gerade in eines verstrickt, und die meisten von ihnen verbrachten durchschnittlich dreißig bis vierzig Stunden pro Woche vor dem Fernseher. Bereits am 1. August 1974 veröffentlichte die Zeitschrift *Capital Voice* folgende Ergebnisse einer aktuellen Umfrage:

Einundfünfzig Prozent der methodistischen Pastoren in den USA glauben nicht an die Auferstehung Jesu; sechzig Prozent glauben nicht an die Jungfrauengeburt; zweiundsechzig Prozent bestreiten die Existenz Satans; neunundachtzig Prozent der Priester in der Episkopalkirche (Anglikanischen Kirche) glauben nicht, daß die Bibel das Wort Gottes ist. Sie glauben, es gäbe keine Wahrheit.

Es steht fest, daß es viele wahre, gottesfürchtige Christen gibt, aber ein Großteil derer, die sich in Amerika zum „Christentum" zählen, ist genauso gerichtsreif wie diejenigen, die sich zum Atheismus bekennen. Ein Pseudo-Christentum bringt unvermeidlicherweise auch eine Pseudo-Erlösung mit sich. Wir sollten aber auch daran denken, daß es in der Nation Israel immer einen wahren, gottesfürchtigen Überrest gegeben hat. Das Land wurde zweimal zerstört, und weder die Gegenwart noch die Gebete dieses Überrests hielten die Zerstörung auf. Zweifellos lag dies auch an ihrem fehlenden Einsatz im Kampf gegen die alles beherrschende Gottlosigkeit. Es ist bekannt, daß Amerikaner in der Regel sehr großzügig sind. Es ist aber nicht so bekannt, daß im Jahr 1990 sechsundneunzig Prozent aller in christlichen Gemeinden weltweit gesammelten Kollekten aus den Taschen amerikanischer Christen

kamen. Dies ist sehr lobens- und anerkennenswert, aber weniger
lobenswert ist es jedoch, daß vierundneunzig Prozent dieser Gelder
innerhalb Amerikas ausgegeben wurden - für Kirchengebäude und
Verwaltungszwecke - nur sechs Prozent gingen an Missionsgesell-
schaften.

Thomas Malcaulay, der britische Historiker, der im Jahr 1861
am Vorabend des amerikanischen Bürgerkriegs starb, schrieb
folgendes über die Vereinigten Staaten:

> Eure Republik wird von Barbaren des zwanzigsten
> Jahrhunderts schrecklich ausgeplündert und verwüstet
> werden, so wie das Römische Reich im fünften Jahrhundert,
> aber es gibt einen Unterschied: Die Hunnen und Vandalen
> werden aus eurem eigenen Land hervorgehen, gezeugt durch
> eure eigenen Institutionen.

Wenn wir uns die oben angegebenen sowie die im folgenden
erwähnten Zahlen und Fakten ansehen, wird uns die Wahrheit
von Macaulays Voraussage deutlich. Die amerikanischen
Verlagsimperien, die pornographische Magazine wie *Playboy* und
Penthouse vermarkten, sowie die gigantische Pornofilm-Industrie
haben ihren Schmutz über die ganze Welt verstreut und die
Moralvorstellungen von Alt und Jung, Männern und Frauen
gleichermaßen, verdorben. Ein Amerikaner (oder ein Besucher in
den USA) bnötigt lediglich ein Telefon und eine Kreditkarte, um
sich zu jeder Tages- und Nachtzeit mit „live" geliefertem Schmutz
berieseln zu lassen. Die Filmindustrie meint, ohne nackte Körper
und ordinäre Sprache könne man keine Zuschauermassen mehr
in die Kinos bringen. Und Filme wie *Die letzte Versuchung Christi*
gehen weit über die biblische Definition von Blasphemie hinaus.
Im Jahre 1990 marschierten in New York Homosexuelle durch
die Stadt, und das Empire State Building erstrahlte ihnen zu Ehren
in lilafarbenem Licht. Die Sodomisten trugen Transparente mit
der Aufschrift: „Wir wollen eure Jungs; Gott ist homosexuell."
Wenn die Bibel heute geschrieben worden wäre, könnte 1. Mose
13,13 folgendermaßen lauten: *Aber die Männer von New York
waren böse und sündigten sehr wider den HERRN.*

Abtreibung wird in der Bibel nicht konkret erwähnt. Das
Verbrechen ist so schrecklich, daß niemand in der antiken Welt
dagegen ermahnt werden mußte. Die Opferung von Kindern für
die Götter rief jedoch eine starke Reaktion von seiten des HERRN
hervor. Er betrachtete die Kinder als sein Eigentum - ... *daß du
meine Kinder schlachtetest ... o weh, weh dir! spricht Gott der
HERR* (Hes. 16,21.23). Abtreibung ist nichts anderes als die
Opferung von Kindern für den Gott der Sexualität - die
schreckliche moderne Opferung von Millionen Embryos auf dem
Altar der sexuellen Befriedigung. In dem Buch *Abortion:
Questions & Answers* (Abtreibung: Fragen und Antworten) von
Dr. J. C. Willke und seiner Frau wird erwähnt, daß jährlich
1.600.000 Abtreibungen in Amerika stattfinden. Das heißt,
1.600.000 werdende Mütter bringen jedes Jahr ihre Babies um.
Ihre winzigen Körper werden für Experimente verwendet - oft
leben sie dabei noch, und laut dem Magazin *Prophecy Today
(Prophetie Heute)* und dem Lydia-Informationszentrum werden
zehntausende von ihnen zu Inhaltsstoffen für Gesichtscreme
verarbeitet, die von Frauen zur Verzögerung des Alterungspro-
zesses verwendet wird!

Das amerikanische Fernsehen ist bei weitem das universellste
Medium für den moralischen Verfall. Und mit seinen sorgfältig
präsentierten Nachrichten, die oft ungeheuerliche Falschmel-
dungen sind, beeinflußt es die amerikanische Außenpolitik und
diktiert seine eigenen vorgefaßten Ideen den Massen. Es ist eine
historisch erwiesene Tatsache, daß, wer auch immer die
Information, die wir bekommen, kontrolliert, unser Urteilsver-
mögen und schließlich auch unsere Handlungen in der Hand hat.
Die Dominanz von Gewalt und Sex in Programmen, die rund um
die Uhr gezeigt werden, ist ein bedeutender Faktor für den
beschleunigten Zusammenbruch der Moral in Amerika. In einer
Anzeige über Fernsehen etc. in der Augustausgabe von 1990 im
Magazin Christianity Today (Christentum heute) wird folgendes
erwähnt:

... das typisch amerikanische Kind sieht täglich dreieinhalb
Stunden Fernsehen. Nach seinem Schulabschluß wird es
22.000 Stunden vor dem Fernseher verbracht haben!

Die harte Realität von 22.000 vor dem Fernseher verbrachten Stunden liegt darin, daß diese Zeit einem Arbeitstag von acht Stunden in einer Fünftagewoche entspricht, und das zehn Jahre lang! Das bedeutet, daß mit dem Schulabschluß ein „typisch amerikanisches Kind" in politischer und moralischer Hinsicht eine Gehirnwäsche hinter sich hat. Es gibt natürlich noch ein paar gute, saubere und aufbauende Sendungen, aber diese sind für die Mehrheit der Amerikaner nicht attraktiv. Das Fernsehen ist auch ein bedeutender Faktor im Hinblick auf die Habsucht der Massen in Amerika. Ein ständiges Bombardement von Reklame, die dem strapazierten Zuschauer einredet, zu kaufen und wieder zu kaufen, wird nur für einige Minuten durch die eigentliche Sendung unterbrochen. Amerikaner leben weit über ihre Verhältnisse und halten ihren Lebensstandard durch ständige, hohe Verschuldung aufrecht. Die Schulden wachsen an, weil die Menschen haben müssen, was sie sich nicht leisten können, und sie belasten sich mit monatlichen Ratenzahlungen für Häuser, Autos, technische Geräte, Kleidung, Urlaub, Zahnarztrechnungen usw. Wegen der hohen Verzinsung zahlt der Käufer oft für eine Ware den doppelten oder dreifachen Preis. Die Bibel nennt diese Lebensweise *Habsucht, die Götzendienst ist* (Kol. 3,5). Die Dinge, die wir besitzen, ergreifen oft Besitz von uns und bringen uns weiter weg von Gott: ... *als* ... *sie satt wurden und genug hatten, erhob sich ihr Herz; darum vergessen sie mich* (Hosea 13,6).

Der große amerikanische Traum löst sich für viele Amerikaner schnell in Nichts auf. Importe steigen sprunghaft an, während die Produktions- und Exportzahlen fast unverändert bleiben. Die Arbeitslosenzahlen steigen weiter an, und die offiziellen Zahlen von 1992 waren die höchsten innerhalb von acht Jahren. Im *World Almanac and Book of Facts* (Weltalmanach und Fakten) von 1993 steht folgendes in der Einleitung: „Die Vereinigten Staaten sind der größte Schuldner der Welt." Das ist nichts, worauf man stolz sein könnte. Die Vereinigten Staaten wurden vom größten Gläubigerstaat zur größten Schuldnernation. 1990 betrug die Staatsverschuldung 3,8 Billionen US-Dollar, und die vom amerikanischen Finanzministerium für 1995 vorhergesagte Verschuldung sollte nur knapp unter 10 Billionen US-Dollar liegen. Diese Schuld muß irgendwann in der Zukunft zurückgezahlt werden, wenn die Wirtschaft nicht völlig zusammenbrechen soll. Wenn die Rückzahlung im Jahr 1995 erfolgen sollte, müßte jeder Mann, jede Frau und jedes Kind 40.000 US-Dollar an die amerikanische Regierung zahlen - in bar. Die gesamte Finanzstruktur der Vereinigten Staaten ist wie ein Kartenhaus. Larry Burkett verzeichnet in seinem Buch *The Coming Economic Earthquake* (Das kommende Erbeben in der Wirtschaft) einen sprunghaften Anstieg der Konkurse von weniger als 100.000 im Jahr 1970 auf etwa 700.000 im Jahr 1990, und bis zum Jahr 2000 wird diese Zahl offiziell auf vier Millionen geschätzt. Seit Jahren gibt es etwa dreizehn Bankpleiten pro Monat. Die Ausgabe vom 30. Dezember/6. Januar 1992 der Zeitschrift *U.S. News & World Report* berichtet folgendes:

Elf Prozent der Amerikaner holten in diesem Jahr ihr Geld von der Bank, und zwar aus Sicherheitsgründen - und in den ersten zehn Monaten des Jahres 1991 gingen 117 amerikanische Banken in den Konkurs. Obwohl die Banken im letzten Jahr mehr als 19 Milliarden US-Dollar an zweifelhaften Krediten vollständig abschrieben, stellen Kredite mit hohen Risiken nach wie vor 22 Prozent der Forderungen bei den 50 größten Banken.

Die Erfolge der Amerikaner auf diplomatischem Parkett lassen auch zu wünschen übrig. Präsident Truman war das erste Staatsoberhaupt, das den neuen Staat Israel im Jahr 1948 anerkannte - elf Minuten nach der Staatsgründung. Aber er befand sich damit in direkter Opposition zum amerikanischen Außenministerium, das jeden nur möglichen Kunstgriff gebrauchte, um die Entstehung des Staates Israel zu verhindern. Abba Eban schreibt in seinem Buch *Personal Witness* („Zeitzeuge"), daß die Sprache von George C. Marshall, dem Außenminister, „bösartig" war, als er Truman zurechtwies, weil er Israel anerkennen wollte:

Die verdienen keinen Staat, die haben dieses Land gestohlen. Wenn Sie diese Anerkennung aussprechen, Herr Präsident, dann werde ich in der nächsten Wahl nicht für Sie stimmen.

Und George Kennan, der Leiter des Planungsstabes im Außenministerium, schrieb folgendes:

Das Ansehen der Vereinigten Staaten in der islamischen Welt hat einen schweren Schlag erlitten, und **die strategischen Interessen Amerikas im Mittelmeerraum und im Nahen Osten** wurden ernsthaft beeinträchtigt.

Sorgen um das „Ansehen der Vereinigten Staaten in der islamischen Welt" und um „die strategischen Interessen" Amerikas in der Region sind vorrangig in der Beziehung des amerikanischen Außenministeriums zu Israel - es handelt sich hierbei um eine vorgeschriebene Politik mit zweierlei Maß. Die Vereinigten Staaten waren ein „Freund" Israels, solange das in ihr Konzept paßte. Es wurde viel Wind gemacht um die Finanzhilfe in Höhe von drei Milliarden US-Dollar, die Israel von den USA erhalten hat, aber wie viele Menschen erkennen, daß Israel an die USA 800 Millionen US-Dollar Zinsen und 400 Millionen US-Dollar Kapital zurückzahlen muß - d.h. vierzig Prozent der gesamten Finanzhilfe? Von den übrigen 1,8 Milliarden US-Dollar erhält Israel 400 Millionen in bar, während die restlichen 1,4 Milliarden in den Vereinigten Staaten ausgegeben werden müssen. Auf diese Weise kostet es die amerikanische Regierung 400 Millionen US-Dollar, um Israel nach ihrer Pfeife tanzen zu lassen. Anderen Nationen, wie zum Beispiel Ägypten, werden ihre Milliardenschulden erlassen, aber Israel „erhält" Hilfe, um die riesigen Zinsbeträge auf die gewährten Kredite zurückzuzahlen.

Ein Beispiel für die amerikanische Einmischung in die inneren Angelegenheiten Israels war die erzwungene Aufgabe des *Lavi*-Kampffliegers. Israel hatte in die Entwicklung des *Lavi* jahrelange Arbeit und Millionen von Dollars investiert, und das Flugzeug sollte in Einklang mit der umfassenden Erfahrung Israels auf Kriegsschauplätzen konstruiert werden. Bis 1988 waren drei Prototypen einsatzbereit, und das Flugzeug wurde als das beste bezeichnet, das in der gesamten Welt produziert wurde. Die amerikanische Regierung drohte mit Kürzungen der Finanzhilfe, wenn Israel nicht mit der Produktion des *Lavi* aufhören würde. Offensichtlich gefährdete das Flugzeug die Verkäufe der amerikanischen F-16-Maschine. Natürlich mußte sich Israel diesem Druck beugen. Seit dem Sechstagekrieg im Jahr 1967 sind die Vereinigten Staaten der einzige bedeutende Waffenlieferant für Israel. Großbritannien, Frankreich, China und die frühere Sowjetunion weigern sich, Waffen an Israel zu verkaufen - statt dessen liefern sie an die arabischen Staaten, die sich in einem erklärten Krieg gegen Israel befinden. Die Medien schweigen sich mehr oder weniger darüber aus, daß die Vereinigten Staaten ebenso Waffen im Wert von Milliarden an die Arabischen Staaten liefern - offensichtlich, um ein „militärisches Gleichgewicht" zu bewahren. Das *Nativ Forschungszentrum* in Tel Aviv veröffentlichte in der Ausgabe vom 21. Juni 1993 des Magazins *Middle East Intelligence Digest* (Auswahl von Nachrichten aus dem Nahen Osten) die umwerfende Summe von fast 1 Billion US-Dollar, die seit 1973 für Waffenlieferungen in den Nahen Osten ausgegeben wurde. Andere Berichte zeigen, daß von dieser gewaltigen Summe lediglich 15 Prozent auf Israel entfallen. Fast die sechsfache Menge der an Israel gelieferten Waffen wurde an Araber verkauft. Wer nimmt hier wen auf den Arm mit Aussagen über ein miliärisches Gleichgewicht? Um was für eine Art von Gleichgewicht handelt es sich bei dem Verhältnis von fünfundachtzig zu fünfzehn? Beinahe die ganze Welt weiß, daß der Schwerpunkt amerikanischer Interessen mehr bei arabischem Öl und Waffenverkäufen an diese Staaten liegt als bei Israel. Die Zeitung *The Jerusalem Post* veröffentlichte am 9. Oktober 1992 sogar einen Artikel, in dem ein in Kuwait arbeitender Amerikaner von einem Kuwaiti gefragt wurde: **„Wenn wir Karotten anbauen würden, glauben Sie dann, daß Sie uns retten würden?"**

Nach dem Golfkrieg riefen alle bedeutenden Mächte zur Rüstungskontrolle auf. Im März 1993 stand im *Watchman's Prayer Letter* (Gebetsbrief des Wächters) der Christian Friends of Israel folgendes:

Zwei Jahre nach dem Golfkrieg ist das Wettrüsten im Nahen Osten wieder in vollem Gange, so, als ob nichts geschehen sei. Aufrufe zur Rüstungskontrolle sind verstummt. Frankreich, Großbritannien und die Vereinigten Staaten fletschten in diesem Monat die Zähne in ihrem Kampf um einen Vertrag über Waffenlieferungen in Höhe von vier Milliarden US-Dollar an die Vereinigten Arabischen Emirate

... Zeitgleich mit dem Vorstoß dieser drei Länder erschienen mehr als 350 Waffenhersteller aus 34 Ländern zur Eröffnung des größten „Waffenbazars" der Golfregion in Abu Dhabi.

Amerika verkauft wie alle anderen Nationen Waffen - Waffen des Todes - nur aus Habsucht. Die Todesfälle, Verstümmelungen, Verletzungen und das Leid, das diese Waffen bewirken - das alles ist ohne Bedeutung, wenn der Mammon regiert. Das Wort „Gerechtigkeit" wurde für das Wort „vorteilhaft" fallengelassen. In einem Bericht in der Ausgabe zum 4. Quartal 1992 des Magazins *Dispatch From Jerusalem* (Nachricht aus Jerusalem) steht folgendes:

Israelische Regierungsbeamte sind schockiert über den angebotenen Verkauf eines streng geheimen amerikanischen Spionagesatelliten an die Vereinigten Arabischen Emirate. Seit Jahren hat Israel die Amerikaner ohne Erfolg um detaillierte Satellitenbilder der Region gebeten. Den Israelis wurde diese Art von Information sogar dann verweigert, als irakische SCUD-Raketen auf Tel Aviv niederregneten. Amerika hat ebenfalls Hilfe verweigert, als die Israelis versuchten, einen eigenen Satelliten zu bauen.

Shmuel Katz weist in einem Artikel in der Zeitung *The Jerusalem Post* am 6. April 1993 darauf hin, daß im August 1975 die USA Druck auf Israel ausübten, während des Jom-Kippur-Krieges im Jahre 1973 erobertes ägyptisches Territorium aufzugeben. Dieses Gebiet wurde als lebensnotwendig für Israels Sicherheit angesehen und dazu gehörte auch das Ölfeld von Abu Rodeis. Der Verlust dieses Ölfelds zwang Israel zu jährlichen Ausgaben für Öl in Milliardenhöhe. Die Belohnung für die Übereinstimmung mit dem Diktat der US-Regierung sah folgendermaßen aus:

... ein bedeutendes Versprechen, Israel mit den in sich der Entwicklungsphase befindenden F-15-Flugzeugen zu beliefern. Als drei Jahre später die Maschinen in die Produktion gingen, wurde dieses Versprechen durch den neuen Präsidenten Carter gebrochen, denn er weigerte sich, die Flugzeuge zu liefern, bevor nicht der Kongreß ihn ermächtigte, die F-15 auch an Saudi-Arabien zu verkaufen; und das Versprechen wurde im Jahr 1981 erneut durch die Regierung Reagan gebrochen, als sie die Saudis mit neuer Angriffstechnologie für die F-15 ausstattete - auf diese Weise wurde die ursprüngliche „Konzession" an Israel völlig wirkungslos.

Die Gewohnheit, politische Bündnisse abzuschließen und dann wieder zu brechen ist in den Beziehungen der USA zu Israel bereits zur Norm geworden. Im Juni 1967, kurz vor dem Sechstage-Krieg, „konnte" Präsident Johnson das Dokument aus dem Jahr 1957 „nicht finden", in dem sich Amerika verpflichtete, Israel zur Hilfe zu kommen, wenn Ägypten die Meerenge von Tiran schließen würde; dies geschah dann auch am 23. Mai.

Der Herausgeber des Magazins *Middle East Intelligence Digest* (Auswahl von Nachrichten aus dem Nahen Osten) schreibt in der Ausgabe vom 12. Juni 1992 folgendes:

Versprechungen machen, Israel dazu bringen, Entscheidungen auf der Grundlage dieser Versprechen zu treffen, und sie dann nicht einhalten - dies ist offensichtlich das wichtigste Werkzeug der amerikanischen Diplomatie im Nahen Osten.

Die Regierung Bush wurde in Israel wiederholt als die „unfreundlichste amerikanische Regierung in der Geschichte Israels" bezeichnet. Die Auslandsausgabe der *Jerusalem Post* vom 21. März 1992 zitiert James Baker, den Außenminister von Präsident Bush, indem er sogar so weit geht, zu sagen: „Die Juden können zur Hölle fahren." Ein Artikel mit der Schlagzeile „Baker versprach Husseini einen Staat" in der gleichen Zeitung vom 13. Februar 1993 berichtet folgendes: „Palästinensische Anführer im Land erzählten ihren Anhängern, der frühere amerikanische Außenminister James Baker habe ihnen zugesagt, daß sie schließlich einen unabhängigen palästinensischen Staat erleben würden." Unter dem Deckmantel eines „aufrichtigen Vermittlers" zwischen Israel und den arabischen Staaten hat Amerika Israel bereits ausverkauft. George Habash, ein Anführer von Terroristen bei der PLO, sagte am 9. Juni 1989 über den libanesischen Radiosender *Voice of the Mountain* (Stimme vom Berg) folgendes:

Die Gründung eines palästinensischen Staates in der West Bank und Gaza wird den Beginn des Niedergangs bei dem zionistischen Unternehmen auslösen. Wir werden in der Lage sein, aufgrund dieser Niederlage unseren Kampf um die Erlangung unseres Gesamtziels zu vollenden.

Die Gründung eines Palästinenserstaates wird als Niederlage für Israel verherrlicht. Ein Palästinenserstaat wird öffentlich gefordert, und zwar als Brückenkopf für einen Krieg, der auf die totale Zerstörung Israels ausgerichtet ist, und das amerikanische Außenministerium fördert diese Maßnahmen ganz bewußt. Nachdem der Irak im August 1990 in Kuwait einmarschierte, versprachen die USA, Israel vor irakischer Aggression zu schützen. Ein israelischer General, der im dortigen Rundfunk interviewt wurde, gab folgenden Kommentar dazu: „Wenn wir uns auf die Versprechen der USA verlassen hätten, dann befänden wir uns jetzt auf dem Meeresgrund."

Bruce Brill, ein Geheimdienstexperte für den Nahen Osten, der von 1971 bis 1974 im Sicherheitsdienst der U.S.-Armee bei der U.S. National Security Agency (Behörde für Nationale Sicherheit) in Fort Meade, Maryland, diente, hat Israel über das absichtliche Zurückhalten lebenswichtiger Informationen durch Amerika aufgeklärt. Im folgenden Abschnitt wird ein Auszug aus einem von Brill geschriebenen und in der Ausgabe der Zeitung *The Jerusalem Post* vom Freitag, dem 23. Oktober 1992 wiedergegeben.

Der traditionelle Antagonismus des amerikanischen Außenministeriums gegenüber Israel findet seinen Niederschlag innerhalb des amerikanischen Geheimdienstes. Zum Beispiel ... Als ich in den 70er Jahren bei der Behörde als Verkehrsanalytiker für arabische und „spezielle" arabische Nationen arbeitete, erfuhr ich von der für den 6. Oktober 1973 geplanten Invasion Israels durch Syrien und Ägypten - 30 Stunden bevor die USA Israel davon in Kenntnis setzten. Weiter oben in der Hierarchie der Behörde angesiedelte Mitarbeiter wußten von dem geplanten Angriff Stunden, wenn nicht gar Tage, vorher. Die nicht rechtzeitige Weitergabe dieser Information kostete tausende junger

Israelis unnötigerweise das Leben und die körperliche Unversehrtheit. Die anti-israelische Politik der amerikanischen Geheimdienstkreise wurde bis jetzt erfolgreich geheimgehalten, sogar in der Behörde selbst, da die Regel über die Weitergabe von Informationen, die diese politischen Spielchen bestimmt, nur auf einen kleinen Kreis auserwählter Nichtjuden streng angewendet wird. ... Ich setzte natürlich voraus, daß Israel, der öffentlich erklärte Freund Amerikas, über die entsprechenden Kanäle sofort über den bevorstehenden Angriff am 6. Oktober 1973 informiert wurde. Heute lebe ich mit dem furchtbaren Wissen, daß es mir vielleicht sogar möglich gewesen wäre, diese nicht weitergegebene Nachricht rechtzeitig den Israelis übermitteln und auf diese Weise einen Großteil des durch den als Jom-Kippur-Krieg bekanntgewordenen Leides hätte abwenden können. Aber ich tat es nicht, und ich denke an jedem Jom Kippur (Versöhnungstag) mit Schrecken daran. Ich war ein loyaler amerikanischer Militäragent und Analytiker, **der an der geplanten Vernichtung Israels teilhatte**.

Offensichtlich sind amerikanische Regierungen überrascht, daß Israel seit mehr als vierzig Jahren trotz dieser mächtigen Opposition weiterexistiert. Vor einigen Jahren berichtete Professor Eugene Rostow, ein früherer Staatssekretär im amerikanischen Außenministerium, wie schockiert er war, als er hörte, wie auf einem Empfang während einer internationalen Konferenz in Brüssel ein amerikanischer Diplomat Israel als ein „vorübergehendes Phänomen" bezeichnete.

Die doppelten Wertmaßstäbe, die Amerika gegen Israel anwendet, sind erschreckend. Sowohl die Regierung als auch die Medien legen Israel unter ein Mikroskop. Jede Handlung wird analysiert und in den meisten Fällen kritisiert. Wohin ein Israeli auch in der Welt reist, die Stimme von Onkel Sam verdammt ihn in den Schlagzeilen der Zeitungen. Hier sind zum Beispiel einige solcher Schlagzeilen: **Die USA schließen sich der Kritik der UN an israelischem Plan an** (*Bangkok Post*, Samstag, 22. Dezember 1990); **Amerikanische Truppen fliegen nach Hause,**

und Bush warnt Israel (*The Hong Kong Standard*, Freitag, 8. März 1991); **Baker beschuldigt Israel wegen fehlendem Fortschritt** (*The Cedar Rapids Gazette*, Samstag, 27. April 1991); **Bush beschimpft Israel** (*Newsweek*, 9. März 1992). Seit Jahren schon erscheinen weltweit tausende solcher Schlagzeilen, in denen über die Verdammung Israels durch die USA berichtet wird. Aber als die Regierung Bush Syrien überredete, sich im Golfkrieg der Koalition gegen Irak anzuschließen, verschloß diese und sämtliche amerikanische Medien die Augen vor der syrischen Invasion der christlichen Enklave in Beirut; das dort angerichtete Massaker wurde nicht beachtet. Etwa 40.000 syrische Soldaten, unterstützt von 2.000 Panzern, vernichteten tausende christlicher Soldaten. Grauenvolle Bilder von 600 christlichen Offizieren, an Händen und Füßen gefesselt und mit Einschüssen in den Hinterkopf, wurden in israelischen Zeitungen und im dortigen Fernsehen veröffentlicht. Die amerikanischen Medien sahen einfach darüber hinweg - es war nicht „von Vorteil" für amerikanische Interessen. Wird Gott eine solche Heuchelei vergessen? Niemals!

Alle Vorzeichen für ein göttliches Gericht können heute in ganz Amerika beobachtet werden. Die Staatsverschuldung ist die höchste in der Weltgeschichte, und ein wirtschaftlicher Zusammenbruch scheint immer näher heranzurücken. AIDS und andere Geschlechtskrankheiten vermehren sich, zusammen mit Cholera, Typhus, Tuberkulose usw. mit jedem abgelaufenen Jahr. Naturkatastrophen, die Ursache für viele Todesfälle und für jährliche Schäden in Höhe von durchschnittlich 13 Milliarden US-Dollar, nehmen an Häufigkeit zu. So gab es zum Beispiel im September 1989 den Wirbelsturm Hugo, der eine Spur der Verwüstung quer über ganz Amerika, von Florida bis zu den Bundesstaaten South und North Carolina hinterließ. Gleich danach folgte das Erdbeben von Loma Prieta in der Gegend von San Francisco. Im Oktober 1990 kam Marco, der tropische Wirbelsturm, und im August 1991 wurde der Wirbelsturm Bob erlebt, der sogar Präsident Bushs Ferienhaus im Bundesstaat Maine beschädigte. Die Flutkatastrophe von Texas kam im Januar 1992, der August desselben Jahres brachte den Wirbelsturm Andrew mit seiner Reparaturrechnung in Höhe von 22 Milliarden US-Dollar. Während des ganzen Jahres gab es eine Rekordzahl von

1.381 Wirbelstürmen. Im Jahr 1993 war die Überschwemmung der Flüsse Mississippi und Missouri in neun Bundesstaaten die schlimmste in der Geschichte der USA und richtete außergewöhnlich große Schäden an. Im selben Monat wie die Flutkatastrophe fand eine noch nie dagewesene Hitzewelle an der Ostküste statt, in der mehr als zweimal soviele Menschen starben wie im Wirbelsturm Andrew. Und so weiter, und so weiter!

Amerika erlitt eine erniedrigende und kostspielige Niederlage in Vietnam. Es war auch gezwungen, sich 1983 aus dem Libanon zurückzuziehen - „ein großes diplomatisches und militärisches Fiasko für Amerika", so schrieb Howard M. Sacher in seinem Buch A History of Israel (Eine Geschichte Israels), Band II. Der Golfkrieg stellte jedoch einen Teil der amerikanischen Glaubwürdigkeit in den Augen der Welt wieder her. Es handelte sich hierbei jedoch nicht um einen Krieg zwischen Nationen, sondern um einen Krieg zwischen Göttern. Und obwohl der HERR, der Gott Israels, diesen Krieg mit Leichtigkeit gegen Allah, den Gott des Islam, gewann, nahm Amerika den ganzen Ruhm für sich in Anspruch, und General Norman Schwartzkopf verdiente Millionen mit seinem Buch. Wenn überhaupt, dann gab es wenige richtige Kämpfe zwischen den gegnerischen Armeen. Die Irakis zogen sich so schnell zurück, daß gepanzerte Fahrzeuge der Amerikaner bei der Verfolgung die Nachschublinien weit hinter sich ließen und plötzlich keinen Treibstoff mehr hatten! Ein Soldat der 101. Fallschirmjägereinheit, die in Fort Campbell stationiert war, erzählte dem Autor, daß bei einer Fallschirmjägerinvasion in der Kampfzone die Füße der Soldaten kaum die Erde berührten, als die Irakis auch schon die Arme zum Zeichen der Kapitulation hochstreckten. Dieser Berufssoldat sagte, er hätte während des ganzen Krieges nicht einen Schuß abgefeuert!

Der israelische Rundfunk berichtete am 26. Juni 1992, daß General Schwartzkopf die ganze Welt irregeführt habe, als er eine zerstörte Abschußrampe für SCUD-Raketen zeigte, die in Wirklichkeit aber ein Treibstofftank war. Und in einem Interview mit der Fachzeitschrift Israel Air Force Magazine, das erneut in der Zeitung The Jerusalem Post vom 11. Januar 1992 gedruckt wurde, ließ der Chef des israelischen Luftwaffengeheimdienstes verlauten, daß „Israel keinen Beweis hat, daß auch nur eine mobile

Abschußrampe für irakische SCUD-Raketen tatsächlich zerstört wurde." Israel lag viel daran, alle SCUD-Abschußrampen zerstört zu sehen, und die Luftwaffe des Landes sollte sie eigenhändig aus dem Irak herausholen. Aber Israel wurde nicht in den Krieg einbezogen, und Jim Lederman nennt folgenden Grund dafür in seinem Buch *Battle Lines*:

... sowohl die Printmedien als auch das Fernsehen nahmen in ihrer Naivität die von der (U.S.-) Regierung vertretene Linie auf, nach der Israel für seine „Zurückhaltung" bei der Reaktion auf Angriffe mit SCUD-Bodenraketen auf Tel Aviv gelobt wurde. In Wirklichkeit hatte Amerika während der ganzen Zeit der Krise Israel in politischer und militärischer Hinsicht im Würgegriff. So lehnten es die Amerikaner ab, den Israelis die „Internationalen Freund oder Feind"-Codes (IFF) zu überlassen, die von den alliierten Flugzeugen über dem Irak benutzt wurden. Hätten die Israelis einen Vergeltungsschlag aus der Luft versucht, dann wären eventuell nicht nur ihre eigenen Flugzeuge abgeschossen worden, sondern sie hätten möglicherweise sogar ein alliiertes Flugzeug aus Versehen getroffen.

Die Erfolge, die während des Golfkrieges angeblich errungen wurden, stellen sich im nachhinein als offenkundige Fälschungen heraus. Es ist erwiesen, daß der „Held" des Krieges, die Patriot-Abwehrrakete, zwar von der Konzeption her gut, aber in der Praxis höchst uneffektiv war. Einunddreißig der neununddreißig auf Israel abgefeuerten SCUD-Raketen wurden nicht getroffen, und diese beschädigten oder zerstörten fünftausend Wohnhäuser. Die SCUD-Rakete, die eine Kaserne in Riaydh traf, verursachte die meisten amerikanischen Verluste des gesamten Krieges. Die Zeitung *Nashville Banner* berichtete in ihrer Ausgabe vom 12. April 1992, daß sowohl das Kampfflugzeug Stealth als auch die Tomahawk-Rakete eine Genauigkeit von nur 50 Prozent und die lasergesteuerten Bomben (die sogenannten „intelligenten Bomben") lediglich 60 Prozent erreichten. In dem Artikel wurde weiterhin erwähnt, die veröffentlichte Anzahl von zerstörten Panzerfahrzeugen sei um mehr als siebzig Prozent übertrieben worden. Jim Lederman berichtet folgendes in seinem Buch *Battle Lines* :

... zum Beispiel wurden die lasergesteuerten Bomben immer
so dargestellt, als hätten sie perfekt funktioniert ... Alle
amerikanischen Fernsehsender zeigten schließlich völlig
absurde Berichte, in denen die durch von befreundeten
Truppen abgeschossenes Feuer verursachten Todesfälle
alliierter Soldaten nur noch menschlichem Versagen und
nicht der hochgelobten und wertvollen Ausrüstung
zugeschrieben wurden.

Die Stärke der feindlichen irakischen Truppen wurde immer
wieder mit mehr als 500.000 angegeben. Aber ein Bericht aus
Washington, der in der Zeitschrift *The Courier Journal* am 22.
April 1992 veröffentlicht wurde, verbreitete völlig andere Zahlen:

Die Vereinigten Staaten und ihre Verbündeten standen einer
demoralisierten irakischen Truppe von 183.000 Soldaten
gegenüber, weniger als die Hälfte der vom Pentagon
geschätzten Zahl ... (die) USA und ihre Alliierten hatten
einen überwältigenden Vorteil im Verhältnis von 5 zu 1 zu
Beginn der Bodenoffensive am 23. Februar 1991.

Zeev Eitan, in leitender Funktion am Jaffee Zentrum für
strategische Studien in Tel Aviv beschäftigt, machte folgende
Aussage:

Gleich nach dem Golfkrieg wurde behauptet, der Irak hätte
100.000 Todesfälle zu beklagen. Eine andere Zahl, die
genannt wurde, lag bei 150.000 ... Die heute akzeptierten
Zahlen schwanken zwischen 8.000 und 20.000.

Der Erfolg während des Krieges im Persischen Golf war
offensichtlich nicht so, wie er dargestellt wurde: Die Leistung der
amerikanischen Waffensysteme wurde übertrieben, die Zahl der
Verluste und das Ausmaß des feindlicher Ausrüstung zugefügten
Schadens wurde grob verfälscht, und die Zahl der Truppen betrug
nur die Hälfte der in den Berichten erwähnten. Diese Fakten sind
offenbar nur einem kleinen Personenkreis bekannt. Aber nach den
Niederlagen in Vietnam und im Libanon haben die angeblich
gewaltigen Erfolge im Golfkrieg den verlorenen Stolz des extrem
patriotisch eingestellten amerikanischen Volkes wiederhergestellt.
Der Autor dieses Buches ist der unumstößlichen Meinung, daß

der Gott Israels der Architekt des Krieges war und daß er ihn zu einem ganz bestimmten Zweck dirigierte. Viele Militärexperten behaupten, der Irak wird innerhalb einer kurzen Zeit wieder zu einer Macht, mit der zu rechnen ist, nur diesmal wird er viel klüger sein. Der Golfkrieg hat dem Irak lediglich eine Erniedrigung zugefügt und ihn in keinster Weise zerstört - dies wird höchstwahrscheinlich von Israel bewerkstelligt werden. Die Absicht des Krieges lag darin, der Neuen Weltordnung ein übergroßes Vertrauen in ihre militärische Stärke und Möglichkeiten zu vermitteln. Der Würfel ist gefallen; der HERR wird irgendwann in nächster Zukunft eine selbstbewußte Neue Weltordnung in eine Konfrontation mit Israel verwickeln - und das bedeutet Gericht.

In der Tat hat das Gericht für Amerika bereits begonnen. Die Sünden dieses Landes sind zahlreich, und wir haben uns lediglich einige an der Spitze des Eisbergs angesehen.

Folgende Sünden wurden in diesem Kapitel kurz gestreift:

a) **Ablehnung Gottes**
b) **Ablehnung der göttlichen Errettung**
c) **Unterdrückung oder Verhinderung der Evangeliumsverkündigung**
d) **Weigerung, Gottes Wort zu hören und danach zu leben**
e) **Praktizierte Hexerei, Horoskope und das Okkulte**
f) **Habsucht (Form von Götzendienst)**
g) **Blasphemie**
h) **Sklaverei und Unterdrückung**
i) **Diskriminierung von Fremden (einschließlich Rassendiskriminierung)**
j) **Mord, pervertiertes und unmoralisches Verhalten**
k) **Vertragsbruch auf politischer Ebene**
l) **Stolz auf nationale Sicherheit**
m) **Mißbrauch von Macht und Reichtum, um kleinere Nationen gefügig zu machen**
n) **Verbündete in der Kriegsführung gegen Israel**
o) **Homosexualität**
p) **Sodomie (sexuelle Perversion, einschließlich sexueller Handlungen mit Tieren)**

q) **Inzest**

r) **Ehebruch, Ehescheidung und sexuelle Gelüste**

Die Gerichte sehen deshalb folgendermaßen aus: **drohende Vernichtung** (fünfmal), **Naturkatastrophen und weitverbreiteter Tod** (dreimal), **Zerstörung der Nation** (sechsmal), **Vernichtung** (dreimal), und **Zusammenbruch der Nation**. Wenn nicht sofort eine aufrichtige Umkehr stattfindet, erhält Amerika einen deutlichen Hinweis darauf, was es von der Hand des HERRN zu erwarten hat - vielleicht schon innerhalb eines Jahrzehnts. Ohne Umkehr gibt es keine Hoffnung für Amerika; dann wird das Land in den Strudel des göttlichen Zorns hineingezogen - *denn der HERR hat einen Rechtsstreit mit Amerika.*

14

(Groß-)
Britannien

(Groß-)Britannien ist ein sterbendes Reich. Sein rapider Verfall ist eine Vorwarnung der noch ausstehenden Katastrophe. Nostalgiker nennen das Land noch immer Großbritannien, aber es ist nicht mehr groß - heute ist es nur noch ein Teil von Europa. Einige nennen die Gesamtheit der britischen Inseln das „Vereinigte Königreich", aber Nordirland kämpft, und Schottland wünscht, sich von dem, was ihm durch Zwang auferlegt wurde, zu trennen. (Groß-)Britannien war eine gewaltige Macht, die bis zu den Enden der Erde reichte, aber sie beging den gleichen Fehler, den andere große Weltmächte vor ihr begingen - sie tastete den Augapfel Gottes an (Sach. 2,8).

Während des Ersten Weltkriegs ging (Groß-)Britannien das Aceton aus, ein chemischer Stoff, der aus Deutschland importiert wurde und aus dem Kordit, ein wesentlicher Bestandteil des Schießpulvers, hergestellt wurde. (Groß-)Britannien, unfähig, hochexplosive Stoffe zu produzieren, befand sich in einer Zwangslage. Eine von ihren Feinden zugefügte Niederlage war unvermeidlich, wenn kein synthetisches Kordit produziert werden konnte. Ein genialer jüdischer Chemiker, Chaim Weizmann, wurde vom ersten Lord der Admiralität, Winston Churchill, zum britischen Kriegsministerium berufen und gebeten, 30.000 Tonnen synthetisches Kordit zu produzieren. Weizmann, dem jede verfügbare Regierungseinrichtung zur Verfügung stand, stellte ein synthetisches Kordit her, das explosiver war als Kordit aus Aceton. Während der Zeit, als Weizmann Kordit produzierte, kämpften britische Truppen unter General Edmund Allenby gegen die Türken um die Vormacht in Palästina. Nachdem Weizmann die geforderte Menge Kordit produziert hatte, wurde er gefragt, welche Art von Belohnung er wünsche. Er antwortete: „Wenn Großbri-

tannien den Kampf um Palästina gewinnt, bitte ich um eine
nationale Heimstätte für mein Volk in seinem uralten Land." Die
britische Regierung erklärte sich damit einverstanden. Kurz
danach, am 2. November 1917, erließ Außenminister Arthur James
Balfour im Namen der Regierung die folgende Erklärung, die dem
Kabinett zur Genehmigung vorgelegen hatte:

Die Regierung Seiner Majestät sieht mit Wohlwollen die
Gründung einer nationale Heimstätte für das jüdische Volk
in Palästina, und wird größte Anstrengungen unternehmen,
um die Erreichung dieses Ziels zu erleichtern, da deutlich
zu verstehen gegeben wurde, daß nichts getan wird, um die
bürgerlichen und religiösen Rechte existierender
nichtjüdischer Gemeinwesen in Palästina zu gefährden oder
die Rechte und den politischen Status von Juden in anderen
Ländern.

Im darauffolgenden Monat, am 11. Dezember, eroberte General
Allenby Jerusalem. Am 28. Oktober 1918 wurde der letzte Kampf
mit den Türken ausgetragen, und drei Tage später, am 31. Oktober,
ein Waffenstillstand unterzeichnet. Für die Türkei war der Krieg
zu Ende, und Palästina war vollkommen in britischen Händen
(wie der größte Teil der arabischen Welt). Aber so, wie die
Pharaonen der alten Welt das Gute vergaßen, das Josef für Ägypten
getan hatte, ignorierten nachfolgende Regierungschefs in (Groß-)
Britannien das Gute, das Weizmann für das Land getan hatte.
Gewaltige Ölreserven wurden im Irak (1923), in Bahrain (1932),
in Saudi-Arabien (1937), Kuwait (1938) und Qatar (1940)
systematisch entdeckt. Die Araber sollten bald sechzig Prozent
der damals bekannten Ölreserven in der Welt besitzen, und
(Groß-)Britannien begann, von einem riesigen, unglaublich
reichen Weltreich zu träumen, das sich von Südafrika bis Indien
erstreckte. Palästina selbst war die Landbrücke zwischen Kairo,
Damaskus und Bagdad, und nun war es so, daß die Juden zur
sprichwörtlichen Fliege in der Salbe wurden. Die britische
Opposition gegen eine nationale Heimstätte für Juden nahm zu,
und drückte sich in gewaltsamem Haß gegen Juden aus. Die Briten
wurden von „einer noch nie dagewesenen Epidemie des
Antisemitismus" erfaßt, so schrieb Vladimir Jabotinsky, einer der

ersten führenden Köpfe im Zionismus. „Weder in Rußland noch in Polen gab es eine so intensive und weitverbreitete Atmosphäre des Hasses, wie sie in der britischen Armee in Palästina zwischen 1919 und 1920 vorherrschte". Oberst Richard Meinertzhagen, zu dieser Zeit britischer Geheimdienstchef im Mittleren Osten, bestätigt, daß die britische Armee in Wirklichkeit die Aufstände gegen die jüdische Präsenz in Palästina anstiftete. In dem Buch *Middle East Diary, 1917-1956* (Tagebuch aus dem Mittleren Osten) schreibt Meinertzhagen folgendes über ein Treffen zwischen dem Stabschef des Militärgouverneurs von Jerusalem, Richard Waters-Taylor, und Haj Amin al-Husseini, einem bösartigen, skrupellosen arabischen Führer in Palästina:

Waters-Taylor traf Haj al Amin am Mittwoch vor Ostern (1920) und sagte ihm, er hätte eine großartige Gelegenheit, der Welt zu zeigen, daß ... **wenn zu Ostern in Jerusalem genügend Unruhen oder Gewalttätigkeiten stattfänden ... General Allenby dafür wäre, den Gedanken an eine nationale jüdische Heimstätte fallen zu lassen.**

Der erste Aufstand kostete sechs Juden das Leben und verwundete 211 andere. Die jüdische Polizei wurde vom Dienst suspendiert, und die Sicherheitstruppen konnten nirgends aufgetrieben werden. Meinertzhagen berichtet, daß am Tag des Aufstands Jerusalem mit Plakaten übersät war, die folgenden Inhalt hatten: **„Die Regierung ist mit uns, Allenby ist mit uns, tötet die Juden; es gibt keine Strafe für den Mord an Juden."** Arabische Aufstände, unter den wachsamen Augen der britischen Behörden, sollten bald hunderte von Juden das Leben kosten und tausende von Todesopfern fordern.

Der britische Hochkommissar ernannte Husseini, den Verursacher der Aufstände, sogar zum Großmufti (geistlichen Führer der Moslems) von Jerusalem. Meinertzhagen sagt folgendes über Haj Amin: „Er haßt sowohl die Juden als auch die Briten ... seine Ernennung ist reiner Wahnsinn." Haj Amin war der Führer von antijüdischen sowie antibritischen Aktionen, und später wurde er zum Vertrauten und Helfer von Adolf Hitler; er hatte aktiven Anteil an dem Plan der Nazis zur Judenvernichtung.

Die Regierung von Neville Chamberlain beging 1939 politischen Verrat, als sie am 17. Mai ein später unter dem Namen *Weißbuch* bekanntgewordenes Dokument erließ. Dieses berüchtigte Papier enthielt folgende Anweisungen:

a) Ein unabhängiger arabischer Staat sollte innerhalb der nächsten zehn Jahre in Palästina errichtet werden.

b) Eine Gesamtzahl von 75.000 Juden sollte während der nächsten fünf Jahre nach Palästina gelassen werden, und nach Ablauf dieser fünf Jahre sollte es ohne die Zustimmung der Araber keine weitere jüdische Einwanderung mehr geben.

c) Einschränkungen für den Erwerb von Land sollten erlassen werden, und lediglich kleine Grundstücke in eingegrenzten Gebieten sollten für Juden zur Verfügung stehen.

Diese Kehrtwendung in der britischen Politik sollte die Araber für die Sache der Briten gewinnen. Die Regierung sah es als vorteilhafter an, den Arabern anstatt den Juden Zugeständnisse zu machen. Winston Churchill verurteilte das Weißbuch als Verrat und setzte es mit dem Münchner Vertrag gleich (am 30. September 1938 traf sich Chamberlain mit Adolf Hitler in München, wo er die Tschechoslowakei verriet; als er nach London zurückkehrte, verkündete er „Frieden für unsere Zeit". In den darauffolgenden sieben Jahren verloren siebenundvierzig Millionen Menschen ihr Leben). Chamberlain und sein Außenminister Lord Halifax werden von Abba Eban in *Personal Witness* („Zeitzeuge") mit folgender Aussage zitiert:

Wenn der Krieg kommt, müssen die Juden uns unterstützen, weil Hitler der Feind ist. Die Araber können sich entscheiden. Die Unterstützung Hitlers ist ein gangbarer Weg für sie. Deshalb **müssen wir die feindlichen Araber unterstützen und uns von den kooperativen Juden distanzieren.**

Juden haben stets ihre Präsenz in ihrem Heimatland aufrechterhalten, sogar nach den Kriegen mit den Römern im ersten und zweiten Jahrhundert, und trotz der Verfolgungen, die sie von seiten der Moslems sowie der Christen erlitten. David Dolan schreibt folgendes in *Holy War for the Promised Land* („Heiliger Krieg für das Gelobte Land"):

Offizielle Dokumente führten im sechsten Jahrhundert dreiundvierzig jüdische Gemeinwesen auf, zwölf an der Küste, in der Wüste Negev und östlich des Jordan, und einunddreißig in Galiläa und in der Jordanebene.

Große Aufmerksamkeit widmet die anti-israelische Weltpresse den Ansprüchen moslemischer Araber, daß die Araber schon immer die Bevölkerungsmehrheit in Palästina bildeten und die Juden ihr Land gestohlen hätten. Wenn wir die offizielle Zahl von dreiundvierzig jüdischen Gemeinwesen sowie die Aussagen berühmter Autoren betrachten, stellen wir eine große Diskrepanz zwischen den Tatsachen und arabischer Phantasie fest. So schrieb zum Beispiel im Jahre 1866 W. M. Thompson in seinem Buch *The Land and the Book* („Das Land und das Buch") folgendes: „Wie melancholisch ist diese völlige Verwüstung! **Nicht ein Haus, nicht eine Spur von Bewohnern, nicht einmal Schafhirten.**" Im folgenden Jahr (1867) bereiste Mark Twain das Heilige Land und berichtete in dem Buch *The Innocents Abroad* (Die Arglosen im Ausland) folgendes:

Der geheiligte Ort, an dem die Schafhirten ihre Herden in der Nacht bewachten und die Engel sangen 'Friede auf Erden, den Menschen ein Wohlgefallen' ist **völlig unbewohnt** und die umliegenden Orte in der Wüste ruhen in einer tiefen Einsamkeit, die nur von Raubvögeln und umherschleichenden Füchsen bewohnt wird ...
... ein verwüstetes Land, dessen Erde fruchtbar genug ist, aber völlig dem Unkraut überlassen wird - ein weiter Raum in trauriger Stille. **Wir sahen auf der ganzen Strecke kein einziges menschliches Wesen.**

Dreiundvierzig jüdische Gemeinwesen, an der Küste oder dem Studium der Heiligen Schrift in Jerusalem oder Galiläa gewidmet, aber keine Spur von Arabern! Wo waren dann die vielen Millionen Moslems, die angeblich im Land lebten? Sie hielten offensichtlich keine Schaf- oder Ziegenherden auf freiem Feld. Vielleicht waren sie in Jerusalem, der Stadt mit der größten Einwohnerzahl in Palästina? Die amerikanische Zeitung *Pittsburgh Dispatch* vom 15. Juli 1889 zerstört auch diesen Mythos: „**Dreißigtausend** von 40.000 Einwohnern Jerusalems sind Juden." Und die Mehrheit der 10.000 Nichtjuden bestand aus Christen, nicht aus Moslems.

In Wahrheit kam die Mehrheit der palästinensischen Araber im zwanzigsten Jahrhundert, um Vorteile aus den von den Juden verbesserten Bedingungen und neugeschaffenen Arbeitsplätzen zu ziehen. Nachdem die Balfour-Erklärung den Juden eine nationale Heimstätte in Palästina versprochen hatte, begannen immer mehr Juden, sich auf den Weg dorthin zu machen. Aufgrund ihrer harten Arbeit erlebten die Landwirtschaft und die Produktion eine Blütezeit, und Araber wurden von Palästina angezogen wie Bienen von einem Honigtopf. Chaim Weizmann veröffentlichte in seiner Autobiographie *Trial and Error* einen Brief von Emir Feisal, dem führenden Kopf in diesem Teil der arabischen Welt. Der Brief war adressiert an Felix Frankfurter (den späteren Richter Frankfurter des Obersten Gerichtshofs in Amerika), der am 6. Februar 1919 die Juden in Verhandlungen mit der arabischen Delegation bei einer Konferenz in Versailles bei Paris vertrat. Der Brief hatte folgenden Wortlaut:

Hedjaz-Delegation
Paris, 3. März 1919

Sehr geehrter Herr Frankfurter,

ich möchte diese Gelegenheit meiner ersten Begegnung mit amerikanischen Zionisten wahrnehmen, um Ihnen mitzuteilen, was ich schon oft Herrn Dr. Weizmann in Arabien und Europa sagen konnte.

Wir wissen, daß die Araber und Juden von der Rasse her Verwandte sind, die unter ähnlicher Unterdrückung leiden durch Mächte, die stärker sind als sie, und **durch einen glücklichen Zufall sind sie in der Lage, den ersten Schritt zur Erreichung ihrer nationalen Ideale gemeinsam zu tun.**

Wir Araber, besonders die Gebildeten unter uns, **schauen mit tiefem Mitgefühl auf die zionistische Bewegung.** Unsere Delegation hier in Paris ist bestens vertraut mit den Vorschlägen, die die Zionistische Organisation der Friedenskonferenz vorgelegt hat, **und wir halten diese für gemäßigt und angemessen. Soweit wir betroffen sind, werden wir unser Bestes tun, damit sie durchgesetzt werden; wir werden die Juden zuhause herzlich**

willkommen heißen.
Mit den Führern Ihrer Bewegung, besonders mit Herrn
Dr. Weizmann, hatten und haben wir noch immer die engsten
Beziehungen. Er ist in unserer Sache äußerst hilfreich
gewesen, **und ich hoffe, daß die Araber bald in der Lage
sein werden, sich bei den Juden für ihre Freundlichkeit
zu revanchieren.**

Mit freundlichen Grüßen
gezeichnet: Feisal

Der Führer dieses Teils der arabischen Welt (der Emir wurde
später zu König Feisal vom Irak, sein Bruder Abdullah wurde König
von Transjordanien) hieß die Juden in ihrer uralten Heimat
willkommen. Er anerkannte ihr überlegenes Fachwissen und nahm
es gern in Anspruch wegen der Vorteile, die es seinem Volk bringen
würde. Feisal hieß die Juden nicht nur zuhause willkommen,
sondern der Artikel IV des arabisch-jüdischen Abkommens, das er
bei der Konferenz von Versailles unterzeichnete, lautete
folgendermaßen:

**Alle notwendigen Maßnahmen sollen ergriffen werden,
um die Einwanderung einer großen Zahl von Juden nach
Palästina zu fördern und anzuregen, und dies sollte so
schnell wie möglich geschehen.**

Den britischen Politikern war dies sehr wohl bekannt, aber eine
nationale Heimstätte für Juden in Palästina diente nicht mehr ihren
Absichten. Es war von größerem Vorteil, das von einer Minderheit
getragene extremistische Element wegen eines möglichen Krieges
zu beschwichtigen und eventuelle arabische Öllieferungen zu
sichern.

Die Juden reagierten mit Bitterkeit und Zorn auf das Weißbuch.
Sie erklärten seine totale Ablehnung und verkündeten eine Politik
der Verweigerung im Hinblick auf eine Zusammenarbeit mit den
Mandatsbehörden. Sie würden weiterhin auf legalem oder illegalem
Weg Einwanderer nach Palästina bringen. Sie erklärten das
Weißbuch als illegal und daher nicht bindend und sagten ihm den
Kampf bis zum bitteren Ende an. Die ersten Demonstrationen waren
friedlich, aber nachdem britische Truppen ihre Gewehre auf

Demonstranten in Jerusalem gerichtet hatten, brach ein Aufstand aus und die Spannungen und Konfrontationen eskalierten täglich. Das Weißbuch diente deshalb auch dazu, den Aufbau neuer jüdischer Gemeinwesen in Palästina zu beschleunigen.

Die Kriegsjahre verzögerten die politische Lösung im Hinblick auf eine nationale Heimstätte für die Juden, aber der Zorn der Juden wuchs, als (Groß-)Britannien ihnen in der Zeit ihrer größten Not den Zutritt zu ihrem uralten Land verweigerte. Flüchtende Juden saßen in Europa in der Falle, weil sie keine Zuflucht vor der Todesmaschinerie der Nazis fanden. Zehntausende von Juden starben einen sinnlosen Tod, weil (Groß-)Britannien sie nicht nach Palästina ließ. In seinem Buch *The Fall and Rise of Israel* („Israels Fall und Aufstieg") schreibt William L. Hull folgendes über Juden, die auf ihrer Flucht vor den Nazis versuchten, Palästina zu erreichen:

> Die Vorschriften des Weißbuchs, die auch als „uneheliches Kind von Chaimberlains Beschwichtigungspolitik" bezeichnet wurden, verweigerten ihnen den Zutritt zu ihrem uralten Land und damit zum Leben. Und so starben sie, in Europa, im Schwarzen Meer, in den Dardanellen, im Mittelmeer, in einem Hafen in Palästina, in Kibbutzim, auf Mauritius, auf Zypern. Sie starben, weil Grausamkeit, Bosheit und Antisemitismus nicht auf eine Rasse oder Nation beschränkt, sondern überall zu finden sind. Sie starben, weil Menschen Verwaltungsgesetze (die von ihrer Natur her illegal waren) als Knüppel, als Gewehre, als Waffen benutzten, um sie zu töten. ... Man fragt sich, wieviele Juden starben, damit die politischen Interessen (Groß-)Britanniens im Nahen Osten nicht bedroht würden?

Geschichtsbücher wie *The Holocaust* von Martin Gilbert und *Personal Witness* („Zeitzeuge") von Abba Eban enthalten viele Hinweise darüber, daß die britische Regierung Informationen aus erster Hand hatte über das Schicksal, das Juden durch die Nazis erlitten. Arabische Kooperation und arabisches Öl waren jedoch immer von größerer Bedeutung als das Wohlergehen der Juden. Abba Eban äußert sich folgendermaßen:

> Churchill erlebte bösartige Opposition von seiten seiner Generäle und seines Außenministers Anthony Eden, wann

immer er einen Vorschlag zur Erleichterung des Leids und der Entwürdigung von Juden machte.

Die britische Marine patrouillierte die Meere und fing Schiffe ab, die überfüllt waren mit Juden auf der Flucht vor den Nazis. Die meisten Schiffe mußten unter der Bedrohung durch britische Kanonen abdrehen - viele sanken, manchmal starben dabei alle Passagiere. Einige Schiffe wurden nach Zypern gebracht, und dort wurden die Juden in Internierungslager gesteckt; ein Schiff wurde sogar wieder nach Deutschland zurückgeschickt. Britische Truppen zögerten nicht, Gummiknüppel oder Gewehrkolben zu benutzen, um unbewaffnete, verzweifelte Juden gefügig oder bewußtlos zu schlagen. Eban fährt fort mit seiner Schilderung:

Wenn jemand wissen wollte, was Churchill unter einem „schmutzigen Krieg" verstand, der hätte es herausgefunden, wenn er britische Soldaten beobachtet hätte, die Gewehrkolben, Leitungsrohre und Tränengas einsetzten gegen die Überlebenden der Todeslager. Männer, Frauen und Kinder wurden gewaltsam auf andere Schiffe verladen, in Käfige eingeschlossen und aus den Gewässern vor Palästina verjagt.

In dem Buch *The Fall and Rise of Israel* („Israels Fall und Aufstieg")formuliert Hull es folgendermaßen: „Es gab keine Gnade in den Herzen derer, die (Groß-)Britannien in diesen Tagen regierten." Und er fügt hinzu:

Als im nächsten Jahr (1944) Verhandlungen mit Ungarn stattfanden, um eine Million Juden vor den Gaskammern zu retten, indem ein Betrag von zwei Millionen US-Dollar gezahlt werden sollte, reagierte ein hoher britischer Regierungsbeamter folgendermaßen: **„Aber was sollen wir mit ihnen tun?"** Das Geschäft kam nicht zustande, die Gaskammern forderten ihre Opfer.

Gebrochene Versprechen der Briten verurteilten eine Million ungarische Juden zum Tode. Nachdem ihnen sowohl Gnade als auch das Recht auf Rückkehr in ihr Land verweigert wurde, wurden sie in die Gaskammern der Nazis getrieben und dort auf äußerst bestialische Weise ermordet (siehe auch Teil IV, Kap. 16). Winston

Churchill, der britische Premierminister, der während des Zweiten
Weltkrieges sein Land zum Sieg führte, äußerte vehemente
Opposition gegenüber dem Weißbuch der Ära Chamberlain, und
ein Mitglied seines Kabinetts nannte die Folge gebrochener
Versprechen gegenüber den Juden einen „zynischen Bruch fester
Zusagen". Bevor Churchill etwas zugunsten der Gründung einer
nationalen Heimstätte für die Juden gemäß der Balfour-Erklärung
unternehmen konnte, zeigte die britische Bevölkerung ihre
Wertschätzung seiner Führungsqualitäten, indem sie ihn in den
Nachkriegswahlen aus dem Amt entfernte. Er wurde von Clement
Atlee und Ernest Bevin abgelöst; wobei letzterer als Außenminister
wesentlich mehr Vorurteile als Pragmatismus im Hinblick auf die
Palästina-Frage an den Tag legte.

An diesem Punkt in der Geschichte begann der Verfall des
britischen Weltreichs. Am Rande des Bankrotts zog sich (Groß-)
Britannien vom indischen Subkontinent, aus Zypern, Malta,
Griechenland, der Türkei etc. zurück. In Palästina wuchs der
jüdische Widerstand gegen die britische Herrschaft, und es wurden
Eisenbahnschienen und Brücken in die Luft gesprengt, um die
Bewegungsfreiheit britischer Truppen einzuschränken. Einhun-
derttausend britische Soldaten wurden nach dem Ende des Zweiten
Weltkriegs in Palästina belassen, um das Problem in den Griff zu
bekommen. Der Zorn der britischen Bevölkerung wuchs, weil die
Männer nach sechs Jahren Krieg nicht nach Hause kamen, sondern
nun in Auseinandersetzungen mit Juden in Palästina ihr Leben
verloren. Der Antisemitismus wurde immer unverhohlener, und
Abba Eban schreibt, wie er selbst „mit glühendem Zorn" erfüllt
wurde, als er die folgende Anordnung am Schwarzen Brett in seiner
Arbeitsstätte in Jerusalem vorfand:

Kein britischer Soldat darf irgendeinen gesellschaftlichen
Kontakt zu einem Juden haben, und jeder dienstliche Kontakt
sollte so kurz wie möglich sein und sich streng an dem
dienstlichen Anliegen orientieren. Ich bin mir bewußt, daß
diese Maßnahmen für die Truppen in gewisser Weise von
Nachteil sein können, aber ich bin sicher, daß sie ihre
Angemessenheit verstehen, wenn meine Gründe dafür
detailliert erklärt werden, und daß sie für die Juden eine

Strafe darstellen in einer Art und Weise, die dieser Rasse wie jeder anderen auch mißfällt, indem wir nicht länger ihre Geldbeutel füllen und ihnen unsere Verachtung ihnen gegenüber zum Ausdruck bringen.

Dieses „skurrile Dokument", wie Eban es nannte, war das Werk von General Evelyn Barker, dem Kommandeur der britischen Truppen in Palästina. (Groß-)Britannien, das einzige Land, das einen sechs lange Jahre dauernden Krieg gegen Hitler führte, hatte absolut kein Mitleid für den überlebenden Rest aus Hitlers Plan zur Vernichtung des europäischen Judentums. Ein treuer Anhänger von Ernest Bevin, Christopher Mayhew, schrieb am 16. Mai 1948 folgenden Eintrag in sein Tagebuch:

Ich muß mich zu Ernests Antisemitismus äußern... **Es gibt für mich keinen Zweifel, daß Ernest die Juden verachtet.** Er äußert Binsenweisheiten über das „auserwählte Volk"... behauptet, das Alte Testament sei das unmoralischste Buch, das jemals geschrieben wurde und erklärt öffentlich: „Wir müssen auch an die arabische Seite denken. Es gibt schließlich keine Araber in diesem Haus (laute Beifallsrufe)" [ein bösartiger Seitenhieb, da Juden ins Parlament gewählt wurden, aber keine Araber]. Ich sage ihm danach, daß diese Bemerkung zu weit ginge, und dann sprechen wir über Juden im allgemeinen. **Er sagt, sie hätten Hitler die Techniken des Terrors beigebracht und verhielten sich nun in Palästina wie die Nazis.** Sie predigten Gewalt und Krieg. „Was kannst du erwarten, wenn Menschen von der Wiege an mit dem Alten Testament groß werden?" Ich verneine heftig das meiste von dem, was er sagt, und bitte ihn zu bedenken, daß seine in der Öffentlichkeit zu diesem Thema aufgestellten Behauptungen, seien sie nun richtig oder falsch, nur seinen Feinden in die Hände spielten. Er lächelt ironisch. Ich gebe ihm nur in einem Punkt recht, daß er mit seinen irrationalen und unangreifbaren Vorurteilen **für Millionen von Briten spricht.**

Obwohl die Araber die britische Herrschaft ablehnten und sie genauso heftig bekämpften wie die Juden, hatten die Briten zwei Arten von Regeln - die eine für Araber, die andere für Juden.

Arabische Wohnungen und Gebäude wurden nicht nach Waffen durchsucht, aber in jüdischen Wohnungen wurde dies sehr wohl getan. Araber mußten sich keiner Leibesvisitation nach Waffen unterziehen, aber die Juden mußten das tun. Die Briten waren jedoch äußerst höflich, wenn es darum ging, Frauen zu durchsuchen, und aus diesem Grund wurden jüdische Waffen meistens unter Frauenkleidung verborgen transportiert. Die Strafen für Juden, die im Besitz einer Waffe oder eines Waffenlagers gefunden wurden, waren streng. So berichtet Hull in seinem Buch *The Fall and Rise of Israel* („Israels Fall und Aufstieg") folgendes:

Einer der Festgenommenen hatte einen Revolver und dreizehn Magazine mit Munition. Er legte eine Lizenz vor, die ihm den Besitz eines Revolvers mit zwölf Magazinen erlaubte. Für das eine zusätzliche Magazin wurde er von einem Militärgericht zu **sieben Jahren Gefängnis** verurteilt.

Der jüdische Widerstand wurde stärker und effektiver. Die Juden waren fest entschlossen, die Briten aus Palästina zu vertreiben. Sie erniedrigten den britischen Löwen, indem sie fest auf seinen Schwanz traten. In einem Versuch, den jüdischen Widerstand gegen ihre Herrschaft in Palästina zu beenden und die Flut eingeschmuggelter Juden einzudämmen, begannen die Briten, sich des Galgens zu bedienen; einige Anführer der wachsenden Widerstandsbewegung wurden gehängt. Die Juden antworteten mit der gleichen Methode und hängten einen hochrangigen britischen Offizier für jeden ihrer eigenen Hingerichteten; dies beendete die Hinrichtungswelle. Die Briten ließen Juden für verschiedene Vergehen auspeitschen, bis die Juden wiederum Gleiches mit Gleichem vergalten. Auf einer Titelseite der *Palestine Post* vom 31. Dezember 1946 wird die britische Zeitung *The Daily Telegraph* zitiert und eine von Juden an einem britischen Offizier vorgenommene Auspeitschung mit folgenden Worten verurteilt:

Es gibt keine Parallele zwischen der als illegalem Terrorakt vorgenommenen Auspeitschung eines tapferen Offiziers, der die Anordnungen seines Landes durchsetzen will und der als Vollstreckung eines Gerichtsurteils durchgeführten Auspeitschung eines Jugendlichen, der die Anordnungen seines Landes verletzt hat. Terroristen haben keine Vorstellung von den bitteren Gefühlen, die sie durch diesen Angriff auf die Ehre der Armee entfachen.

Für die Briten folgte in Palästina eine Erniedrigung der anderen. Die Juden sprengten das britische Hauptquartier im berühmten King David Hotel in Jerusalem mit Dynamit in die Luft. Dabei starben achtzig britische Offiziere, siebzig weitere wurden verwundet. Das Hauptquartier glich einer Festung - es war von Stacheldraht umzäunt und an den Eingängen gut bewacht. Hull berichtet, daß die Juden fünfzehn bis zwanzig Minuten vor der Explosion eine Warnung an die Briten schickten, aber der Regierungsbeamte, der diese Warnung erhielt, sagte nur: „Wir sind nicht hier, um Befehle von den Juden zu bekommen. Wir geben ihnen Befehle." Dem Stolz der Briten wurde eine ernsthafte Wunde zugefügt, und während sie diese Wunde leckten, gab die Zeitung *New Statesman* die Stimmung der Nation wieder, indem sie einen ganzseitigen Leitartikel unter der Überschrift „Krieg um das Weißbuch?" veröffentlichte. Teile dieses Leitartikels wurden auf der Titelseite der Zeitung *The Palestine Post* am Sonntag, den 23. Juni 1946 abgedruckt, und der nachfolgende Auszug stammt aus dem Abschnitt mit dem Untertitel „Berichte über Grausamkeiten".

Nachdem auf den geheimen Razziaplan der britischen Behörden im Hinblick auf eine Kampagne gegen die Juden hingewiesen wurde, erwähnte der Artikel, daß die Regierung im Kampf gegen die Juden die Unterstützung des Rundfunksenders B.B.C. und eventuell der meistgelesenen Zeitungen habe. **Eine Flut von antijüdischen Berichten über „Grausamkeiten" und Leitartikeln darüber, daß die Liquidierung der sturen Überlebenden von Hitlers Gaskammern eine gerechte Sache sei, sollte veröffentlicht werden.** Die öffentliche Meinung, die bereits entsprechend beeinflußt war, würde nicht aktiv gegen die Regierung opponieren, bis bekannt würde, daß ein anglo-jüdischer Krieg größere Truppenverstärkungen sowie kostspieligere Einsätze verlangte ...
... die gegenwärtige (britische) Blindheit **hatte ihren**

**Ursprung in der Entschlossenheit, eine Vereinbarung
mit den arabischen Fürsten herbeizuführen; diese
befand sich seit dem Weißbuch Chaimberlains in
Vorbereitung. Premierminister Atlee und sein
Außenminister Bevan sahen in den Juden eine lästige
Plage und ein Hindernis auf dem Weg zur anglo-
arabischen Einheit.**

Mehr als alle anderen Maßnahmen trieben die gegenseitigen
Exekutionen durch den Strang und die Auspeitschung britischer
Offiziere die Briten dazu, ihr Mandat über Palästina schließlich
am 14. Mai 1948 an die Vereinten Nationen abzugeben. (Groß-)
Britannien übergab sein Mandat an die Vereinten Nationen, die
Polizeifestungen und andere Sicherheitsanlagen an die Araber.
Weiterhin ermutigte (Groß-)Britannien die arabischen Nationen
zum Krieg, stellte Ausbilder und Nachschub zur Verfügung und
leitete die Strategie der sieben arabischen Armeen, die einen Tag
nach Beendigung des Mandats in den neuen jüdischen Staat
einmarschierten. Die Briten ermöglichten die finanzielle
Unterstützung der Invasion, nahmen zu einem kleinen Teil an den
Kämpfen teil und kamen in Verlegenheit, als einige ihrer Offiziere
zu Kriegsgefangenen wurden. Hull berichtet, daß sie weitere
Erniedrigungen erlitten, als die schlecht ausgerüsteten Juden zum
Beispiel die britischen Verteidigungsanlagen von Jaffa
durchbrachen - „eine feste Wand aus britischen Panzern und
Geschützen" - und die Stadt einnahmen. Der britische Kom-
mandant hatte Befehl, so schreibt Hull, „die Stadt um jeden Preis
für die Araber zu halten". Und am 7. Januar 1949 schossen
israelische Kampfflugzeuge fünf britische Flugzeuge ab (vier
Spitfire und eine Mosquito), die über israelischen Positionen
flogen. Die alten, gebrauchten israelischen Flugzeuge konnte man
kaum als Luftwaffe bezeichnen, aber sie fügten der britischen
Luftwaffe, die die deutsche Luftwaffe im Luftkampf um (Groß-)
Britannien so entschieden geschlagen hatte, eine Erniedrigung zu.
    Wenn wir den aktuellen, noch immer existierenden arabisch-
israelischen Konflikt bis zu seinen Wurzeln zurückverfolgen, dann
erkennen wir, daß der unbestrittene Anführer dieses Teils der
arabischen Welt die Juden im Jahre 1919 zuhause willkommen
geheißen hatte und eine sofortige, großangelegte Einwanderung

von Juden wünschte; weiterhin brachte er die Hoffnung zum Ausdruck, die Araber könnten in der Lage sein, die von Juden erwiesenen Freundlichkeiten teilweise zurückzuzahlen. Eine kleine, radikale Minderheit unter den Arabern hatte Einwände gegen die Existenz von Juden auf ihrer Meinung nach moslemischem Boden, und es waren die Briten selbst, die diese Gruppe zu Aufständen und Mordtaten ermutigten. Der Anführer dieses radikalen Elements und der Anstifter zu den Aufständen, die viele Menschenleben forderten, wurde von den Briten ernannt, obwohl sie sich sehr wohl bewußt waren, daß er eine antibritische und antijüdische Haltung hatte. Wenn die Briten fest zu ihrem Wort gestanden und das Ziel des ihnen übertragenen Mandats umgesetzt hätten, wenn sie ihre Macht und ihren Einfluß ausgeübt hätten, um das radikale Element zu unterdrücken, und zwar sofort und ohne jede Parteilichkeit, **dann hätte es in den Jahren 1948, 1956, 1967, 1969, 1973 oder 1982 keine Kriege gegeben.** Diese Kriege endeten mit dem Verlust von zehntausenden von Menschenleben auf jüdischer sowie auf arabischer Seite. Es hätte auch keine ständigen Terroranschläge gegen israelische Zivilisten gegeben, die eine große Zahl von Israelis getötet, verstümmelt oder entstellt haben, auch viele Frauen und Kinder. Der heutige Konflikt ist deshalb nicht mehr und nicht weniger als die Folge von nicht eingehaltenen Versprechen und Vorurteilen auf der Seite der Briten.

Fünfundvierzig Jahre nach ihrem Rückzug aus Palästina hat (Groß-)Britannien seine Handlungsweise noch nicht bereut. Das Land ist der fünftgrößte Waffenlieferant an die arabischen Staaten und hält den Lieferboykott gegen Israel aufrecht. Obwohl chemische Waffen vom Kriegsschauplatz verbannt sind (siehe Teil II, Kap. 8), war vor dem Golfkrieg John Major, der konservative Premierminister, im Jahre 1993 mit seiner Regierung in die Lieferung von Komponenten für chemische Waffen im Wert von vier Millionen britischen Pfund (etwa 10 Millionen DM, Anm. d. Übers.) an den Irak verwickelt. (Groß-)Britannien hält sich auch strikt an den von arabischen Staaten angeführten Wirtschaftsboykott gegen Israel und weigert sich, ein Gesetz, das diesen für illegal erklären würde, einzuführen. Der britische Industrie- und Chemiegigant ICI kam im Mai 1993 in die Schlagzeilen, als er erneute Anweisungen an die Abteilungsleiter ausgab, keinen Handel mit Israel zu treiben. Eine interne Mitteilung lautete dahingehend, daß die Firma **„aktuellen Verpflichtungen gegenüber der Boykottbehörde treu bleibt und die israelische Kriegstreiberei nicht unterstützt sowie keine Rohstoffe aus Israel importiert."**

Ein Leitartikel in der Zeitung *The Jerusalem Post* vom 7. Dezember 1992 kommentiert die israelische Bitte an (Groß-) Britannien um Gasmasken für Kinder. Die Anfrage erfolgte in Erwartung eines irakischen Raketenangriffs auf Israel. Saddam Hussein gelobte, chemische Waffen zu verwenden, um „halb Israel zu verbrennen", wenn alliierte Truppen, angeführt von den Vereinigten Staaten und (Groß-)Britannien, den Irak angreifen würden. Die Bitte um Gasmasken für Kinder wurde „abgelehnt mit der Begründung, diese Ausrüstung könnte ein 'aggressives Potential' in sich tragen".

In einem in der Zeitschrift *In Jerusalem* am 9. Juli 1993 veröffentlichten Leserbrief beklagte sich ein Leser, daß das britische Konsulat im jüdischen Westteil Jerusalems „sowohl an Mohammeds Geburtstag als auch während der vollen Dauer des jetzt stattfindenden islamischen Festes geschlossen war". Offensichtlich macht die britische Regierung noch immer ihren arabischen Freunden den Hof, auf Kosten Israels.

Niemand muß lange nach anschaulichen Beispielen britischer Heuchelei suchen. Während der achtziger Jahre reiste die englische Königin nach Jordanien und hielt eine Rede, in der sie erwähnte, „es sei eine Schande, daß die Israelis arabisches Land besetzt hielten." Aber was ist mit der Besatzung durch britische Truppen? Das Blutvergießen in Nordirland ist die Frucht des von irischen Nationalisten geführten Kampfes um Unabhängigkeit von den Briten, und der Krieg um die Falkland-Inseln im Jahre 1992 wurde dadurch verursacht, daß Argentinien sein Territorium von (Groß-)Britannien zurückgewinnen wollte. Tausende von Soldaten werden benötigt, um britische Interessen in diesen Ländern zu wahren. (Groß-)Britannien weigerte sich, mit der IRA (Irisch-Republikanische Armee) zu verhandeln. In einem 1993 veröffentlichten Leitartikel in der Londoner Zeitung *Daily*

Telegraph mit der Überschrift: „Verhandelt nicht mit Terroristen"
war folgendes zu lesen:

Es ist **von grundlegender Bedeutung für die Politik der
Regierung**, Terroristen die Teilnahme am politischen Prozeß
auch durch Stellvertreter zu verbieten. **Verhandlungen mit
Mördern und ihren Komplizen ist unvereinbar mit jeder
Moral.**

Der Tod eines dreijährigen Jungen durch eine von der IRA
gezündete Bombe im März 1993 verursachte einen Schock in
(Groß-)Britannien. Aber Israel erleidet fast täglich ähnliche
Tragödien durch die Hand der PLO, einer terroristischen
Organisation, die sich nicht der Wiedergewinnung von
Territorium, sondern der Zerstörung Israels verschrieben hat.
(Groß-)Britannien unterstützt jedoch diese Organisation,
veranstaltet Gespräche mit ihr und übt Druck auf Israel aus, auch
einen Dialog mit ihr zu beginnen. Es ist interessant, daß in der
brititschen Presse Mitglieder der IRA immer als Terroristen
bezeichnet werden, während die Mitglieder der PLO „Schützen",
„Guerillas" oder „Freiheitskämpfer" genannt werden.

Ein typischer Schachzug der Briten auf diplomatischem Parkett
fand statt, als der britische Außenminister David Mellor im Januar
1988 Israel einen Besuch abstattete. Jim Lederman (ein
amerikanischer Journalist) beschrieb diese Szene folgendermaßen
in seinem Buch *Battle Lines: The American Media and the Intifada*
(Fronten: Die amerikanischen Medien und die Intifada):

Vor laufenden Kameras begann der Minister plötzlich, einen
israelischen Oberst wegen der Mißhandlung zu beschimpfen,
die die Palästinenser durch Israel erlitten. Mellor hatte die
Medienbühne für sich allein, **weil er im voraus wußte, daß
es dem Oberst aufgrund von Dienstrichtlinien verboten
war, zu antworten, und daß der Offizier sowieso geringe
Englischkenntnisse hatte und schon aus diesem Grund
dieser Verbalattacke wenig entgegensetzen konnte.** Der
Vorfall wurde weltweit in Fernsehsendungen gezeigt.

Mellor, wie andere vor ihm, hatte seinen ruhmvollen Moment,
als die Augen der Welt auf ihm waren, aber *irret euch nicht, Gott*

läßt sich nicht spotten; denn was der Mensch sät, das wird er ernten (Gal. 6,7). Das spirituelle Klima in (Groß-)Britannien wird zunehmend kühler. Homosexualität, Sodomie und Hexerei sind weit verbreitet und nehmen zu - innerhalb und außerhalb der Gemeinde Jesu. Nur ein winziger Prozentsatz traditioneller Gemeindemitglieder besucht die Gottesdienste, und mehr als hundert Kirchen sind bereits in Moscheen umgewandelt worden. Die Königin, das Oberhaupt der englischen Staatskirche, leitete die Eröffnung wenigstens einer großen Moschee, sehr zum Ärger von gottesfürchtigen britischen Christen.

Als Prinz Andrew im August 1986 Sarah Ferguson heiratete, wurde darum gebeten, während der Trauung in der Westminster-Abtei Israel, Jakob, Jerusalem oder Zion mit keinem Wort zu erwähnen. Die königlichen Botschafter des Antisemitismus lehnten über dreitausend Verse der Heiligen Schrift ab in einer offensichtlichen Anstrengung, Israel aus der Fassung zu bringen und weiteres Wohlwollen der arabischen Seite zu erlangen. Die Ablehnung von Bibelversen zur Erreichung politischer Ziele ist mehr als eine Ablehnung des Wortes Gottes, hier handelt es sich um eine Lästerung des HERRN.

Ende 1992 lockten zwei Jungen im Alter von acht und zehn Jahren einen zweijährigen Jungen in einem britischen Einkaufszentrum von seiner Mutter weg und ermordeten ihn auf brutale Weise außerhalb des Einkaufszentrums. Sie zerrten die Leiche zu einem Bahngleis, wo sie von einem Zug überrollt wurde. Aber diese Kinder ahmten lediglich das nach, was sie in der gewaltsamen Welt um sie herum beobachteten - sei es nun in Kino- oder Fernsehfilmen oder im wirklichen Leben.

Obwohl dies nicht typisch für (Groß-)Britannien ist, hat sich ein Verhaltensmuster entwickelt, in dem Mord, Vergewaltigung durch Jugendbanden oder andere schreckliche Verbrechen von sehr jungen Menschen begangen werden. Die Moralvorstellungen der Eltern werden an die Kinder weitergereicht.

Die Verachtung gegenüber menschlichem Leben zeigt sich deutlich an der steigenden Anzahl der Abtreibungen in (Groß-) Britannien. Die offfensichtlichste Parallele zwischen dem uralten

Ritus der Kindesopferung und der Abtreibung zeigt sich in der nüchternen Tatsache, daß die Eltern ihre eigenen Nachkommen töten. Clifford Hill berichtet folgendes in dem Magazin *Prophecy Today* (Prophetie heute), Band 4, Nr. 4:

> In den zwanzig Jahren, seit die Abtreibung in (Groß-) Britannien gesetzlich möglich ist, wurde eine große Anzahl von Babies für verschiedene Forschungsprojekte und für wirtschaftliche Unternehmen benutzt. Während der letzten fünf Jahre gab es viele Berichte über die Verwendung von Collagen aus menschlichen Embryonen für die Herstellung von Kosmetika, besonders Gesichtscremes mit angeblich verjüngenden Eigenschaften.

Berichte aus der Abtreibungsszene enthalten Hinweise auf die riesigen Profite, die sich mit den Körpern abgetriebener Babies machen lassen. Es wird auch deutlich, daß einer Mutter weniger Fürsorge zuteil wird als einem verkäuflichen Säugling. In einem Brief an einen potentiellen Kunden schreibt ein britischer Vertreiber von „Produkten für die Verjüngung von Hautzellen" folgendes: „Gern teile ich Ihnen folgende Preise mit: Thymus £ 40 (ca. DM 90,—) für 10 kg, Hypophyse £ 102 (ca. DM 250,—) für 45 kg, Leber £ 30 (ca. DM 70,—) für 92 kg, Milz £ 79 (ca. DM 180,—) für 43 kg." Fünfzehn Prozent Rabatt wurden für Bestellungen von 100 kg oder mehr von jeder „Sorte" angeboten. „Frachtkosten werden für Bestellungen über weniger als £ 350 (DM 800,—) berechnet, Mehrwertsteuer ist nicht inbegriffen (im Jahre 1993 betrug sie £ 1, das waren etwa DM 2,50).
Das Lydia-Informationszentrum in Walden in der Grafschaft Essex berichtet folgendes:

> Recherchen in Europa entdeckten die weltweit größte Embryobank in London. Abtreibungskliniken aus der ganzen Welt schickten per Luftfracht die abgetriebenen Embryos dorthin. Uns wurde gesagt, daß die Babies nach Möglichkeit in einem späten Stadium der Schwangerschaft und durch Kaiserschnitt abgetrieben wurden. Sie werden sofort enthauptet, eine zellerhaltende Lösung wird in ihre offenen Kehlen gegossen, dann werden sie tiefgefroren und per Luftfracht zu dieser Ebryobank transportiert. Dort

werden sie in Collagen umgewandelt und an Kosmetik-
firmen in aller Welt verkauft.

Zuerst verkaufte (Groß-)Britannien die Tschechoslowakei, dann
die Juden, und nun die Säuglinge der Welt. Die Sünden dieser
Nation sind zahlreich, und wir haben nur die folgenden kurz
beschrieben:

a) **Mord, pervertiertes und unmoralisches Verhalten**
b) **Vertragsbruch auf politischer Ebene**
c) **Stolz auf nationale Sicherheit**
d) **Mißbrauch von Macht und Reichtum, um kleinere Nationen gefügig zu machen**
e) **Kriegsführung gegen Israel**
f) **Verbündete in der Kriegsführung gegen Israel**
g) **Freude an dem Unglück einer anderen Nation (besonders von Israel)**
h) **Extreme Grausamkeit in Kriegszeiten**
i) **Homosexualität**
j) **Sodomie (sexuelle Perversion, einschließlich sexueller Handlungen mit Tieren)**
k) **Antisemitismus - politisch, ethnisch oder religiös**
l) **Ablehnung Gottes**
m) **Ablehnung der göttlichen Errettung**
n) **Weigerung, Gottes Wort zu hören und danach zu leben**
o) **Praktizierte Hexerei, Horoskope und das Okkulte**
p) **Blasphemie**

Deshalb sehen die Gerichte folgendermaßen aus: **Naturkatastrophen und weitverbreiteter Tod, Zerstörung der Nation**
(sechsmal), **drohende Vernichtung** (fünfmal), **Eroberung und
Verwüstung der Nation; Vernichtung** (zweimal), und
Gerichtsfluch oder völlige Zerstörung der Nation.

(Groß-)Britannien ist eine Nation, die ganz dringend einen
neuen Erweckungsprediger wie den großen John Wesley aus dem
18. Jahrhundert hervorbringen muß. Diese Nation aalt sich in einem
Meer von Heuchelei und Schande, sie ist dazu verurteilt, durch
die stürmischen Wellen des göttlichen Zorns zerbrochen zu werden
- *denn der HERR hat einen Rechtsstreit mit* (Groß-)Britannien.

15

China

Von der Fläche her ist China die drittgrößte Nation der Welt (nach Rußland und Kanada); von der Bevölkerungszahl her ist sie die größte Nation, sie zählt 1,3 Milliarden Einwohner. Die Regierung besteht aus hartgesottenen Kommunisten, die wie andere kommunistische Regime viele ihrer Bürger, die einen anderen Weg als den ihren wählen, ins Gefängnis werfen, foltern und hinrichten. Die Gemeinde Jesu in China hat den Stachel der kommunistischen Unterdrückung und Aggression zu spüren bekommen, und viele Christen haben durch die Hand der kommunistischen Partei Schreckliches erleiden müssen.

Strenge Überwachung und Zensur der Medien wird bei allen Ereignissen in China angewendet. Nur die Information, die die Führung zu veröffentlichen erlaubt, ist bekannt. Westliche Touristen und Journalisten sind gewöhnlich das Transportmittel der Wahrheit zurück in den Westen; dies war auch der Fall bei dem Massaker auf dem Platz des Himmlischen Friedens im Juni 1989. Im Westen wurden Videos gezeigt, in denen Soldaten Schüsse auf die unbewaffnete Menge abfeuerten. Es wurden Panzer gezeigt, die über Studenten fuhren, die ihnen den Weg versperren wollten. Die Bewegung für mehr Demokratie wurde auf dem Platz des Himmlischen Friedens zerquetscht wie die Leichen vieler Studenten, deren Blut an die Mauern spritzte. Augenzeugen berichteten, daß in dem Massaker zwei- bis dreitausend Menschen umkamen. Aber der offizielle chinesische Propagandabericht vom 30. Juni 1989, mit dem Titel „Bericht über die Niederschlagung des Aufstands gegen die Regierung", mit dem Namen von Chen Xitong, dem Bürgermeister von Peking, versehen, lautet folgendermaßen:

> Während der gesamten Operation gab es auch unter den Studenten, die trotz ihrer Weigerung gezwungen wurden,

den Platz zu verlassen, keinerlei Todesopfer. Geschichten über „Flüsse aus Blut" auf dem Platz des Himmlischen Friedens und darüber, wie die Verbreiter von Gerüchten selbst „aus Leichenbergen heraus flüchteten", sind purer Unsinn.

... Währund der Niederschlagung der konterrevolutionären Rebellion kämpften die Volksbefreiungsarmee, die bewaffnete Polizei und die öffentliche Sicherheitspolizei mit großer Tapferkeit und begingen unsterbliche Heldentaten.

Den westlichen Nationen wurde empfohlen, „sich nicht in Chinas interne Angelegenheiten einzumischen." Der Autor selbst war wenige Monate nach der Tragödie am Platz des Himmlischen Friedens in China und erlebte dieselbe Behandlung wie viele Ausländer vor ihm - ein ganzer belichteter Film wurde ihm aus der Kamera gerissen, weil er eine nicht für westliche Augen bestimmte Szene fotografiert hatte.

Die Menschen aus dem chinesischen Kernland haben viele natürliche Begabungen. Sie sind berühmt für ihre exquisiten handwerklichen Arbeiten, und sie sind ebenso berühmt für ihre Fähigkeit, andere zu betrügen. Die chinesische Regierung behauptet kategorisch, daß sie keine Raketen an den Iran verkauft, obwohl amerikanische Satellitenaufnahmen zeigen, wie Raketen mit chinesicher Bemalung von chinesischen Schiffen entladen werden. Vor dem Golfkrieg wurden chinesische Gesandte beobachtet, wie sie den Irak besuchten und wieder verließen, und in den westlichen Medien wurde viel Wind gemacht über die chinesischen (und russischen) Bemühungen um Erreichung eines Friedens. Aber am 9. November 1990 berichtete das britische Magazin *Intelligence Digest* (Ausgewählte Geheimdienstnachrichten) folgendes:

Berichte, die den *Intelligence Digest* aus Indien erreichten, lauten dahingehend, daß sowohl die Sowjetunion als auch China Geschütze, chemische Waffen, Lebensmittel und andere wichtige Güter über Afghanistan und Iran an den Irak liefern. Sowohl Moskau als auch Peking haben Saddam Hussein ununterbrochene Nachschublieferungen garantiert. Die neue Route über Afghanistan und den Iran wurde von strategischen Planungsspezialisten freigemacht, um die Überwachung durch amerikanische Satelliten zu umgehen.

Wie scharfsichtig war Richard Wurmbrand, als er schon vor Jahren folgendes schrieb:

Die Kommunisten werden irrtümlicherweise als „Rote" bezeichnet. In Wirklichkeit nehmen sie wie ein Chamäleon jede Farbe an und sind Meister der Täuschung und Verstellung.

China ist, wie andere bereits vorher erwähnte Nationen, abhängig von Waffenverkäufen, um sein Haushaltsdefizit zu verringern. Die amerikanische Zeitung *Cedar Rapids Gazette* veröffentlichte am 6. Mai 1991 einen Artikel, in dem China als der viertgrößte Waffenlieferant an den Nahen Osten in den Jahren von 1979 bis 1990 bezeichnet wurde. Während dieser Zeit verkaufte China einen Großteil der bereits erwähnten Summe von 850 Milliarden US-Dollar (siehe Teil IV, Kap. 13) an Waffen, die nach Berechnungen an den Iran und die arabischen Staaten gegangen sind. Aber als Frankreich im Dezember 1992 fünfzehn Mirage-Kampfflugzeuge an Taiwan verkaufte, hielt China dies für „unakzeptabel" und schloß das französische Konsulat in Guangzhou (Kanton).

China hält ein effektives Waffenembargo gegen Israel aufrecht und ist seit vielen Jahren dessen unversöhnlicher Feind. Weiterhin hat China Israel stetig verurteilt wegen der Besetzung von Land, das Israel in Kriegen erobert hatte, die von arabischen Staaten gegen das Land geführt wurden. Israel hat offensichtlich in chinesischen Augen eine internationale Sünde begangen, indem es nicht nur arabische Aggression überlebt, sondern die Aggressoren auch besiegt hat. China marschierte dagegen im Jahr 1950 in Tibet ein und zwang das Land, einen Vertrag zu unterzeichnen, der es zu einem Teil von China machte. Antichinesische Demonstrationen brachen 1959 in Tibet aus, aber diese wurden gewaltsam von chinesischen Soldaten niedergeschlagen; dabei wurden der Dalai Lama und viele seiner Anhänger gezwungen, nach Indien zu fliehen. Diese Beispiele grundloser Aggression von seiten Chinas sind, wie aus Peking verlautet, lediglich „interne Angelegenheiten".

Beim Versuch, Chinas natürliches Bevölkerungswachstum einzudämmen hat das kommunistische Regime Gesetze erlassen, durch die die für jedes Ehepaar erlaubte Kinderzahl eingeschränkt wurde. Ehepaare, die in städtischen Gegenden leben, dürfen nur ein Kind haben, Ehepaare in ländlichen Gebieten zwei. Zwangssterilisationen werden nur ein paar Wochen nach Erreichung des vorgegebenen Ziels an allen Müttern durchgeführt. Als Auswirkung dieser Gesetze wird eine erschreckende Zahl weiblicher Säuglinge in ihren ersten Lebenstagen ermordet, damit die Mutter eine weitere Gelegenheit hat, einen Sohn zu gebären. Tausende, vielleicht Millionen von Ehepaaren wollen Söhne, keine Töchter. Sie brauchen Söhne, die ihre Felder bearbeiten und in späteren Jahren für sie sorgen, wenn sie selbst nicht mehr arbeiten können. Als Folge davon wird das Leben unzähliger Töchter vorzeitig beendet.

Erst heute entwickelt China sein volles Potential als Supermacht in der Welt und umwirbt die Industrienationen. Nachdem es viele Jahre lang ein unversöhnlicher Feind Israels war, nahm China 1992 diplomatische Beziehungen mit dem Land auf, weil es „die israelische Technologie benötigt".

Christen sollten eine weitere Möglichkeit im Auge behalten, und zwar im Hinblick auf die Erfüllung folgender endzeitlicher Prophezeiungen:

*Und die Zahl der Kriegsheere zu Roß war **zweimal zehntausend mal zehntausend;** ... Und also sah ich die Rosse in dem Gesicht und die auf ihnen saßen: und sie hatten **feurige und hyazinthene und schweflichte Panzer;** und die Köpfe der Rosse waren wie **Löwenköpfe,** und **aus ihren Mäulern** geht Feuer und Rauch und Schwefel hervor.*
(Offb. 9,16.17; Elberfelder Übers.)

Unbestätigte Berichte lauten dahingehend, daß Chinas stehendes Heer zwei Millionen Mann stark ist. Die vorherrschenden Farben der Chinesen sind auch rot, blau und gelb, und sie haben eine Vorliebe für feurige Drachen und Löwen.

In diesem Kapitel wurden folgende Sünden kurz angesprochen:

a) **Mord, pervertiertes und unmoralisches Verhalten**

b) **Ablehnung Gottes**
c) **Ablehnung der göttlichen Errettung**
d) **Weigerung, Gottes Wort zu hören und danach zu leben**
e) **Unterdrückung oder Verhinderung der Evangeliumsverkündigung**
f) **Sklaverei und Unterdrückung**
g) **Vertragsbruch auf politischer Ebene**
h) **Grundlose militärische Aggression**
i) **Extreme Grausamkeit in Kriegszeiten**
j) **Verbündete in der Kriegsführung gegen Israel**
k) **Antisemitismus - politisch, ethnisch oder religiös**

Die Gerichte sehen deshalb folgendermaßen aus: **Naturkatastrophen und weitverbreiteter Tod** (zweimal), **drohende Vernichtung** (viermal), **Zerstörung der Nation** (zweimal), **Niederlage mit hohen Verlusten, Eroberung und Verwüstung der Nation und Gerichtsfluch oder völlige Zerstörung der Nation**.

China hat eine Geschichte von etwa 5.000 Jahren hinter sich. Im Zwielicht des zwanzigsten Jahrhunderts entwickelt sich diese Nation rasch zu einem noch gewaltigeren - und betrügerischen - Machtfaktor in der Welt. Aber trotz ihrer jahrtausendelangen Existenz könnte ihre Ungerechtigkeit wie die der Amoriter in 1. Mose 15,16 sein - das Maß könnte noch nicht voll sein. Jedoch wird China im Gegensatz zu den Amoritern das Stadium des Gerichts lange vor dem Ablauf von vierhundert Jahren erreicht haben. Wann wird es soweit sein? In einem, in zwei oder drei Jahrzehnten? Vielleicht. Aber es könnte wiederum schon in einem oder in fünf Jahren sein. Die dramatische Ausbreitung des Christentums im heutigen China könnte sogar das Gericht aufhalten, bis die Vollzahl der Gläubigen eingegangen ist. Wie lange noch, oh HERR, wie lange? *Denn der HERR hat einen Rechtsstreit mit* China.

16

Deutschland

Ausgestattet mit großer Geisteskraft, produzieren Deutsche Präzisionsgüter - sie exportieren Autos und Instrumente, deren Qualität in keinem Land der Welt ihresgleichen findet. Aber unglücklicherweise ist die Fähigkeit der Deutschen, Todesmaschinen zu produzieren und damit Tod und Leid zu den vier Enden der Erde zu exportieren, ebenso einmalig in der Welt. Der Glaube an die Überlegenheit der arischen Rasse hat viele, viele Millionen Menschen das Leben gekostet. Ein einziger Mann, Adolf Hitler, verursachte in sechs Jahren mehr Elend, Schmerz und Tod als hunderte von Herrschern innerhalb mehrerer Jahrhunderte. Hitlers wahnsinniger Wunsch, durch Unterjochung der umliegenden Länder ein „Großdeutschland" zu schaffen, führte zum *Blitzkrieg*, einer Lawine deutscher Truppen und Ausrüstung, die den Widerstand der Nachbarländer zerbrach. In vielen Teilen Europas ist die Erde bis in große Tiefen hinein rot gefärbt mit dem von Deutschen vergossenen Blut der Massen. Die Berge, Hügel, Seen, Flüsse, Felsen und Bäume haben nicht die Fähigkeit, Erinnerungen an vor ihnen verübte Grausamkeiten wachzuhalten, aber der Mensch und die Geschichte vergessen nie. Etwa fünfzig Jahre nach dem Ende des Zweiten Weltkriegs durchleben Männer und Frauen in vielen Ländern dieser Welt jede Nacht in ihren Träumen aufs neue die Schrecken deutscher Brutalität.

Politiker, besonders deutsche Politiker, wollen uns in dem Glauben wiegen, sie hätten sich geändert, aber *kann etwa ein Mohr seine Haut wandeln oder ein Panther seine Flecken? So wenig könnt auch ihr Gutes tun, die ihr ans Böse gewöhnt seid* (Jer. 13,23). Cornelius Tacitus, einer der bedeutendsten römischen Geschichtsschreiber, überliefert wichtiges Wissen über das antike Deutschland. Im Jahre 98 n. Chr. schrieb er folgendes:

> Viele junge Männer edler Abstammung suchen, wenn ihr Heimatland in einer langen Periode des Friedens stagniert,

mit Absicht andere Stämme auf, die sich zur Zeit im Krieg
befinden. **Denn die Germanen haben keinen Geschmack
am Frieden.**

Ein anderer Historiker, Edward Gibbon, der im achtzehnten
Jahrhundert lebte, schrieb in seinem Buch *The History of the
Rise and Fall of the Roman Empire* (Die Geschichte vom Aufstieg
und Fall des Römischen Reiches): **„Sich mit Arbeit um etwas
zu bemühen, was mit Waffengewalt geraubt werden konnte,
wurde als des germanischen Geistes unwürdig angesehen."**
Offensichtlich waren die beiden Weltkriege im zwanzigsten
Jahrhundert, die beinahe sechzig Millionen Menschen das Leben
kosteten, keine Abweichungen von dieser deutschen Verhaltens-
norm, sondern ihre Bestätigung.

Es ist auch offensichtlich, daß es im Nachkriegsdeutschland
sehr wenige Deutsche mit neuer Gesinnung gibt. Der Stolz, die
Arroganz, die Verachtung gegenüber allem, was nicht deutsch ist,
führte zu den Unruhen in Rostock und anderen Städten. Der Tod
von Ausländern und die Zerstörung von deren Häusern durch
Neonazis zeigen, daß viele Deutsche in ihren Herzen unverändert
geblieben sind. Das Magazin *Newsweek* zitierte in der Ausgabe
vom 7. September 1992 einen Deutschen mittleren Alters, der vor
einer Unterkunft für rumänische Flüchtlinge in Rostock, nachdem
diese mit Brandbomben beworfen wurde, folgendes sagte: „Wir
alle wollen dasselbe - die loswerden." Ein Artikel in demselben
Magazin über die Unruhen erwähnte eine Frau, die einem
„Schwarm von Jugendlichen applaudierte", als diese eine
Unterkunft für Ausländer angriffen und dort Feuer legten. „Ich
feuerte sie an," sagte sie mit einem Lächeln, „diese Jungs haben
einen Blumenstrauß verdient." Und die wohlwollende Menge
skandierte: „Hängt sie alle auf!" und „Deutschland den Deutschen!" Ein Bericht der Nachrichtenagentur Reuters aus Bonn vom
13. November 1992 lautet dahingehend, daß vierundzwanzig
Soldaten „bei Übergriffen auf Einwanderer und der Verbreitung
von Nazipropaganda erwischt wurden, als sie dienstfrei hatten."
    Das Magazin *Dispatch From Jerusalem* (Nachricht aus
Jerusalem) aus dem 4. Quartal 1992 berichtet, daß im Jahr 1992
die Zahl der veröffentlichten Angriffe gegen Ausländer und

jüdische Einrichtungen bei 1.900 lag. Moshe Kohn schrieb in einem Beitrag in der Zeitung *The Jerusalem Post* am 13. November 1992 folgendes: „Ich verstehe die Nazis der letzten Tage; sie sind *Nazis* (keine Neonazis, sondern Nazis), dem Haß und der Gewalt gegen alles verschworen, was anders ist."
Ein israelischer Journalist namens Yaron Svoray arbeitete fünf Monate lang verdeckt in neonazistischen Organisationen in Deutschland. Er berichtete, daß die Zahl der Neonazis um einiges höher liegt als „offizielle", von der Regierung veröffentlichte Zahlen, und daß einige dieser Gruppen sich sogar polizeilicher „Hilfe" erfreuen. Als er und einige Neonazis bei einer Demonstration festgenommen wurden, wurden sie „still und heimlich 'mit einem Augenzwinkern' wieder freigelassen".

Das Nachkriegsdeutschland ist angeblich „ein anderes Deutschland", aber ein Deutschland, in dem Menschen verbrannt werden, nur weil sie keine Deutschen sind, ist kein „anderes Deutschland". Während des Krieges verbrannte Deutschland Millionen Juden in speziell dafür eingerichteten Krematorien, nachdem sie zuerst in riesigen, versiegelten Gaskammern vergast wurden. Der britische Historiker Martin Gilbert zitiert in seinem Buch *The Holocaust: The Jewish Tragedy* (Der Holocaust - die jüdische Tragödie) aus einer Rede Heinrich Himmlers an seine höheren SS-Offiziere vom 4. Oktober 1943:

Die Austilgung der jüdischen Rasse ... ist unser Programm, die Eliminierung der Juden, und wir sind dabei, sie zu vernichten ...
Wir hatten das moralische Recht, wir hatten die Pflicht unserem Volk gegenüber, diese Menschen zu zerstören ... wir haben einen Bazillus vernichtet.

Sechs Millionen europäische Juden, Alte, Junge, Säuglinge, Männer und Frauen, wurden systematisch abgeschlachtet und begraben oder vergast und verbrannt.
William L. Hull schreibt in seinem Buch *The Fall and Rise of Israel* (Israels Fall und Aufstieg):

Mit Hitlers *Judenrein* nach seinem Aufstieg zur Macht wurde der Judenhaß nicht eingeführt, sondern lediglich intensiviert

und verstärkt, und zwar sowohl in Deutschland als auch in
Österreich. Man muß sich nur die Verfolgung von Juden
im mittelalterlichen Deutschland ins Gedächtnis rufen, die
Ghettos, das Abschlachten von Juden in Deutschland
während der Kreuzzüge, und später die Wiedererweckung
dieses Massenhasses in den Tagen Bismarcks, um wie
Jabotinsky festzustellen, daß **der Antisemitismus in
Deutschland beheimatet ist.**

Im April 1943 kämpften 1.200 polnische Juden im Warschauer
Ghetto, die letzten Überlebenden der einst großen jüdischen
Gemeinde in der Hauptstadt Polens, gegen einen unüberwindbaren
Gegner, die deutschen Mörder ihres Volkes. Sie erwarteten nicht,
die deutschen Gegenangriffe zu überleben, und es gab tatsächlich
sehr wenige Überlebende; aber der Aufstand wurde zu einem
Symbol jüdischer Entschlossenheit. Am fünfzigsten Jahrestag des
Aufstandes im Warschauer Ghetto besuchte der damalige
israelische Premierminister Jitzhak Rabin die Gedenkstätte für die
Kämpfer des Ghettos und sagte in seiner Rede folgendes:

Hier, auf diesem Quadratkilometer, stand das Warschauer
Ghetto, ein Überrest von den in dieser Stadt lebenden
400.000 Juden, und die Stadt ist leer. Wo sind die
Schriftsteller? Wo sind die Rabbiner, die Ärzte, die Musiker?
Wo sind die einfachen Leute? Und wo sind die Kinder?
Verbrannte Erde und ein verbranntes Volk. Mein Volk ist
nicht mehr.

Das Buch des Autors Martin Gilbert mit dem Titel *Der
Holocaust* enthält fast eintausend Seiten mit Augenzeugen-
berichten über die greulichsten Leiden, die jemals Menschen
durchmachen mußten. Kurt Gerstein, der Leiter des Technischen
Desinfektionsdienstes bei der Waffen-SS, berichtete in seiner
Aussage im Nürnberger Kriegsverbrecherprozeß, wie er mit der
Stoppuhr in der Hand die Öffnung, Reinigung und Vorbereitung
einer Gaskammer für die nächste Gruppe von Opfern im
Todeslager Belzec überwachte. Seine Erinnerung an die Szene,
die sich nach der Öffnung der Türen darbot, lautet folgendermaßen:

Die Menschen standen da wie Säulen aus Stein, ohne
Zwischenräume zum Hinfallen oder Anlehnen. Sogar im

Tod konnte man die Familien erkennen, die sich alle an den Händen hielten. Es war schwierig, sie zu trennen, wenn der Raum für die nächste Gruppe geleert wurde. Die Leichen wurden herausgeworfen, sie waren blau und mit Schweiß und Urin bedeckt, die Beine mit Exkrementen und Menstruationsblut beschmiert. Zwei Dutzend Arbeiter überprüften die Münder, die sie mit Eisenhaken öffneten ... Zahnärzte schlugen Goldzähne, Brücken und Kronen mit Hämmern aus. Christian Wirth (der Lagerkommandant) stand in ihrer Mitte. Er war in seinem Element, zeigte mir eine große, mit Zähnen angefüllte Schachtel und sagte: „Fühlen Sie das Gewicht des Goldes! Nur von gestern und vorgestern! Sie können sich nicht vorstellen, was wir tagtäglich finden, Geldscheine, Diamanten, Gold!"

Vielleicht sollte Gilberts Buch für jeden Deutschen in zehn aufeinanderfolgenden Jahrzehnten zur Pflichtlektüre gemacht werden. Es könnte so lange dauern, bis ein Funke von Schuldgefühl für ihre Handlungen in der Vergangenheit in ihnen geweckt wird. Nach dem Blutvergießen, das deutsche Truppen während des Zweiten Weltkrieges in der Welt angerichtet haben, tun deutsche Politiker und Entscheidungsträger in der Politik so, als ob der Gegenangriff der Alliierten mit der Aggression der Deutschen moralisch auf einer Stufe stünde. Es gab offizielle Proteste, als die Briten Soldaten ehrten, die an diesem Angriff beteiligt waren. Deutschland bombardierte London in siebenundfünfzig aufeinanderfolgenden Nächten, und (Groß-)Britannien schlug zurück und bombardierte seinerseits deutsche Städte. Als die englische Königin 1992 Dresden einen Besuch abstattete, wurde sie von Deutschen mit Eiern, Tomaten und Äpfeln beworfen, wegen des Schadens, der von den Briten in ihrer Stadt angerichtet wurde.

Martin Luther, der Deutsche aus dem sechzehnten Jahrhundert, der die protestantische Reformation anführte, forderte die Verbrennung jüdischer Synagogen, die Zerstörung jüdischer Häuser und drängte darauf, daß alle Juden „unter ein Dach, oder, wie Zigeuner, in einen Stall" gepfercht werden sollten. Er bezeichnete die Juden als „giftige, bittere Würmer", und befürwortete ihre Enteignung und Vertreibung aus dem Land für alle Zeit. Und mehr als ein Geschichtsbuch berichtet, daß der Massenmord in den Vernichtungslagern des Zweiten Weltkriegs an Sonntagen aufhörte, damit die vielen tausend deutschen „Angestellten" dort die Kirche besuchen konnten - oft mit ihren Familien. Die deutsche Kirche hat angeblich eine wahre Umkehr vollzogen, aber dies trifft nur zum Teil zu. Als ein Freund des Autors kürzlich das Land besuchte und bei einer prominenten christlichen Familie übernachtete, wurde er vom Familienoberhaupt folgendermaßen gewarnt: „Du kannst über Israel sprechen, aber bitte erwähne die Juden nicht in Gegenwart meines Vaters." Kann ein Mensch den König der Juden lieben und gleichzeitig seine Familie nach dem Fleisch hassen? Die Bibel sagt, daß das unmöglich ist!

Deutsche Chemiker produzierten riesige Mengen des tödlichen und preiswerten Giftgases „Zyklon-B" für die Vernichtung von Millionen Menschen während des Zweiten Weltkriegs. Deutsche Ingenieure bauten dann die Todesmaschinerie, die dieses Gas auf wirkungsvollste Weise verwendete. Dieses Expertenwissen wird heute exportiert. Arie Stav von dem *Nativ Center for Policy Research* (Zentrum für politische Forschung) in Tel Aviv schreibt in einem Artikel vom 21. Juni 1993 mit der Überschrift „An der Schwelle zur kritischen Masse, Teil II" folgendes:

Im Hinblick auf Waffen für die Massenvernichtung, und besonders chemische Waffen, hat Deutschland - mit seiner hochentwickelten chemischen Industrie, angeführt durch *IG Farben* und mit seiner jahrelangen Erfahrung in [den Todeslagern] Auschwitz und Treblinka, den unbestrittenen ersten Platz inne. Nicht nur haben 100 von 300 Lieferanten von Massenvernichtungswaffen ihren Sitz in Deutschland, sondern ihr Anteil am Profit beträgt 70 Prozent! An erster Stelle auf der Liste stehen natürlich die drei Chemiegiganten *Hoechst, Bayer* und *BASF*. Ganz in der Tradition ihrer Mutterfirma, *IG Farben*, bauen die voll lizenzierten Deutschen „Pestizidfabriken" im Iran. **[Deutsche Wörterbücher und Lexika definieren „Zyklon-B" als**

„Pestizid für die Vernichtung von Pflanzenläusen".] Mercedes Benz liefert Raketenmaschinen, während Rheinmetall, Mannesmann und Siemens Munitionsfabriken bauen sowie die Infrastruktur und Ausstattung für Atomreaktoren liefern. Bosch, AEG und Braun sind Subunternehmen der speziell für diesen Zweck gegründeten Firma OTRAG, die auch für den Bau des C-Waffen-Zentrums in Rabta verantwortlich war. Die in Frankfurt ansässige Deutsche Bank finanziert die Geschäfte mit den Lybiern. Thyssen und Siemens sind am Bau der neuen Fabrik in Sabha beteiligt. Audi steht in Verhandlungen wegen des Baus einer „pharmazeutischen" Fabrik in der Nähe von Damaskus. ...

Herausragend unter den Nationen, für die Habsucht die erste Triebkraft darstellt, ist der besondere Fall Deutschlands - an erster Stelle unter den Verursachern von Tod durch chemische, biologische und atomare Mittel. Aufgrund der Kapitulationsbedingungen von 1945 ist es Deutschland verboten, die Entwicklung und Produktion einer langen Liste von Waffen, von Raketen bis hin zu nuklearen Waffensystemen, innerhalb seiner Landesgrenzen zu betreiben. Deutschland umgeht dieses Verbot durch die Produktion solcher Waffensysteme in arabischen Ländern und behält auf diese Weise den ersten Platz unter den Waffenproduzenten, ohne irgendwelche Gesetze zu übertreten. An dieser Stelle sollte erwähnt werden, daß die Deutschen sich genauso verhielten, nachdem sie den Versailler Vertrag unterzeichneten, der ebenfalls die Produktion hochentwickelter Waffensysteme verbot. Damals ließen sie diese Waffen in Sowjetrußland herstellen. [Der Versailler Vertrag beendete den Ersten Weltkrieg am 28. Juni 1919. Darin wurde den Deutschen die Schuld am Beginn des Krieges gegeben und die Verantwortung für die Folgeschäden zugewiesen. Die Summe der von Deutschland zu zahlenden Reparationen wurde auf 132 Milliarden Goldmark festgesetzt.]

Die Wiedervereinigung Deutschlands im Oktober 1990 bewirkte Angst in den Herzen vieler Nationen - besonders Israels.

Wenn man das neue Register für konventionelle Waffen der UN
mit Deutschland als dem sechstgrößten Waffenlieferanten in
der Welt und die Ereignisse in der deutschen Geschichte
berücksichtigt, dann ist ein vereinigtes, geistig aggressives und
wirtschaftlich starkes Deutschland ein guter Grund zur
Beunruhigung. Jedoch begann in der deutschen Wirtschaft vom
Augenblick der Vereinigung an der Sturzflug. In einem Artikel
in der internationalen Ausgabe der Zeitung *The Jerusalem Post*
vom 19. Dezember 1992 ist folgendes zu lesen: „Realistische
Schätzungen besagen, daß einer von drei oder sogar von zwei
Ostdeutschen arbeitslos ist." Ein anderer Artikel aus dem
Wirtschaftsteil der Zeitung *The Jerusalem Post* vom 4. Juni 1993
berichtet, daß die westdeutsche Wirtschaft einen starken Rück-
gang zu verzeichnen hat, - „die schlimmste Wirtschaftskrise seit
dreißig Jahren."

Deutschland hat seine Flüchtlingsgesetze außer Kraft gesetzt,
seit die Neonazis mit ihren Unruhen gegen Ausländer im August
1992 begannen, und auf diese Weise wurden die deutschen
Grenzen wirkungsvoll gegen Ausländer abgeriegelt. Dies
signalisiert einen deutlichen Sieg der Nazis. Wenn die deutsche
Wirtschaft einen Niedergang erlebt, wirkt der HERR vielleicht
schon jetzt auf den Fall der Nation hin.

In diesem Kapitel wurden folgende Sünden angesprochen:

a) **Mord, pervertiertes und unmoralisches Verhalten**
b) **Vertragsbruch auf politischer Ebene**
c) **Grundlose militärische Aggression**
d) **Militärische Aggression zur Erweiterung des
    Territoriums**
e) **Diskriminierung von Fremden (einschließlich
    Rassendiskriminierung)**
f) **Stolz auf nationale Sicherheit**
g) **Betrügerisches und hinterlistiges Geschäftsgebaren**
h) **Verbündete in der Kriegsführung gegen Israel**
i) **Extreme Grausamkeit in Kriegszeiten**
j) **Antisemitismus - politisch, ethnisch oder religiös**

Die Gerichte sehen deshalb folgendermaßen aus: **Naturkatastrophen und weitverbreiteter Tod** (zweimal), **Zerstörung
der Nation** (viermal), **Niederlage mit hohen Verlusten,
beschleunigte Zerstörung der Nation, Eroberung und
Verwüstung der Nation** und **Gerichtsfluch oder völlige
Zerstörung der Nation.**

Die Geschichte Deutschlands im Hinblick auf die Anstiftung
zum Blutvergießen ist einfach erschreckend. Die übermäßige
Beschäftigung dieser Nation mit einer eingebildeten Überlegenheit
hat die größten Verluste an Menschenleben in der gesamten
Weltgeschichte verursacht. Der systematische Mord an Millionen
von Gottes auserwähltem Volk auf unglaublich bestialische Weise,
die erklärte Entschlossenheit, jeden einzelnen Juden in ganz Europa
auszulöschen, findet im weltweiten Buch der Horrorgeschichten
nicht ihresgleichen. Martin Gilbert zitiert in seinem Buch *The
Holocaust* einen hohen SS-Offizier, der sagte: „**Es gibt nur zwei
überlegene Völker - die Juden und die Deutschen. Die Frage
ist nur, welches von beiden wird herrschen?**" Keine Nation,
kein Weltreich hat überlebt, um von seinem Sieg über die Juden
zu berichten - und *der HERR hat einen Rechtsstreit mit*
Deutschland.

17

Frankreich

In der letzten Novemberwoche des Jahres 1992 stattete Präsident Mitterrand Israel einen zweiten Besuch ab - beide Besuche fanden seit dem Golfkrieg statt. In Interviews mit den israelischen Medien während des zweitägigen Besuchs erklärte er wiederholt, er und Frankreich seien „Freunde Israels". Mit mehr Freunden nach Art von Mitterrand und der Republik Frankreich brauchte Israel weniger Feinde - die Fakten sprechen für sich.

Zur Zeit von Mitterrands Besuch berichtete der israelische Rundfunksender, daß von den zwanzig Milliarden US-Dollar, die Frankreich in den letzten zehn Jahren im Ausland investierte, nur eine Million an Israel gingen. Offensichtlich halten sich die Franzosen an das Motto, Geschäftsbeziehungen und Freundschaften sauber zu trennen.

Mit den Besuchen Mitterrands wurde das Ziel verfolgt, das während der Jahre zerstörte Prestige Frankreichs, besonders seit dem Golfkrieg, wieder aufzupolieren. Frankreich war in und um den Nahen Osten herum seit über einem halben Jahrhundert eine bedeutende Macht, und dies sieht man noch heute an dem weitverbreiteten Gebrauch der französischen Sprache in der arabischen Welt. Frankreich war der größte Waffenlieferant an Israel bis kurz vor dem Sechstagekrieg im Jahr 1967, als bei einem Versuch, den wachsenden Einfluß der Sowjetunion im Nahen Osten zurückzudrängen, die Lieferungen an Israel aufhörten und statt dessen riesige Waffenmengen an die Araber verkauft wurden. Die Vereinigten Staaten betraten den Schauplatz und begannen, Israel mit Waffen zu versorgen, um dem starken sowjetischen Einfluß entgegenzuwirken. Die Macht Amerikas im Nahen Osten nahm zu, als auch den Arabern der Hof gemacht und ihnen schließlich mehr Waffen verkauft wurden als Israel. Die vorherrschende Rolle der Vereinigten Staaten im Golfkrieg ließ diese als die unbestreitbare Vormacht in der Region hervortreten.

Durch seine Beteiligung am „Friedensprozeß" im Nahen Osten
hofft Frankreich, internationale Anerkennung als Weltmacht zu
gewinnen - besonders unter den arabischen Staaten. Als er in Israel
war, wurde Mitterrand von der Zeitung *The Jerusalem Post*
folgendermaßen zitiert: „Ein palästinensischer Staat hätte schon
im Jahr 1948 geschaffen werden sollen. Denn schließlich sollte
eine Nation auch ein Heimatland haben".

Mitterrand weiß sehr
wohl, daß Jordanien ursprünglich für die in Palästina lebenden
Araber geschaffen wurde, aber seine Bemerkungen waren für den
Punktgewinn auf diplomatischem Parkett konstruiert, nicht aber
dafür, Lorbeeren bei der israelischen Öffentlichkeit zu gewinnen.
Wie bei den anderen großen Nationen kennt die französische
Gier nach arabischen Petrodollars kaum Grenzen. Ende Januar
1992 öffnete die französische Regierung ihre Tore für George
Habash, einen brutalen arabischen Terroristen und einen der
meistgesuchten Männer in der Welt. Israel wollte seine Auslieferung
nach Jerusalem, wo er für seine weltweiten Terrorakte gegen Juden
vor Gericht gestellt worden wäre, aber Frankreich ließ ihn nach
Tunis ausfliegen; dort traf er einen anderen Terroristenführer,
nämlich Jassir Arafat. Das Magazin *Middle East Intelligence
Digest*, Band 2, Nr. 10, schrieb folgendes über die Handlungsweise
Frankreichs:

> Die Entscheidung, einen der meistgesuchten Terroristen in
> ihr Land zu lassen und zu riskieren, dabei erwischt zu
> werden, verdeutlicht zumindest zwei Aspekte:
>
> 1) Daß die französische Regierung die „Sache" der
>   Palästinenser in einem Ausmaß unterstützt, indem sie
>   Terrorakte gegen Israelis entschuldigt, wenn nicht sogar
>   rechtfertigt, und
> 2) daß Präsident François Mitterrand heute an der Spitze
>   einer Regierung mit dem wahrscheinlich größten
>   Antisemitismus in ganz Westeuropa steht.

Frankreichs Verhalten gegenüber Israel hat sich seit 1967
stetig verschlechtert; in diesem Jahr öffnete Charles de
Gaulle aufs neue die Schleusen des Antisemitismus in
seinem Übereifer, den arabischen Staaten Unterstützung
zukommen zu lassen und diese wiederum von ihnen zu

erhalten. Die Nation, die vor dem Sechstagekrieg Israels größter Waffenlieferant war, hat seitdem den Kreuzzug gegen die Aufnahme Israels in die Europäische Gemeinschaft angeführt und gleichzeitig Waffen und Atomreaktoren an die Feinde des jüdischen Staates geliefert.

Während des Zweiten Weltkriegs kollaborierte die französische Regierung mit den Nazis, verriet die Juden und schickte viele von ihnen in die Todeslager. Währen der letzten Jahre erlebte der Antisemitismus in Frankreich eine Wiederbelebung. Jüdische Friedhöfe wurden zerstört oder entweiht und in der Stadt Carpentras wurde im Mai 1990 der Leichnam eines Juden ausgegraben und geschändet. Synagogen wurden aufgebrochen und angezündet, Torahrollen und Gebetbücher wurden zerstört. Ein Artikel in der Zeitung *The Jerusalem Post* vom 18. Juli 1993 erwähnte Frankreich als das weltweit zweitgrößte Zentrum des Holocaust-Revisionismus, das heißt, der offenen Verbreitung von Materialien, in denen der Holocaust geleugnet wird. In dem Artikel stand auch, daß revisionistisches Material „von Frankreich aus in ganz Europa, in der Dritten Welt, Indien und Japan" verbreitet wird.

Die Verwicklung Frankreichs im politischen Geschehen innerhalb des Nahen Ostens hat eine lange Geschichte. Ein Geheimvertrag, der Sykes-Pikot-Vertrag, wurde zwischen (Groß-) Britannien und Frankreich im Jahr 1916 geschlossen. Unter dessen Bedingungen erhielt Frankreich Syrien, den Libanon und ganz Palästina nördlich einer Linie von Akko bis zum See Genezareth. Den Franzosen gelang es nicht, ganz Palästina zu erhalten, aber sie hatten Erfolg, als ein größerer Teil abgetrennt wurde, bis Israel diesen im Unabhängigkeitskrieg von 1948 eroberte.

Seit Algerien 1962 die Unabhängigkeit von Frankreich errungen hat, betreibt Frankreich eine konsequent pro-arabische Politik. Frankreich ist der drittgrößte Waffenlieferant an den Nahen Osten, nach Rußland und den Vereinigten Staaten. Wie Rußland, China und (Groß-)Britannien hält Frankreich einen Rüstungsboykott gegen Israel aufrecht, während es Waffen im Wert von Milliarden an die Araber verkauft. Frankreich half beim Bau des Osiraq Atomreaktors vor den Toren Bagdads; dieser wurde vom

Irak für die Herstellung einer Atombombe benutzt. Am 7.
Juni 1981 machten israelische Kampfflugzeuge die gefährliche Reise
durch feindlichen Luftraum - sie wurden während des Fluges
aufgetankt - und legten den Reaktor, die Laboratorien und wichtige
Nebengebäude in Trümmer. Dieses militärische Meisterstück hat
das Nuklearprogramm des Irak um einige Jahre zurückgeworfen.
Dafür sollten wir ewig dankbar sein. Man muß an dieser Stelle
nicht erwähnen, daß Frankreich diese Aktion Israels verurteilt und
den Reaktor wiederaufgebaut hat.

Israel, das momentan die viertgrößte Militärmacht der Welt ist
(siehe Teil II, Kap. 8), liegt damit noch vor Frankreich. Und als
fünftgrößte Nuklearmacht in der Welt teilt es sich den Platz mit
(Groß-)Britannien, liegt aber knapp hinter Frankreich. Jede
militärische Konfrontation zwischen den beiden Ländern würde
jedoch mit einer blitzartigen Niederlage der französischen Republik
enden.

Frankreich gilt als katholisches Land, aber der immer schwächer
werdende Einfluß der römisch-katholischen Kirche wird in der
rapide ansteigenden Zahl von Ehescheidungen deutlich. Die
protestantische Kirche hat schon lange ihre Stellung als zweitgrößte
Religion in Frankreich den Moslems abgetreten. Der *Islam*,
Unmoral und AIDS breiten sich anstelle des Christentums aus.

Die Epoche des Wohlstands in den achtziger Jahren nähert sich
ihrem Ende. Viele französische Firmen kämpfen heute ums
Überleben, und die Arbeitslosenzahlen steigen an. Nach großen
finanziellen Verlusten im Jahr 1991 und einer weiteren Milliarde
US-Dollar im Jahr 1992 hat die riesige Computerfirma Groupe
Bull 7.700 Arbeiter entlassen.

Die Macht Frankreichs befindet sich seit zwanzig Jahren auf
dem absteigenden Ast. Die deutlichen Warnungen einer
bevorstehenden Katastrophe in Wirtschaft und Natur sind die Folge
politischer, nationaler und religiöser Sünden. Dies sind im
einzelnen folgende:

a) **Vertragsbruch auf politischer Ebene**
b) **Diskriminierung von Fremden (einschließlich Rassendiskriminierung)**

c)   Mißbrauch von Macht und Reichtum, um kleinere
     Nationen gefügig zu machen
d)   Aneignung von Israels Land
e)   Mord, pervertiertes und unmoralisches Verhalten
f)   Verbündete in der Kriegsführung gegen Israel
g)   Antisemitismus - politisch, ethnisch oder religiös
h)   Ablehnung Gottes
i)   Ablehnung der göttlichen Errettung
j)   Weigerung, Gottes Wort zu hören und danach zu leben
k)   Ehebruch, Ehescheidung und sexuelle Lüste

Die Gerichte sehen deshalb folgendermaßen aus: **Zerstörung der Nation** (viermal), **Naturkatastrophen und weitverbreiteter Tod** (zweimal), **Gerichtsfluch oder völlige Zerstörung der Nation, drohende Vernichtung** (dreimal) und **Zusammenbruch der Nation**.

Frankreich, die Nation, die während des Zweiten Weltkrieges ihre Ehre und in den sechziger Jahren ihr Weltreich verlor, setzt ihren Absturz bis zum vollständigen Gericht weiter fort. Mögen doch ihre Christen aufstehen mit dem Schlachtruf auf ihren Lippen: **Kehrt um!** *Denn der HERR hat einen Rechtsstreit mit* der französischen Republik.

18

Gemeinde Jesu

Der Leser mag sich zu Recht fragen: „Was macht ein Kapitel über die Gemeinde Jesu in dem Teil, der von dem Gericht über die Nationen handelt?" Natürlich wissen wir alle, daß die Gemeinde keine Nation ist. Aber wir sind vorgewarnt, daß *das Gericht anfängt an dem Hause Gottes* (1. Petr. 4,17). Und wir haben vorher darüber gesprochen, daß diejenigen, die größeres Licht erhalten haben, *ein strengeres Gericht empfangen* (siehe Teil III, Kap. 10 die Ausführungen über Israel). Die Gemeinde hat eine lange und furchtbare Geschichte der Verfolgung und schlechten Behandlung von Juden hinter sich (siehe dazu auch mein Buch *Wenn Tag und Nacht vergehen* oder für den englischsprechenden Leser Michael L. Brown, *Our Hands Are Stained With Blood*), und der größte Teil der heutigen Gemeinde ist noch immer gegen Israel. Derek Prince, vielleicht einer der besten zeitgenössischen Bibellehrer, schreibt in seinem neuesten Buch *The Destiny of Israel and the Church* (Die Bestimmung Israels und der Gemeinde) folgendes:

> Wenn Gott den Holocaust zugelassen hat, um die europäischen Juden zur Übereinstimmung mit seinen Plänen zu führen, was wird er dann für die Gemeinde zulassen, wenn sie sich beharrlich weigert, seinen für sie geoffenbarten Plan zu erfüllen?

Das Ziel dieses Kapitels besteht jedoch nicht darin, über die Gemeinde zu Gericht zu sitzen, sondern einfach ein paar Gedanken zu äußern, die einem Christen eventuell helfen können, unter widrigen Umständen besser zurechtzukommen. Es ist gut möglich, daß die meisten nach dem Zweiten Weltkrieg geborenen Christen sich in einer unheilvollen Lage wiederfinden, sei es durch Gerichte wegen ihrer persönlichen Sünden, Gericht über die Gemeinde im allgemeinen oder weil sie in einem Land leben, das göttlichem Gericht ausgesetzt ist.

Es ist ganz normal, daß Gott seine Kinder richtet. Die meisten, wenn nicht gar alle Christen haben seine Züchtigung während ihres persönlichen Entwicklungsprozesses im spirituellen Bereich erlebt. Normalerweise bekommen wir von ihm als liebendem Vater, der sich um uns mit inniger Liebe sorgt, lediglich ein paar Hiebe versetzt, und dafür sollten wir dankbar sein. Aber viele Christen sind von Krankheiten geplagt (das heißt nicht, daß jede Krankheit eine Folge von Sünde ist), manche haben wegen ihrer Sünden öffentliche Erniedrigung erlitten, und wieder andere mußten erleben, wie ihr Dienst für Gott zerstört wurde. Einige sitzen im Gefängnis aufgrund von Gerichtsurteilen, und andere weilen nicht mehr unter den Lebenden. Wir müssen sorgsam darauf achten, wie wir als bekennende Christen leben und handeln, *denn darum sind auch viele Schwache und Kranke unter euch, und nicht wenige sind entschlafen* (1. Kor. 11,30).

Ich selbst kannte zwei Christen, die sehr plötzlich starben. Der eine leitete einen christlichen Buchladen im Zentrum einer größeren Stadt in Neuseeland. In diesem Laden kaufte ich eine Bibel mit einer schriftlichen Garantie auf ein lebenslanges Rückgaberecht. Leider brach der Einband dieser neuen Bibel bereits nach zwei Wochen normalen Gebrauchs auseinander. Ich ging mit der Bibel wieder in den Laden, und dort teilten mir die freundlichen Mitarbeiter etwas verlegen mit, der Geschäftsführer halte es nicht für erforderlich, Umtausch oder Rückzahlungen vorzunehmen. Der Geschäftsführer war zu dieser Zeit nicht in seinem Büro, und so ließ ich die defekte Bibel bei den Mitarbeitern und sagte ihnen, ich wolle am Nachmittag zurückkommen. Als ich wiederkam, berichteten mir die Mitarbeiter, der Geschäftsführer hätte sich die Bibel angesehen, wolle sie aber nicht ersetzen, und sie schämten sich, mir das sagen zu müssen. Ich nahm die Bibel mit in das Büro des Geschäftsführers, legte sie auf seinen Schreibtisch und forderte Ersatz oder die Erstattung des gezahlten Preises; er aber weigerte sich. Ich sagte zu ihm: „Als Geschäftsführer eines christlichen Ladens sollten Sie sich Ihres

Geschäftsgebarens schämen, denn es ist nicht des Reiches Gottes würdig. Sie sind moralisch und rechtlich verpflichtet, die Bedingungen der Garantie, unter denen Ihr Laden diese Bibel verkauft hat, einzuhalten." Ich fügte hinzu: „Durch den Betrug an Gottes Kindern berauben Sie Gott selbst." Auf mein Drängen hin, aber ohne ein Zeichen von Reue, tauschte er übelgelaunt die beschädigte Bibel gegen eine neue aus. Ich dankte ihm und verließ den Laden. Ein paar Tage später ging ich während der normalen Geschäftszeit an dem Laden vorbei, aber er war geschlossen. Ein Zettel an der Tür erregte meine Aufmerksamkeit: „Bedingt durch den plötzlichen Tod des Geschäftsführers ist der Laden drei Tage lang geschlossen ..." Später erfuhr ich von den Mitarbeitern, daß der Geschäftsführer innerhalb von zweiundsiebzig Stunden, nachdem ich mit ihm gesprochen hatte, einen schlimmen Herzanfall erlitt und in seinem Büro buchstäblich tot umgefallen war.

Bei der zweiten Person handelte es sich um eine alleinstehende Frau, die ich recht gut kannte, da sie in einem christlichen Zentrum für Drogenberatung und psychologische Hilfe behandelt wurde. Ich war dort als Mitarbeiter beschäftigt. Diese Frau war äußerst aufsässig, wollte sich keiner seelsorgerischen Autorität unterordnen und auch keine helfende Korrektur akzeptieren. Oft gebrauchte sie die schlimmsten Worte, wenn sie ihren Kopf nicht durchsetzen konnte. Es kam soweit, daß wir ihr wegen dieser Weigerung, uns zu gehorchen, nicht helfen konnten. Durch ihren schlechten Einfluß schadete sie dem gesamten Hilfsprogramm. Wir entließen sie zwar ungern aus der Behandlung, baten sie aber, sich in Zukunft von unserem Gelände fernzuhalten. Einige Monate später wurde sie im Bett eines Mitarbeiters entdeckt, nachdem sie eine Feuerleiter hochgeklettert und durch ein offenes Fenster in das Gebäude eingedrungen war. Wir ließen sie warm duschen, gaben ihr Kleidung und bereiteten ein Essen für sie zu. Nachdem sie gegessen hatte, baten wir sie, das Gelände zu verlassen, aber sie weigerte sich und schlug eine unserer Mitarbeiterinnen. Ich hatte die äußerst unangenehme Aufgabe, sie am Arm zu nehmen und vom Gelände wegzubringen; während dieser Zeit gab bedachte sie mich mit jedem nur denkbaren obszönen und schmutzigen Namen. Die neuseeländische Polizei verhaftete sie einige Stunden später wegen eines geringfügigen Vergehens, und sie starb am selben Abend - allein in einer Gefängniszelle. Eine Autopsie wurde zwar durchgeführt, aber die Todesursache konnte nicht festgestellt werden. In dem Bericht über die Untersuchung der Todesursache stand, daß sie eine „starke, gesunde Frau im Alter von 28 Jahren" war.

Wir sollten uns durch solche Vorfälle nicht überraschen lassen - Gott hat sich nicht verändert, seitdem er die Apostelgeschichte schreiben ließ. *Unser Gott ist ein verzehrendes Feuer* (Heb. 12,29), wir können beruhigt sein, daß dieses Feuer nicht ausgelöscht ist! Es wäre interessant festzustellen, wie viele wie Ananias und Sapphira (Apg. 5,1-10) seit den Tagen des Petrus tot umgefallen sind. Aber es ist meine feste Überzeugung, daß kein Gericht jemals aus der Hand des HERRN über einen Christen kommen wird, ohne daß nicht vorher klare göttliche Warnungen an diese Person ergehen. Diese Warnungen, die uns oft in unsere Gedanken gelegt werden, sind vom Heiligen Geist, der uns damit sagen will: „Mein Sohn/meine Tochter, ändere deine Wege."

Gott verspricht nicht, Christen vor Schwierigkeiten oder Kummer zu bewahren - ohne Herausforderungen gibt es kein Wachstum, *sondern der Mensch erzeugt sich selbst das Unheil, wie Funken hoch emporfliegen* (Hiob 5,7). Aber er verspricht uns, uns die Gnade und Macht zu verleihen, inmitten von Schwierigkeiten siegreich zu bleiben. Wenn sich eine Nation im Krieg befindet, leiden auch viele Christen unter der Zerstörung ihrer Häuser, dem Verlust ihrer Arbeitsplätze und dem Tod geliebter Menschen. Dies ist eine Tatsache, es ist nicht ein Schwachpunkt von Gott, denn er versprach uns niemals das Gegenteil. Der Glaube sieht Gott nicht als Maschine an, die Segen austeilt. Wahrer Glaube sagt inmitten von Not und Unglück: *„Der HERR hat's gegeben, und der HERR hat's genommen; der Name des HERRN sei gelobt"* (Hiob 1,21).

Ohne Frage ist ein starker Sturm im Anzug, und wir wagen es nicht, unseren Glauben an dem Felsen von Not und Unglück Schiffbruch erleiden zu lassen. Wenn wir jedoch an der Vorstellung festhalten, daß Gott uns in einer Zeit des Krieges vor dessen Auswirkungen beschützen wird, dann werden viele - wie auch in der Vergangenheit - bei dem ersten Unglück, das ihnen geschieht, dem Glauben an Gott absagen. Alles, was wir haben, gehört Gott - alle unsere Besitztümer und alle Menschen, die wir lieben - nur unsere Sünde gehört uns. Wir sollten uns deshalb nicht zu sehr aufregen, wenn wir etwas verlieren, das einem anderen gehört. Aber es gibt auch Verheißungen, auf die sich jeder gottesfürchtige Christ in Kriegs- und Katastrophenzeiten berufen kann, wie zum Beispiel folgende:

*Denn ich will dich entkommen lassen, daß du nicht durchs Schwert fallest, sondern **du sollst dein Leben wie eine Beute davonbringen**, weil du mir vertraut hast, spricht der HERR.*
(Jer. 39,18)

*Denn siehe, ich will Unheil kommen lassen über alles Fleisch, spricht der HERR, aber **dein Leben sollst du wie eine Beute davonbringen**, an welchen Ort du auch ziehst.*
(Jer. 45,5)

Diese Verheißungen sind auf Einzelpersonen zugeschnitten - sie beziehen sich nicht auf ganze Familien (kleine Kinder sind jedoch durch ein gottesfürchtiges Elternteil geschützt). Jeder einzelne muß seinen eigenen Glauben und seine eigene Gerechtigkeit haben.

*Du Menschenkind, **wenn ein Land an mir sündigt und Treubruch begeht und wenn ich meine Hand dagegen ausstrecke** und Vorrat an Brot ihm wegnehme und Hungersnot ins Land schicke, um Menschen und Vieh darin auszurotten, und **wenn dann diese drei Männer im Lande wären, Noah, Daniel und Hiob, so würden sie durch ihre Gerechtigkeit allein ihr Leben retten**, spricht Gott der HERR. Und wenn ich wilde Tiere ins Land bringen würde, die die Leute ausrotteten und das Land zur Einöde machten, so daß niemand mehr hindurchziehen könnte vor wilden Tieren, **und diese drei Männer wären auch darin** - so wahr ich lebe, spricht Gott der HERR: **sie würden weder Söhne noch Töchter retten, sondern allein sich selbst**, und das Land müßte öde werden. Oder wenn ich das Schwert kommen ließe über dies Land und sprechen würde: Schwert,* *fahre durchs Land!* *und würde Menschen und Vieh ausrotten,* **und diese drei Männer wären darin** - *so wahr ich lebe, spricht Gott der HERR:* **sie würden weder Söhne noch Töchter retten, sondern sie allein würden errettet werden.** *Oder wenn ich die Pest in dies Land schicke und meinen Grimm darüber ausschütten würde mit Blutvergießen, um Menschen und Vieh darin auszurotten,* **und Noah, Daniel und Hiob wären darin** - *so wahr ich lebe, spricht Gott der HERR:* **sie würden durch ihre Gerechtigkeit weder Söhne noch Töchter retten, sondern allein ihr eigenes Leben.** (Hes. 14,13-20)

Die Verheißung, das Leben als Beute davonzutragen, ist eine rein persönliche Angelegenheit vor Gott, und sie ist abhängig von dem Grad unseres Glaubens und unserer Gerechtigkeit, denn dies zu beurteilen, ist allein Sache Gottes. Um den herannahenden Sturm des göttlichen Zorns unbeschadet zu überstehen, ist mehr erforderlich als ein regelmäßiger Gottesdienstbesuch, das Vorhandensein gottesfürchtiger Eltern, Großeltern oder Geschwister. Selbst eine enge Beziehung zu einem gottesfürchtigen Ehepartner wird uns an diesem Tag nicht helfen, denn es heißt: *In jener Nacht werden zwei auf einem Bett liegen; der eine wird angenommen, der andere wird preisgegeben werden* (Luk. 17,34). Wir müssen eine wesenhafte, persönliche, lebendige, innige Beziehung zu dem auferstandenen Sohn des lebendigen Gottes haben. Kein Glaubensbekenntnis, keine Lehre oder Konfession wird uns durch den kommenden Sturm hindurchtragen - nur er, der auf den Wellen gehen konnte, kann uns erretten. Der Fischer Petrus hatte Angst vor dem Sturm und schrie: *„Herr, hilf mir! Jesus aber streckte sogleich die Hand aus und ergriff ihn"* (Matth. 14,30.31). In jedem Augenblick eines jeden Tages streckt Jesus seine Hand aus zu denen, die sich in einer Notlage befinden. Vielleicht greift seine Hand gerade jetzt auch nach dir. Dann rufe ihm zu: „Herr, hilf mir!" Nimm seine Hand, und er wird dich sicher an das andere Ufer bringen.

19

Irak

Am 22. September 1980 griff der Irak den benachbarten Iran an, mit dem Anspruch, Territorium zurückzugewinnen, das vor Jahren zu ihm gehörte. Der Krieg dauerte acht Jahre, und endete, ohne daß der Irak jemals sein Ziel erreicht hätte. Zeitungen und Zeitschriften berichteten, der Irak hätte Giftgas gegen iranische Truppen und Zivilisten sowie seine eigene kurdische Bevölkerung eingesetzt. Tausende von iranischen Leichen wurden angeblich aufgeschichtet, Kopf an Fuß in den nördlichen Sumpfgebieten Iraks, und als Straßen für irakische Panzer benutzt. Mehr als zehn Millionen Menschen verloren in diesem Krieg ihr Leben - mehr als im Ersten Weltkrieg.

In den frühen Morgenstunden des 2. August 1990 rollte die irakische Kriegsmaschine über die Grenze des benachbarten Kuwait. Innerhalb weniger Stunden befanden sich hunderte von irakischen Panzern in der Hauptstadt Kuwait City, und am Ende dieses Tages war Kuwait den Invasoren in die Hände gefallen. Irak beanspruchte auch Kuwait als Teil seines Territoriums.

Inmitten von weitverbreiteten Plünderungen, Vergewaltigungen und Mordtaten verstärkte Irak seine Streitkräfte in ganz Kuwait, und begann mit der Sammlung von Truppen und Waffen nahe der Grenze zu Saudi-Arabien. Jede Invasion Saudi-Arabiens stellte eine Bedrohung amerikanischer Ölinteressen dar, und so begannen die Vereinigten Staaten mit der hastigen Zusammenstellung einer Allianz von vielen Nationen, die bereit war, in einer gemeinsamen Anstrengung den Irak aus Kuwait zu vertreiben. Der irakische Präsident Saddam Hussein sagte am 27. Dezember 1990 in einem Interview mit dem spanischen Privatsender *Tele 5* folgendes:

> Wir meinen, daß die Verantwortung für die Probleme, für die Konflikte unter arabischen Nationen, bei Israel liegt ... falls wir den ersten Schlag hinnehmen müssen, entweder an der Front oder hier in Bagdad, und ob Israel sich direkt an

der Aggression beteiligt oder nicht, werden sie den zweiten Schlag in Tel Aviv erleiden.

Saddam Hussein hielt sein Wort. Als im Januar 1991 die Feindseligkeiten ausbrachen, schoß der Irak Raketen auf israelische Ballungszentren ab. Die Alliierten vertrieben die Irakis aus Kuwait, aber nicht, bevor Saddam neununddreißig Raketen auf Israel abgefeuert hatte, die einige tausend israelische Häuser und Wohnungen zerstörten oder beschädigten. Millionen Israelis - alle mit Gasmasken - saßen in speziell versiegelten Zimmern und Luftschutzräumen; dadurch wurden die Verluste an Menschenleben auf ein Minimum beschränkt. Zwei Personen starben durch direkten Raketenbeschuß, und ein paar ältere Leute an durch Schock verursachten Herzattacken.

Die Verluste der Alliierten während des Golfkriegs betrugen weniger als 200, aber die Verluste der Iraker werden auf etwa 20.000 geschätzt. Die weltweiten Medien erwähnten die Zurückhaltung Israels mehrmals und drückten ihre Überraschung darüber aus, daß Israel den Beschuß mit irakischen Raketen einfach hinnahm, ohne Vergeltung an dem Aggressor zu üben. Nach dem Krieg, am 8. März 1991, veröffentlichte die Zeitung *Hong Kong Standard* detaillierte Informationen über einen geplanten israelischen Gegenschlag:

Westirak sollte von mit Bordwaffen ausgestatteten Hubschraubern und „gewaltigen Bodentruppen" durchfegt werden. Diese sollten auch Einsatzkommandos umfassen, die alle unter dem Schutz von Flugzeugen der israelischen Luftwaffe operieren sollten; sie hätten einen „Luftkorridor" durch Jordanien oder Saudi-Arabien gesichert, um die Operation zu unterstützen.

Aber Israel setzte diese Pläne nicht in die Tat um. Die Vereinigten Staaten versagten Israel den Zugriff auf Satellitendaten über irakische Truppen- und Panzerbewegungen, und, wie wir bereits erwähnten, die entscheidenden IFF, die Internationalen Freund-oder-Feind-Identifizierungscodes. Ohne diese Codes hätten israelische Flugzeuge sehr wohl von den Alliierten abgeschossen werden können. Es ist sogar noch wahrscheinlicher - da die israelische Luftwaffe weltweit die größte Kampferfahrung hat - daß eine Anzahl von alliierten Flugzeugen in israelischem Feuer zu Boden gegangen wären (während der ersten Tage des Libanonkrieges im Juni 1982 schoß die israelische Luftwaffe sechsundneunzig syrische MiG-Kampfflugzeuge ab, ohne einen einzigen Verlust auf der eigenen Seite). Tatsächlich fügten die Vereinigten Staaten Israel eine Erniedrigung zu, indem sie dem Land das Recht absprachen, seine eigenen Bürger zu verteidigen. Israels Haltung, müßig dazusitzen, während Raketen auf seine am dichtesten besiedelten Gebiete niederregneten, könnte vom Irak und anderen arabischen Staaten als Schwäche ausgelegt werden. Ein Leitartikel in der Zeitung *Jerusalem Post* vom Februar 1991 bestätigt dies mit folgenden Worten: „Dieses Land [Israel] kann es sich nicht leisten, als der Papiertiger des Nahen Ostens bekannt zu sein." Und ein ungenannter Experte aus Militärkreisen sagte: „Wir werden den Irak zu unserer Zeit und auf unsere Weise bestrafen, aber niemand schlägt einen Mann, wenn er am Boden liegt." Nach der Zerstörung des irakischen Atomreaktors in Osiraq, einem Vorort von Bagdad, im Juni 1981, gibt es wenig Zweifel an der Fähigkeit der Israelis, ihr Versprechen wahrzumachen und dem Irak seine Raketenangriffe zurückzuzahlen - mit hohen Zinsen.

Die Vertreibung aus Kuwait durch die Alliierten wird Iraks Streben nach dem ölreichen arabischen Emirat in keinster Weise abschwächen. Das Magazin *TIME International* vom 8. Oktober 1990 zitiert folgende Aussage von Saddam Hussein: „Kuwait gehört zu Irak; wir werden es niemals aufgeben, und wenn wir tausend Jahre lang darum kämpfen müssen."

Warum verfolgt der Irak eine Politik des Krieges gegen Nachbarländer, sogar wenn es sich um arabische Bruderländer handelt? Warum ist Saddam Hussein von dem Gedanken besessen, Israel zu zerstören? Weil der irakische Präsident fest daran glaubt, daß er ein neuer Nebukadnezar ist, mit der Bestimmung, den Irak zu der Größe zu führen, die einst das alte Babylon hatte. Das Reich Nebukadnezars erstreckte sich vom Persischen Golf bis zum Mittelmeer und umfaßte Territorien, die heute zu Kuwait, Syrien, Jordanien und Israel sowie dem Irak gehören. Der Grund für den Angriff auf Kuwait ist offensichtlich, wenn wir uns bewußt machen, daß es einst zum babylonischen Weltreich gehörte. König

Hussein von Jordanien wandte sich gegen die Weltmeinung und verbündete sich im Golfkrieg mit dem Irak, weil er die irakischen Pläne nur zu gut verstand. Saudi-Arabien war die alte Heimat der Haschemiten, die von den Briten vertrieben und in dem heute als Jordanien, oder richtig, als Haschemitisches Königreich Jordanien, bekannten Gebiet angesiedelt wurden. Saddams Plan bestand darin, Saudi-Arabien zu erobern und es an König Hussein von Jordanien zurückzugeben. König Hussein würde dann Jordanien an Saddam abtreten, der es in ein „Groß-Irak", d.h. das neue Babylon, eingliedern würde. Jassir Arafat, der Terroristenanführer der PLO, unterstützte Saddam ebenfalls, weil er möglicherweise die Kontrolle über das verlassene Jordanien übernommen hätte. Syrien war auf der Seite der Alliierten gegen den Irak, weil es nur zu gut wußte, daß seine Tage gezählt wären, wenn Saddam den Krieg gewonnen hätte. Aus dem gleichen Grund unterstützte Syrien den Iran während des acht Jahre dauernden Krieges zwischen Iran und Irak.

Saddam Husseins Zwangsvorstellung, Israel zu zerstören, hat ihren Ursprung darin, daß Nebukadnezars größter Anspruch auf Ruhm in der Zerstörung Israels durch seine Truppen bestand; deshalb sollte Israel während des Golfkriegs den ersten Vergeltungsschlag erhalten. Saddam glaubt, es sei seine Bestimmung, Israel zu zerstören, denn dann wäre sein Anspruch, ein neuer Nebukadnezar zu sein, für alle Zeiten gefestigt.

Babylon, die Hauptstadt von König Nebukadnezar, lag an beiden Ufern des Flusses Euphrat und war durch eine riesige Brücke verbunden. Die Stadt war umgeben von einer durchgehenden Doppelmauer, die fünfundzwanzig Meter dick und achtundvierzig Kilometer lang war. Die Hängenden Gärten von Babylon waren eines der sieben Weltwunder in der Antike. Der Palast von Nebukadnezar hatte 700 Zimmer!

Das, was von Nebukadnezars Babylon übriggeblieben ist, bestand aus ein paar achtundachtzig Kilometer von Bagdad entfernt gelegenen Ruinen. Zu Beginn der siebziger Jahre begann der Wiederaufbau des alten Babylon. Heute sind tausende von Arbeitern an der Stätte mitten in der irakischen Wüste damit beschäftigt, und der Abschluß der Bauarbeiten war für 1994 geplant. Das neugebaute Babylon soll Saddams Hauptstadt und

Wohnsitz sein. Antonio Caballero sagte in der Zeitschrift *World Press Review* vom Februar 1990, daß „bis heute sechzig Millionen Ziegel verbaut worden sind" und daß alle zwei Meter in jeder Reihe sich ein Ziegel mit folgender Inschrift befindet: **„Das Babylon von Nebukadnezar wurde in der Ära von Saddam Hussein wiederaufgebaut."**

Nach Beendigung der Feindseligkeiten zwischen Irak und seinem Nachbarland Iran begann die irakische Regierung ein jährliches, vier Wochen dauerndes „Babylon Festival" zu veranstalten, in dem die Leistungen der Regierung beim Wiederaufbau der Stadt in einem riesigen Spektakel gezeigt werden. Das offizielle Siegel für das Festival besteht aus einem Porträt von Hussein neben dem Bild des alten babylonischen Königs. Charles Dyer, ein Theologieprofessor aus Dallas, sagt, daß „die Porträts so angefertigt sind, daß Nebukadnezar eine verblüffende Ähnlichkeit mit Hussein hat."

Der Wiederaufbau von Babylon ist wichtig für das irakische Volk, denn dadurch wird es gegen seine beiden Feinde vereint - den Iran und Israel. Es waren die alten Perser (Iraner), die das Reich Nebukadnezars zerstörten (dies war ein weiterer Grund für den Angriff auf den Iran im Jahr 1980), während Israel einst eine entscheidende Niederlage durch die Vorfahren der heutigen Iraker erlitt. Das irakische Volk glaubt an Saddam, es glaubt, daß er es zu neuer Größe führen wird, und die Stadt Babylon fungiert als Bindeglied zu vergangenem Glanz.

Israel versteht die irakische Gesinnung und weiß, daß die Zerstörung des rekonstruierten Babylon den Bestrebungen Saddam Husseins, ein neuer Nebukadnezar zu sein, einen tödlichen Schlag versetzen würde. Israel hat eine Rechnung zu begleichen, und Irak hat einen Standpunkt unter Beweis zu stellen - beide befinden sich auf Kollisionskurs.

Es wurden folgende Sünden des Irak erwähnt:

a) **Vertragsbruch auf politischer Ebene**
b) **Diskriminierung von Fremden (einschließlich Rassendiskriminierung)**
c) **Stolz auf nationale Sicherheit**

d)   **Grundlose militärische Aggression**
e)   **Kriegsführung gegen Israel**
f)   **Verbündete in der Kriegsführung gegen Israel**
g)   **Freude an dem Unglück einer anderen Nation**
     (besonders von Israel)
h)   **Extreme Grausamkeit in Kriegszeiten**
i)   **Antisemitismus - politisch, ethnisch oder religiös**

Die Gerichte sehen deshalb folgendermaßen aus: **Zerstörung der Nation (fünfmal), Naturkatastrophen und weitverbreiteter Tod, Niederlage mit hohen Verlusten, drohende Vernichtung, Eroberung und Verwüstung der Nation** und **Gerichtsfluch oder völlige Zerstörung der Nation.**

Das Gericht begann mit dem Golfkrieg, aber der Irak zeigt keine Ansätze zur Umkehr. Wird die Neue Weltordnung das vollenden, was ihr während des Golfkriegs nicht gelang - die Zerstörung Saddam Husseins und des neuen Babylon? Oder wird Israel zum Werkzeug des göttlichen Gerichts? Die Zeit wird die Antwort offenbaren - *denn der HERR hat einen Rechtsstreit mit* dem Irak.

20

Japan

Am 7. Dezember 1941 unternahm Japan einen grundlosen und überraschenden Angriff auf die amerikanische Marinebasis in Pearl Harbor auf Hawaii. Die dort stationierte amerikanische Flotte erlitt enormen Schaden und hunderte von Amerikanern wurden getötet. Am nächsten Tag erfolgte die formelle Kriegserklärung der Vereinigten Staaten gegen Japan und vier Tage später erklärten Deutschland und Italien den Vereinigten Staaten den Krieg. Am 6. August 1945 warf Amerika eine Atombombe auf die japanische Stadt Hiroshima, wobei über 100.000 Menschen getötet wurden. Drei Tage später wurde eine weitere Atombombe auf die Stadt Nagasaki geworfen. Am 14. August 1945 erklärte Japan seine bedingungslose Kapitulation und befand sich bis 1952 unter alliierter Besatzung.

Seit 1952 hat die japanische Wirtschaft ein rapides Wachstum erlebt, und heute ist Japan Mitglied in der Gruppe der Sieben (G-7), der sieben reichsten Industrienationen der Welt.

De facto gibt es in Japan keine jüdischen Gemeinwesen und keine Geschichte des Antisemitismus. Aber wie einige andere Mitglieder der G-7 hat Japan, um arabische Petrodollars in seine Kassen zu schaufeln, seine eigene Version des Antisemitismus eingeführt. Nicht nur die Medien in Japan sind deutlich anti-israelisch eingestellt, sondern sie üben eine Zensur aus, damit die Augen und Ohren der japanischen Massen nur das zu sehen und zu hören bekommen, was Japans Handel mit den arabischen Staaten förderlich ist. David Bar-Ilan, Chefredakteur der Zeitung *The Jerusalem Post*, schrieb in seiner Kolumne „Blick auf die Medien" am 19. Januar 1993 folgendes:

> Nur die arabische Propagandaversion der Geschichte Palästinas wird präsentiert, und Widerlegungen sind nicht erlaubt. 1987 wurde die Verurteilung des arabischen

Boykotts durch den New Yorker Bürgermeister Ed Koch vor hunderten von Reportern in Tokio einfach ausgeblendet.

Eine Erklärung japanischer Finanzfachleute darüber, daß Juden die Verantwortung für den Börsenkrach im Jahr 1987 trugen, der die Japaner achtundzwanzig Prozent ihrer Investitionen kostete, wurde groß und breit veröffentlicht. Zur selben Zeit wurde, wie Bar-Ilan behauptet, eine Erklärung, die dieser Meinung wiedersprach, ausgeblendet. Es ist offensichtlich für die japanischen Medien akzeptabel, Anklagen gegen Juden zu veröffentlichen, aber unakzeptabel, deren Widerlegung ebenfalls der Öffentlichkeit zukommen zu lassen. Der israelische Rundfunk berichtete am 29. Juli 1993, daß eine japanische Zeitung eine Anzeige veröffentlicht habe, die Japan als den letzten Feind darstellte, der einer „jüdischen Verschwörung, die Welt zu beherrschen" im Weg stünde. In der Sendung wurde weiter berichtet, einflußreiche amerikanische Juden seien „empört" gewesen, aber der Chefredakteur der Zeitung hätte „keine Entschuldigung vorgesehen". Die japanischen Medien haben eine Geschichte der Veröffentlichung absichtlich erfundener anti-israelischen, anti-jüdischen Materials, ohne jedoch Gegendarstellungen oder Widerlegungen zuzulassen. Meir Rosenne, ein ehemaliger Botschafter Israels in den Vereinigten Staaten und Frankreich, sagt, daß Japan „der Archetyp eines Landes mit einer antisemitischen Bewegung ohne Juden" sei.

Es ist interessant, festzustellen, daß nachdem die antisemitische Bemerkung gemacht wurde, Juden wären verantwortlich für den Börsenkrach, die japanische Wirtschaft einen langsamen Niedergang begann, der sich stetig fortsetzt. Berichte in den Medien zeigen ständig fallende Verkaufszahlen und absinkende Gewinne bedeutender japanischer Konzerne. So veröffentlichte zum Beispiel der Gigant Sanyo Electric einen Nettoverlust in Höhe von 56,4 Millionen US-Dollar für das am 31. März 1992 endende Geschäftsjahr, und einen Verlust in Höhe von 116 Millionen US-Dollar für 1993. Fujitsu, der größte Computerhersteller in Japan, kündigte die geplante Entlassung von 6.000 Arbeitern an, und veröffentlichte einen konsolidierten Nettoverlust von 304,6 Millionen US-Dollar für das am 31. März 1993 endende

Geschäftsjahr. Die Auswirkungen der Abwärtsbewegung in der japanischen Wirtschaft wurden im Juli 1993 in den Wahlkabinen deutlich. Die Liberal-Demokratische Partei verlor ihre Mehrheit - zum ersten Mal seit 1955 - nach achtunddreißig Jahren Amtszeit. Kiichi Miyzawa trat von seinem Amt als Ministerpräsident und Parteivorsitzender zurück.

Die Wirtschaft in jedem der G-7-Mitgliedsländer - Japan, (Groß-)Britannien, Kanada, Frankreich, Deutschland, Italien und den Vereinigten Staaten - befindet sich auf dem absteigenden Ast. Mit Ausnahme von Deutschland und den Vereinigten Staaten haben sich die G-7-Mitglieder strikt an die Bedingungen des arabischen Wirtschaftsboykotts gegen Israel gehalten, um die Petrodollars aus den arabischen Staaten anzulocken. Aber Israel hat während der letzten drei Jahre die ganze Welt im Bereich des Wirtschaftswachstums angeführt. Ein Leitartikel in der Zeitung *The Jerusalem Post* vom 4. Januar 1993 machte deutlich, daß im Jahr 1992 das Wirtschaftswachstum in Israel mehr als dreimal höher war als in den Vereinigten Staaten, mehr als dreieinhalbmal höher als in Japan, und fast fünfmal höher als in Deutschland. Das Land erlebt eine Phase größeren Wohlstands - so stand im Jahr 1993 die Höhe des Lebensstandards weltweit an neunzehnter Stelle - und kann etwas Geld ausgeben. Der deutliche Mißerfolg des arabischen Boykotts, Israel wirtschaftlich in die Knie zu zwingen sowie der weltweit zu beobachtende wirtschaftliche Niedergang haben die gierigen Augen der G-7-Länder auf einen potentiellen israelischen Markt gelenkt. Bei ihrem Treffen in Tokio im Juli 1993 forderten sie die arabischen Staaten auf, ihren Boykott gegen Israel zu beenden. Nun ist es wirtschaftlich „von Vorteil", sich von dem politischen Weg abzuwenden, den sie vorher so hingebungsvoll verfolgt haben - wie groß ist doch die magnetische Anziehungskraft des Mammons.

Die folgenden Sünden wurden in diesem Abschnitt behandelt:

a) **Grundlose militärische Aggression**
b) **Verbündete in der Kriegsführung gegen Israel**
c) **Antisemitismus - politisch, ethnisch und religiös**

Die Gerichte sehen daher folgendermaßen aus: **Niederlage mit hohen Verlusten, Zerstörung der Nation und Gerichtsfluch oder völlige Zerstörung der Nation.**

Offensichtlich waren die Atombomben, die auf Japan fielen und die darauf folgende Besetzung des Landes durch die alliierten Mächte göttliche Gerichte, die ihre Erfüllung fanden. Aber neues Gericht droht über das Land zu fallen wegen eines Antisemitismus, der mit Habsucht verbunden ist. Das katastrophale Erdbeben (7,8 auf der Richter-Skala), löste eine noch verheerendere Flutwelle aus (das Magazin *TIME International* berichtete am 26. Juli 1993 über eine dreißig Meter hohe Wasserwand, die sich mit einer Geschwindigkeit von 500 Stundenkilometern fortbewegte), die ein stummes Zeugnis für den Beginn des Gerichts war. Der Niedergang der japanischen Nation könnte allmählich oder in Form eines Umsturzes erfolgen, aber er wird mit Sicherheit kommen, *denn der HERR hat einen Rechtsstreit mit* Japan.

21

Neuseeland

Im Südpazifik gelegen, mit einer Vielfalt an landschaftlichen und klimatischen Zonen, gehört Neuseeland zweifellos zu den schönsten und malerischsten Ländern dieser Welt. Neuseeland wurde 1841 zur britischen Kolonie, und in seinen frühen Jahren genoß das Land ein reiches christliches Erbe. Der erste Missionar, Samuel Marsden, brachte das Evangelium zu den wilden, im Norden lebenden Kannibalenstämmen der Maori, und er war maßgeblich daran beteiligt, daß diese ihre Waffen gegen die britischen Kolonisten niederlegten und die Herrschaft von Königin Victoria akzeptierten. Andere Missionare folgten Marsden, und Neuseeland konnte bald als „christliche Nation" bezeichnet werden. Der schöne Name, den die Maori dem Land gaben, lautet *Aotearoa*, das bedeutet „Land der langen weißen Wolke", aber die Neuseeländer nennen es heute liebevoll „Gottes Eigentum".

Neuseeland entwickelte eine Agrar- und Milchindustrie, die kaum ihresgleichen fand, aber diese war größtenteils abhängig vom britischen Markt. Exporte, Importe und heimische Produktion ermöglichten Neuseeland einen der höchsten Lebensstandards in der Welt. Aufeinanderfolgende Regierungen, und zwar sowohl die der National- als auch die der Arbeiterpartei, haben ein übertriebenes Wohlfahrtssystem geschaffen, das Abhängigkeit von staatlicher Hilfe förderte. In der Dezemberausgabe des Jahres 1989 veröffentlichte die Zeitung New Zealand Herald einen Artikel, in dem berichtet wurde, daß die Existenz von mehr als sechzig Prozent aller Bürger Neuseelands auf irgendeine Weise vom Staat abhinge. Und die staatlichen Hilfen, die an unverheiratete Mütter während der siebziger Jahre ausgezahlt wurden, entwickelten sich zum höchsten Aufwandsposten der Nation und überschritten sogar die Ausgaben für die Ölimporte des Landes. Das friedliche, schöne, paradiesische Land mit seinen 3,3 Millionen Einwohnern ist zu einem Eldorado für viele faule und unmoralische Menschen geworden - auf Kosten der neuseeländischen Steuerzahler.

Christchurch, die Hauptstadt der Südinsel, wurde von gottesfürchtigen Menschen gegründet, die eine Kolonie nach biblischen Prinzipien errichten wollten. Diese „puritanischen" Siedler bauten eine Stadt mit Alleen und einigen wunderschönen, großen Parkanlagen. Wegen ihrer vielen Bäume und Blumen ist Christchurch heute auch unter dem Beinamen „Gartenstadt" bekannt. Aber obwohl die Parkanlagen und Bäume noch vorhanden sind, gibt es wenig Hinweise auf den einst fast überall vertretenen lebendigen Glauben an Gott. Die Hauptattraktion auf dem größten Platz der Stadt, Cathedral Square, ist ein Zauberer, der ein Gehalt bekommt und Gott, Christus und das Christentum lästert, während er die Segnungen der Sodomie und anderer Perversionen rühmt.

Gegen Ende der sechziger Jahre begann (Groß-)Britannien mit seinen Bestrebungen nach einem Beitritt zur Europäischen Wirtschaftsgemeinschaft; Neuseeland wurde informiert, daß der traditionelle Markt, den das Land seit Jahrzehnten belieferte, nicht mehr zugänglich sei. (Groß-)Britannien wurde 1971 Vollmitglied der EWG, aber die zwei vorherigen Jahre der stark reduzierten Importe aus Neuseeland brachten die neuseeländische Wirtschaft zu einem raschen Absturz. Eine große Anzahl landwirtschaftlicher Betriebe und Unternehmen gingen in Konkurs. Farmers versuchten verzweifelt, aus der Milchwirtschaft herauszukommen und in andere Zweige der landwirtschaftlichen Produktion auszuweichen, zum Beispiel in die Rinderzucht. Der Staat suchte ebenso verzweifelt nach neuen Absatzmärkten. Als das Land sich wieder zu erholen schien, bewirkte die Ölkrise der frühen siebziger Jahre einen Anstieg der Kosten für Ölimporte um 123 Prozent, und die Wirtschaft erlebte einen neuen Niedergang.

Vor dem Beitritt (Groß-)Britanniens zum Gemeinsamen Markt war der Export von Rindern und Rindfleisch aus Neuseeland sehr unbedeutend. Allmählich entwickelte sich trotz der strengen Anforderungen der amerikanischen Gesundheitsbehörde FDA (Food and Drug Administration) in den Vereinigten Staaten ein Absatzmarkt für neuseeländisches Rindfleisch. Die Wirtschaft begann, sich zu erholen, bis Neuseeland eine Probebestellung für eine Schiffsladung von 3.000 Tonnen Rindfleisch in die Sowjetunion garantierte. Die Regierung Nixon fand es unakzeptabel, daß Neuseeland Rindfleisch an Kommunisten verkaufte und gleichzeitig amerikanische Mägen füllte. Deshalb wurden alle neuseeländischen Rindfleischimporte in die Vereinigten Staaten verboten, und das Land befand sich erneut auf einem Weg in die Hoffnungslosigkeit.

Langsam fand Neuseeland neue Märkte in den arabischen Staaten, und diese sind bis heute die größten Handelspartner des Landes. Die Araber bestanden jedoch darauf, neuseeländische Schlachthöfe im ganzen Land mit moslemischen Schlachtern zu versorgen, um sicherzustellen, daß das Fleisch nach islamischem Ritual (*hallal*) verarbeitet wird. Danach mußten Moscheen gebaut werden, damit die Moslems ihre Gottesdienste abhalten konnten. Dann bestanden die Araber darauf, daß **jedes einzelne Tier** in den Schlachthöfen nach dem islamischen Ritus geschlachtet wird. Die Begründung dieser neuen Forderung lautete, das rituell reine Fleisch werde durch den Kontakt mit nicht rituell geschlachteten Tieren „unrein". Auch dieser Forderung wurde nachgekommen, und bis auf zwei Ausnahmen arbeiten alle Schlachthöfe in Neuseeland nach der rituellen *hallal*-Methode. Da die Schlachthöfe im Schichtbetrieb arbeiten, heißt das, daß sich über jedes Tier in Neuseeland Moslems beugen - vierundzwanzig Stunden pro Tag - und das rituelle Gebet vor der Schlachtung sprechen: „*Allah* ist groß, *Allah* ist der Höchste".

In vielen Schlachthöfen in Neuseeland wurden kürzlich umfassende bauliche Veränderungen vorgenommen, offensichtlich zur Modernisierung, aber in Wirklichkeit erfolgten die Maßnahmen, um den moslemischen Schlachtern die Ausrichtung nach Mekka zu ermöglichen. Moslems sehen alle diese Vorkommnisse als Erfüllung des Korans an. Im Koran steht geschrieben, daß Lobpreis zu *Allah* aufsteigen soll von den Enden der Erde (Neuseeland ist eine der vier „Ecken" der Erde).

Während der letzten Jahre werden die besten neuseeländischen Lämmer lebend nach Saudi-Arabien exportiert. Die neuseeländischen Viehhändler behaupteten, die Lämmer seien für die Zucht bestimmt. Aber jeder, der den Nahen Osten kennt, weiß, daß neuseeländische Lämmer im trockenheißen Wüstenklima nicht länger als eine Woche oder zehn Tage überleben können. Außerdem sollten die Lämmer mit unverkürzten Schwänzen und auch sonst ohne Makel geliefert werden. Schließlich hat ein Viehhändler Schafzüchtern gegenüber zugegeben, daß die Lämmer zu Opfern für *Allah* bestimmt waren.

Als Reaktion darauf weigerte sich eine Gruppe von etwa einhundert neuseeländischen Schafzüchtern - alle waren Christen - ihre Schafe der rituellen *hallal*-Schlachtung zu überlassen. Sie wollten ihre Tiere nicht einem fremden Gott opfern. (Eine vollständige Ausführung über den *Islam* und *Allah* ist in meinem Buch *Wenn Tag und Nacht vergehen* nachzulesen). Diese Gruppe von Schafzüchtern fand zwei Schlachthöfe, die zu der Firma Alliance Meat Company gehören und bereit sind, ihre Lämmer nach der normalen Methode zu schlachten, aber die Schafzüchter mußten sich an den Zeitplan der Schlachthöfe halten. Außerdem hatte jeder von ihnen große Schwierigkeiten, Märkte für ihr Lammfleisch zu finden, weil ihnen wegen ihres Einstehens für den Herrn der heimische Markt Widerstand entgegenbrachte. Der Autor traf während zweier Reisen durch Neuseeland in den Jahren 1988 und 1989 mit diesen Männern zusammen; einige von ihnen haben von den Moslems ernsthafte Todesdrohungen erhalten, und aus diesem Grund müssen ihre Namen ungenannt bleiben.

Gott war treu zu denen, die bereit waren, gegen den Strom zu schwimmen. Erstaunliches wird in aller Öffentlichkeit bezeugt über die ständigen Wunder im Hinblick auf die überreichliche Fürsorge Gottes ihnen und ihren Familien gegenüber. Ein Mann berichtete, daß mitten in einer Dürreperiode seine Schaffarm fünfzehn Zentimer hohes Gras hatte, während auf den angrenzenden Feldern seines Nachbarn überhaupt nichts wuchs. Ein anderer berichtete, wie seine Mutterschafe Zwillinge oder sogar Drillinge gebärten und dadurch sein Einkommen verdoppelt und verdreifacht wurde. Als ein leitendes Mitglied der Gruppe das Gras mähen wollte, hörte er, wie der Herr sagte: „Mähe es nicht!" Tage vergingen, und jeden Morgen hörte er: „Mähe es nicht!" Während dieser Zeit wuchs das Gras äußerst rasch, aber er wurde nervös. In der Klimazone, in der seine Farm liegt, sind zwei Wochen ohne Regen eine lange Trockenzeit. Der Regen würde aber sein gesamtes Winterfutter zerstören und er wäre gezwungen, Heu zu hohen Preisen nachzukaufen. Schließlich sagte der Herr nach zwei vollen Wochen: „Mähe das Gras!" In den nächsten

Tagen mähten er und seine Männer das Gras, wendeten es und formten es zu Ballen, und sie fuhren fast die doppelte Menge von der normalen Ernte ein. Er hatte genug Heu für seine eigene Farm und konnte sogar noch mit gutem Gewinn verkaufen. Spät abends, als er sich zum Abendessen niedersetzte, nachdem der letzte Ballen Heu in die Scheunen gebracht wurde, hörte er das Geräusch niederfallender Regentropfen auf dem Dach - Gott hatte wieder ein Wunder geschehen lassen.

Im Jahr 1988 hörte ein Mann, wie der Herr zu ihm sagte, er solle die Widder einige Wochen eher als üblich in die Herden lassen. Er gehorchte zwar, aber er war beunruhigt. Ein Kälteeinbruch oder eine längere Regenperiode könnten sich katastrophal auf die gesamte Herde neugeborener Lämmer in den Feldern auswirken. Aber es gab keinen Kälteeinbruch und auch keinen Regen - er erzielte die höchsten Preise, die jemals für neuseeländische Lämmer gezahlt wurden, weil er der einzige Schafzüchter war, der um diese Jahreszeit Lämmer hatte! Später in der Saison erlebte das Land eine schlimme Dürreperiode und die Schafzüchter mußten ihre Lämmer schnell in die Schlachthöfe bringen, weil es kein Gras mehr gab. Millionen Lämmer, die zur traditionellen Saison geboren waren, füllten die Schlachthöfe wie eine Lawine und verursachten dadurch einen solches Überangebot, daß die Preise für Frühlingslämmer tiefer als jemals zuvor sanken!

Jedes leitende Mitglied dieser Gruppe von christlichen Schafzüchtern kann bezeugen, daß sie ihre besten Geschäftsjahre in den für die neuseeländische Landwirtschaft schlimmsten Jahren hatten. Die Wunder, die diese Schafzüchter erleben, sind ein deutlicher Beweis der Begünstigung inmitten von Gottes Mißfallen gegenüber der von der neuseeländischen Regierung betriebenen Beschwichtigungspolitik in bezug auf die Araber. Die Situation erinnert an die Reihe von Plagen, die die Ägypter befielen, während das Volk Gottes in Gosen unter göttlichem Schutz stand (2. Mose 8,22 bis 12,30).

Da die Wirtschaft sich in so starker Abhängigkeit von den arabischen Staaten befindet, muß die neuseeländische Regierung alles tun, um die Freundschaft der Araber zu pflegen. Die einfachste Art, die arabischen Staaten zu beschwichtigen, ist offene Feindschaft gegen Israel und die Vermeidung jeder Art von

Handelsbeziehungen. Deshalb gibt es auch keinen neuseeländischen Konsul in Israel und keinen gemeinsamen Handel. Die Medien in Neuseeland sind im allgemeinen anti-israelisch eingestellt, und es ist bekannt, daß diejenigen, die Eigentümer der Medien sind, darüber bestimmen, was wann veröffentlicht oder gesendet wird. Während einer Vortragsreise durch Neuseeland im Jahre 1988 wurde der Autor über die für eingehende Nachrichten verantwortliche Person bei dem staatlichen Sender New Zealand Broadcasting Corporation informiert, daß Nachrichten über Israel einer Zensur unterlägen und nur die Themen, die Israel in einem schlechten Licht zeigten, gesendet werden durften.

Im Gegensatz zur offiziellen Position der Regierung ist die wahre Gemeinde Jesu in Neuseeland im allgemeinen sehr pro-israelisch eingestellt, auch wenn sie zahlenmäßig klein ist (ungefähr vier Prozent der Neuseeländer sind wiedergeboren). Die positive Einstellung gegenüber Israel ist jedoch nicht in jeder Richtung innerhalb der neuseeländischen Kirche zu finden. Wie wir bereits vorher erwähnten, durften während der Hochzeit von Prinz Andrew und Sarah Ferguson im August 1986 Israel, Jakob, Jerusalem oder Zion während der Trauung in der Westminster Abtei nicht erwähnt werden. Königin Elizabeth ist das Oberhaupt der Anglikanischen Kirche von England und des britischen Commonwealth, zu dem auch Neuseeland gehört. Die Mitglieder der königlichen Familie haben einen Präzendenzfall geschaffen; ihrem Beispiel folgte bald darauf die Anglikanische Kirche Neuseelands und entfernte die Wörter Israel, Jakob, Jerusalem und Zion aus der Liturgie und den Gebetbüchern. Zweifellos trug der extrem pro-arabische und anti-israelische Standpunkt der neuseeländischen Regierung auch dazu bei, aber der Name Israel kommt in der Bibel 2.564mal vor, Jakob 358mal, Jerusalem 812mal und Zion 160mal, insgesamt also an 3.894 Stellen. Das sind sehr viele Bibelstellen, die beiseitegeschoben werden, um die Moslems und deren Gott zu beschwichtigen.

Die Araber und alle anderen moslemischen Völker sind in den Augen Gottes genauso wertvoll wie alle anderen Rassen. Neuseeland war vom Glück begünstigt, unter den arabischen und moslemischen Staaten Absatzmärkte zu finden, aber es war dumm,

Israel um der Sicherung einer ungewissen Zukunft willen zu
bekämpfen.

Das Gejammer des durchschnittlichen neuseeländischen
Bürgers über die hohen Lebenshaltungskosten, obwohl er
gleichzeitig einen der höchsten Lebensstandards in der Welt
genießt (vor kurzem rutschte Neuseeland auf den sechsten Platz),
muß den Ohren Gottes weh tun. Der Erwerb von Besitztümern
hat die Herzen der Menschen von dem Einen entfernt, der ihnen
alles gegeben hat. Habgier trieb viele Neuseeländer zu den Banken;
dort liehen sie sich große Geldsummen gegen eine Belastung ihres
Grundbesitzes, um an der Börse zu „investieren". Der Börsenkrach
von 1987 kostete die Neuseeländer Milliarden, ungefähr vierzig
Prozent aller investierten Beträge. Wenn man von der riesigen
Anzahl von Schildern mit der Aufschrift „zu verkaufen" ausgeht,
die 1988 in Neuseeland zu sehen waren, dann waren viele
Menschen entweder bankrott oder in großer finanzieller Not. Viele
Häuser oder Grundstücke wurden von Banken verkauft, in deren
Besitz sie nach Zahlungsunfähigkeit der Eigentümer übergegangen
waren. Die Verschuldung des Landes ist riesig, weil es weit mehr
importiert, als es sich leisten kann. Das Motiv hinter hohen
Importen gegen viel niedrigere Exporte ist Habsucht; das Land
lebt über seine Verhältnisse.

Obwohl die Stadt Auckland in den Medien stets als Vorbild
des harmonischen Zusammenlebens vieler Rassen dargestellt wird,
sind Teile dieser größten Stadt Neuseelands Brutstätten von Haß
und Diskriminierung gegen die Maori und andere polynesische
Bevölkerungsgruppen. Diese Menschen leben in „Ghettos", fast
so, wie die Schwarzen in New York. In einem Leitartikel einer
Ausgabe vom April 1990 der Zeitung *The Cedar Rapids Gazette*
über Tendenzen im Hinblick auf weltweite Gewalttätigkeit wurde
Neuseeland (pro Kopf der Bevölkerung) „an fünfter Stelle unter
den gewalttätigsten Ländern der Welt" genannt. Seit mehr als
einem Jahrzehnt ist die Bevölkerungszahl kaum angewachsen, trotz
der Einwanderung von fast einer Million Asiaten; Auswanderung
und Abtreibung bewirken ein rückläufiges Wachstum.

Schwarze Magie und andere Formen des Okkultismus sind
heute im gesamten Land weit verbreitet. Auch als diese Greuel in

den sechziger Jahren noch in den Kinderschuhen steckten, fanden angeblich in einer kleinen, aus Stein gebauten Kirche in East Tamaki, in der Nähe von Auckland, bereits Menschenopfer statt.

Katastrophen im Bereich der Wirtschaft sind Warnungen vom HERRN, genauso wie Naturkatastrophen, wie zum Beispiel das schlimme Erdbeben, das die Stadt Edgecumbe traf und der katastrophale Wirbelsturm Bola, der 1988 zuschlug. Gott versucht, die Aufmerksamkeit von Neuseeland zu gewinnen. Die Frage ist nur, wird das Land von ihm Notiz nehmen?

Die folgenden Sünden wurden in diesem Kapitel erwähnt:

a) **Mord, pervertiertes und unmoralisches Verhalten**
b) **Diskriminierung von Fremden (einschließlich Rassendiskriminierung)**
c) **Verbündete in der Kriegsführung gegen Israel**
d) **Homosexualität**
e) **Sodomie (sexuelle Perversion, einschließlich sexueller Handlungen mit Tieren)**
f) **Antisemitismus - politisch, ethnisch oder religiös**
g) **Ablehnung Gottes**
h) **Ablehnung der göttlichen Errettung**
i) **Weigerung, Gottes Wort zu hören und danach zu leben**
j) **Blasphemie**
k) **Habsucht (Form von Götzendienst)**
l) **Praktizierte Hexerei, Horoskope und das Okkulte**

Deshalb sehen die Gerichte folgendermaßen aus: **Natur-katastrophen und weitverbreiteter Tod** (dreimal), **Zerstörung der Nation** (zweimal), **Vernichtung** (zweimal), **Gerichtsfluch oder völlige Zerstörung der Nation** und **drohende Vernichtung** (dreimal).

Neuseeland ist ein sehr junges, wunderschönes Land, aber es befindet sich bereits unter dem Gericht - die Hand des HERRN liegt schwer auf ihm. Ohne Umkehr gibt es keine Hoffnung, *denn der HERR hat einen Rechtsstreit mit* Neuseeland.

22

Rom

Heute ist Rom eine historische Stadt, aber in der Antike war Rom mehr als eine Stadt, es war ein großes Reich, dessen Regierungssitz mitten in seinem Herzen lag. Wie andere Reiche, die sich gegen Israel wandten, besiegelte Rom sein Schicksal, als es das Schwert gegen das Volk Gottes erhob. Langsam, aber sicher erlebte es einen Niedergang, zerrissen von inneren Auseinandersetzungen und später erobert und geplündert, starb die Stadt dahin und hinterließ der Nachwelt nur noch ein paar zerfallende Monumente.

Das Christentum nahm seinen Anfang in dem römisch besetzten Jerusalem, siebenundvierzig Tage nach der Auferstehung Jesu im Jahr 28 oder 29 n.Chr. Rom wurde in der Geschichte des Christentums der grausamste Verfolger der christlichen Gemeinde. Die Folterungen, die Barbarei und die Erniedrigungen, denen die Christen ausgesetzt waren, spotten fast jeder Beschreibung - sie gehörten zu den schändlichsten in der Geschichte der Menschheit. Die Christen trugen jedoch den Sieg davon, und ein geteiltes, zerfallendes Römisches Reich, unter Konstantin, nahm um das Jahr 320 n.Chr. das Christentum an.

Die frühe christliche Gemeinde bestand ausschließlich aus Juden, die an Jesus (Jeschua) als den Messias und König Israels glaubten. Das Zentrum der frühen Christenheit war Jerusalem, und der erste Bischof war Jakobus, der Bruder unseres Herrn. Es gab fünfzehn Bischöfe von Jerusalem von der Zeit des Jakobus bis 135 n.Chr., als die Römer die Juden aus Jerusalem und dessen Umgebung verbannten.

Der historische Bericht des Eusebius (260 bis 340 n.Chr.) in seiner *Kirchengeschichte*, dem bedeutendsten Geschichtswerk der Kirche, wird erwähnt, daß die Bischöfe von Rom „keinen Vorrang vor anderen Bischöfen" hatten. Wir können trotz des spärlichen von der römisch-katholischen Kirche zur Verfügung gestellten

Beweismaterials mit ziemlicher Sicherheit annehmen, daß die Bischöfe von Rom, die Päpste, sich die Herrschaft über die Kirche unrechtmäßig aneigneten.

Die römische Kirche befand sich auf dem Weg in den Abfall, und die Verehrung von Maria, der Mutter Jesu, ging von Ehrfurcht zum Götzendienst über; das Gebet zu ihr als dem Mittler zwischen Gott und den Menschen wurde zur Norm. In direktem Widerspruch zu anderen neutestamentlichen Lehren wurde das Gebet zu Heiligen gefördert, und Priester wurden mit „Vater" angeredet; es war ihnen auch verboten, zu heiraten. Die Bischöfe von Rom bezogen den Titel „Papst" ausschließlich auf sich selbst. Die wörtliche Übersetzung dieses Titels lautet „Vater", korrekter ist aber „Heiliger Vater".

So wie die Römer die schlimmsten Verfolger der frühen Gemeinde waren, folgten die Anhänger einer abgefallenen römischen Kirche in deren Fußstapfen. Sie folterten und töteten zehntausende von Christen, die den Götzendienst, den Abfall und die Heuchelei der römisch-katholischen (allumfassenden) Kirche ablehnten. Im 16. Jahrhundert nahm John Fox, ein Christ, die lange und schwierige Aufgabe auf sich, eine Chronik der von der römischen Kirche begangenen Grausamkeiten in seinem Buch *History of the Acts and Monuments of the Church* (Geschichte der Handlungen und Monumente der Kirche) zu verfassen. Dieses Buch wurde zu einem christlichen Klassiker und ist heutigen Christen bekannt als *Fox's Book of Martyrs* (Das Buch der Märtyrer von Fox). Die Korruption innerhalb der römischen Kirche hat eine sehr, sehr lange Geschichte. Die Erinnerungen Martin Luthers an seinen Besuch in Rom im Jahr 1510 sind nachzulesen in D'Aubignés *History of the Reformation* (Geschichte der Reformation, erschienen 1843):

> Es ist unglaublich, welche Sünden und Greueltaten in Rom begangen werden; sie müssen gesehen und gehört, um geglaubt zu werden. So ist es üblich zu sagen: „Wenn es eine Hölle gibt, dann ist Rom darüber erbaut worden; es ist ein Abgrund, von dem alle Sünden herrühren."

Nicolo Machiavelli (1469 - 1527), einer der größten Denker Italiens und selbst Katholik, wird in dem Buch *History of the Reformation* (Geschichte der Reformation) folgendermaßen zitiert:

Das bedeutendste Symptom des kommenden Ruins im Christentum besteht darin, daß, je näher wir der Hauptstadt der Christenheit kommen, desto weniger finden wir eine christliche Gesinnung unter den Menschen vor. Das skandalöse Vorbild und die Verbrechen des römischen Hofes haben bewirkt, daß Italien jeden Grundsatz der Frömmigkeit und jedes religiöse Gefühl verloren hat.

Stolz, Korruption, Abfall, Götzendienst und Heuchelei sind ein Markenzeichen der römischen Kirche, so wie die homosexuellen Sünden ihrer Priester. Das Heiratsverbot ist die Ursache vieler von Priestern begangener sexueller Verbrechen an Gemeindemitgliedern oder Kindern.

So wie die Bischöfe von Rom auf unrechtmäßige Weise die Oberherrschaft über die frühe Kirche erwarben und für sich selbst den Titel „Heiliger Vater" in Anspruch nahmen, schufen sie im Jahr 1929 den Vatikanstaat, einen unabhängigen römisch-katholischen Staat, zu dem andere Länder diplomatische Beziehungen aufnehmen müssen. Der Vatikanstaat liegt mitten in im Zentrum von Rom, hat ein Territorium von 0,44 Quadratkilometern und eine Bevölkerungszahl von 1.000. Diese katholische Enklave hat ihre eigenen Pässe, ihre eigene Polizei und Bank - L'Istituto per le Opere di Religione (IOR). Nach Groliers Enzyklopädie war diese Bank maßgeblich „beteiligt an den fragwürdigen Geschäften und dem Zusammenbruch der größten Privatbank Italiens, der Banco Ambrosiano." Andere Anklagen lassen verlauten, daß es noch ganz andere „fragwürdige Geschäfte" gab, einschließlich der Wäsche von Mafiageldern durch Mitglieder des Vatikans.

Bis in die sechziger Jahre, als das Verbot des Bibellesens aufgehoben wurde, hatten Katholiken wenig Gelegenheit, Errettung zu finden, da die Messe in der ganzen Welt in Latein gelesen wurde - einer alten Sprache, die nur von wenigen Menschen verstanden wurde. Aber es wäre sowohl unwahr als auch unfair zu behaupten, es gäbe in der modernen römisch-katholischen Kirche keine wahren Gläubigen. Der Autor dieses Buches ist persönlich bekannt mit einem katholischen Priester, der öffentlich in der Gegenwart anderer Priester und Nonnen sagt, daß die Anbetung Marias völlig falsch ist. In der Vergangenheit kannte der Autor einige wunderbare Katholiken, die zum Glauben kamen, aber jeder von ihnen entschied sich, in der katholischen Kirche zu bleiben, und seitdem sind alle wieder vom Glauben abgekommen. Die in den Medien vielbeachtete „charismatische Erneuerung" innerhalb der römisch-katholischen Kirche sollte ernsthaft in Frage gestellt werden, da Botschaften von Maria in vielen Veranstaltungen eine bedeutende Rolle spielen.

Rom ist als Nation zusammengebrochen, und Rom als prachtvolles religiöses Reich befindet sich auch auf dem Weg des Niedergangs. Die Zahl der Katholiken sinkt jährlich um Millionen, und große Teile der Kirche befinden sich in einer finanziellen Notlage. Der Vatikan hat eine konsequent israelfeindliche Politik zugunsten der Araber verfolgt, und seine seit fünfundvierzig Jahren andauernde Opposition gegen die Anerkennung des Staates Israel beschleunigt seinen Niedergang.

Die folgenden Sünden sind in diesem Kapitel beschrieben worden:

a) **Mord, pervertiertes und unmoralisches Verhalten**
b) **Verbündete in der Kriegsführung gegen Israel**
c) **Homosexualität**
d) **Antisemitismus - politisch, ethnisch und religiös**
e) **Weigerung, das Wort Gottes zu hören und danach zu leben**
f) **Unterdrückung oder Verhinderung der Evangeliumsverkündigung**
g) **Betrügerisches und hinterlistiges Geschäftsgebaren**

Deshalb sehen die Gerichte folgendermaßen aus: **Natur-katastrophen und weitverbreiteter Tod, Zerstörung der Nation** (zweimal), **Vernichtung, Gerichtsfluch oder völlige Zerstörung der Nation, drohende Vernichtung** (zweimal) und **beschleunigte Zerstörung der Nation**.

Die römisch-katholische Kirche wurde stolz, bevor sie zu einer Institution wurde. Ihr Abfall und ihr Götzendienst haben Millionen Menschen in den Krallen Satans gehalten - fern vom Licht. Für diese verlorenen Seelen muß Verantwortung übernommen werden, genauso wie für das Blut protestantischer Märtyrer. Die meisten, wenn nicht sogar alle Kommentatoren sind sich einig, daß die Zahl 666 im dreizehnten Kapitel der Offenbarung sich direkt auf Rom bezieht (so zum Beispiel das Buch *Notes on the New Testament* von Albert Barnes, Band 14, Seite 334 ff.) Diejenigen, die größeres Licht empfangen haben, müssen ein größeres Gericht empfangen, und *der HERR hat einen Rechtsstreit mit* der Kirche von Rom.

23

Syrien

Syrien ist ein moderner Staat in einem uralten Land. Die heutigen Grenzen wurden nach dem Ersten Weltkrieg von Frankreich geschaffen, aber der Name Syrien wurde bereits seit Jahrhunderten für die größere Küstenregion am Mittelmeer verwendet. Die historische Region, die als „Groß-Syrien" bekannt ist, umfaßte das heutige Syrien, den Libanon, Israel und Jordanien. Dieses Gebiet wurde von den Ägyptern, Hethitern, Assyrern, Persern, Griechen und Römern beherrscht. Nach dem Zusammenbruch des Römischen Reiches im vierten Jahrhundert wurde Syrien ein Teil des Byzantinischen Reiches, das im siebten Jahrhundert an die Moslems fiel.

Christen verwechseln oft Syrien mit Assyrien, und einige lehren, Syrien sei das moderne Gegenstück von Assyrien, aber das ist nicht der Fall. Die Assyrer stammten aus einem weiter nördlich gelegenen Gebiet, und ihre Hauptstadt war Ninive, deren Ruinen im heutigen Irak liegen. Die Hauptstadt Syriens ist Damaskus, die als die älteste bewohnte Stadt der Welt gilt.

Der erste biblische Bericht über einen Krieg zwischen Israel und Syrien wurde in den Tagen des Königs David niedergeschrieben.

> *... und David erschlug unter den Syrern zweiundzwanzig- tausend Mann. Und David legte Besatzungen in das damascenische Syrien; und die Syrer wurden David zu Knechten, welche Geschenke brachten.*
>
> (2. Sam. 8,5,6; Elberfelder Übers.)

Seit den Tagen des Königs David hat es eine Vielzahl militärischer Konflikte zwischen Israel und Syrien gegeben, und in den Jahren seit der Staatsgründung Israels am 14. Mai 1948 war das Land in vier bedeutende Kriege mit Syrien verwickelt, und es ist jedesmal siegreich daraus hervorgegangen. Trotz der

durch Israel zugefügten Niederlagen und der schrecklichen
Verluste an Truppen und Ausrüstung rasselt Syrien weiter mit
dem Säbel. Die Zeitung *Bangkok Post* veröffentlichte am 10.
März 1990 einen Leitartikel mit folgender Schlagzeile: „Syrien: Der
Krieg gegen Israel dauert ewig." Der Artikel begann folgen-
dermaßen:

Präsident Hafez Assad hielt eine bittere, anti-israelische Rede
am Donnerstag, in der er behauptete, sein heiliger Krieg
gegen Israel dauere, „solange die Zeit besteht."

Bis die heutige, überaus friedliebende Regierung im Jahr 1992
ihr Amt antrat, hatten israelische Regierungen keine Illusionen
über die syrischen Pläne einer Eroberung Israels. Ein weiterer
Artikel aus der Zeitung *Bangkok Post* vom 27. Februar 1991 zitierte
Jitzhak Shamir, den früheren Ministerpräsidenten Israels, mit
folgenden Worten: „Assad ist der wahre Feind Israels."

Arabische Völker haben einen Zug der Grausamkeit in ihrer
Mentalität, aber die Syrer werden als Israels grausamster Feind
angesehen. Gemeinsam mit den Ägyptern führte Syrien 1973 einen
Überraschungsangriff am *Jom Kippur* (dem Versöhnungstag)
durch, dem heiligsten Tag im jüdischen Jahr. Die meisten Soldaten
verbrachten diesen hohen Feiertag zuhause, und diejenigen, die
auf den Golanhöhen ihren Dienst taten, kämpften bis fast auf den
letzten Mann. Nachdem die Israelis sich wieder auf den Golan
hochgekämpft hatten, fanden sie viele der gefallenenen israelischen
Soldaten mit Genickschüssen und ihren abgeschnittenen Genitalien
im Mund. Kurz vor dem Golfkrieg im Jahr 1991, während Amerika
wegschaute, marschierten die Syrer in der christlichen Enklave in
Beirut im Libanon ein und radierten sie buchstäblich aus. Etwa
sechshundert christliche Offiziere wurden an Händen und Füßen
gefesselt und mit Genickschüssen getötet.

1982 ordnete Präsident Hafez Assad persönlich das Massaker
an 20.000 Syrern in der Stadt Hama an, während einer Rebellion
der Moslemischen Bruderschaft. In dem 1983 veröffentlichten
Bericht der Menschenrechtsorganisation *Amnesty International*
wird erwähnt, daß die syrische Armee in die Stadt kam und das
Feuer mit Panzern und Artillerie eröffnete. Dabei starben 2.000
Menschen. Nach der Bombardierung wurden die Häuser von

Soldaten systematisch versiegelt, wobei die Bewohner sich noch darin befanden, und dann wurde Zyanidgas hineingepumpt; es starben weitere 18.000 Menschen. Die Stadt wurde danach mit Baggern dem Erdboden gleichgemacht. Ein Mann, der wunderbarerweise dem Massaker entkam, blieb am Leben, um darüber zu berichten.

Zu der Zeit, als dieses Buch geschrieben wurde, gab es viele Schlagzeilen über den „Friedensprozeß" im Nahen Osten. In aller Welt wurden Artikel veröffentlicht, in denen behauptet wurde, Präsident Assad habe sich „geändert", und viele linke Regierungsmitglieder in Israel glauben das auch. Aber *kann etwa ein Mohr seine Haut wandeln, oder ein Panther seine Flecken* (Jer. 13,23)? Vielleicht wird folgender Auszug aus einem Artikel in der Zeitung *The Jerusalem Post* vom 30. Juli 1993 Assads Absichten verdeutlichen:

Assad hat die Vision eines **Groß-Syrien** nicht aufgegeben; er versucht, sie durch einen politischen Prozeß zu verwirklichen. Es ist kein Zufall, daß, genau am Vorabend der Libanonkrise, **Syrien seinen bereits seit Jahrzehnten vertretenen Standpunkt nochmals geäußert hat, der Libanon sei syrisches Territorium.**

Die Ursache für Assads angeblichen „inneren Wandel" liegt darin, daß er hofft, die Vereinigten Staaten würden Druck auf Israel ausüben, die während des Sechstagekrieges eroberten Golanhöhen aufzugeben. Zwanzig Jahre lang beschoß Syrien israelische Siedlungen unterhalb des Golan mit Artilleriegeschützen. Syrien hatte während des Sechstagekrieges 100.000 Soldaten entlang einer weitläufigen Front auf dem strategisch wichtigen Plateau stationiert. Am fünften Tag des Krieges, am 9. Juni 1967, stürmte Israel die Höhen und rieb die syrischen Einheiten innerhalb von zwölf Stunden auf. Sowohl Amerika als auch die damalige Sowjetunion intervenierten, und am darauffolgenden Tag um sechs Uhr morgens kam ein Waffenstillstand zustande. Jetzt will Syrien den Golan zurückhaben. Aber je mehr Territorium Israel aufgeben muß, desto größer wird die Wahrscheinlichkeit eines syrischen Sieges über Israel, denn Assad sagt: „Krieg ist unvermeidlich."

Die Vereinigten Staaten haben Assad zugestanden, seine territorialen Ambitionen im Libanon zu verwirklichen, und er hofft, daß die Vereinigten Staaten ihm auch helfen werden, seine geplante Eroberung Israels zu verwirklichen. Immer wieder hat die Geschichte bewiesen, daß unterschriebene Friedensverträge nur ein Stück Papier und nur solange wirksam sind, bis eine Partei ihren Teil zerreißt. Im Krieg ist alles erlaubt und jede Art von Täuschung ist machbar. Die Syrer halten ihren Kriegszustand gegen Israel aufrecht, und sie sind Meister der Täuschung.

Der HERR schwur Abraham und dem jüdischen Volk den folgenden Eid: *„Deinen Nachkommen will ich dieses Land geben, von dem Strom Ägyptens an bis an den großen Strom Euphrat"* (1. Mose 15,18). In den Jahren 1948 und 1967 führten die Araber Vernichtungskriege gegen Israel, aber jedesmal gingen die Israelis siegreich daraus hervor, und sie erweiterten die Grenzen des Landes. Seit dem Unabhängigkeitskrieg von 1948 ist die südliche Grenze Israels der Strom Ägyptens oberhalb der Wüste Sinai. 1967 eroberte Israel das biblische Kernland, die Altstadt von Jerusalem, Judäa und Samaria sowie den Gazastreifen und die Golanhöhen. Das einzige Hindernis auf dem Weg der weiteren Ausdehnung des Judenstaates *bis an den großen Strom Euphrat* ist ein großes Stück syrischen Territoriums. Israel will in allen von ihm eroberten Gebieten friedlich leben, und es hat eine nur geringe Neigung, sein ganzes gottgegebenes Erbe zu besitzen. Die meisten Israelis sind nicht religiös und haben kein Interesse an Gott und biblischen Grenzen. Aber es gibt Anzeichen, daß Syrien angreifen wird, wenn es die Zeit für gekommen hält, und dies wird dazu führen, daß noch mehr verheißenes Land in die Hände der Israelis fallen wird.

Die älteste ständig bewohnte Stadt der Welt, Damaskus, wurde mehrmals erobert, geplündert und besetzt, aber sie wurde niemals zerstört. Die Bibel sagt jedoch, daß die Stadt zerstört werden wird: *Siehe, **Damaskus wird keine Stadt mehr sein, sondern ein zerfallener Steinhaufen*** (Jes. 17,1). Offensichtlich sieht die Zukunft für Damaskus düster aus. Ihre Führer drohen Israel ständig mit mehr Kriegen, aber, wie Leonard Spector von der Carnegie-Stiftung es ausdrückte, Israel hat die Fähigkeit, „jedes urbane Zentrum im Nahen Osten dem Erdboden gleichzumachen." Wenn Syrien seinen ehrgeizigen Plan, gegen Israel einen Krieg zu beginnen, durchführt, könnte Damaskus zu einem *zerfallenen Steinhaufen* werden, und Israel hätte eine weitere biblische Prophezeiung erfüllt.

Die folgenden Sünden wurden erwähnt oder angesprochen:

a) **Mord, pervertiertes und unmoralisches Verhalten**
b) **Grundlose militärische Aggression**
c) **Kriegsführung gegen Israel**
d) **Verbündete in der Kriegsführung gegen Israel**
e) **Freude an dem Unglück einer anderen Nation (besonders von Israel)**
f) **Aneignung von Israels Land**
g) **Extreme Grausamkeit in Kriegszeiten**
h) **Antisemitismus - politisch, ethnisch oder religiös**

Die Gerichte sehen daher folgendermaßen aus: **Naturkatastrophen und weitverbreiteter Tod, Niederlage mit hohen Verlusten, Zerstörung der Nation** (viermal), **drohende Vernichtung, Eroberung und Verwüstung der Nation** und **Gerichtsfluch oder völlige Zerstörung der Nation.**

Syrien ist einer der unversöhnlichsten Feinde Israels. Dreimal war das Land direkt verantwortlich für den Beginn eines totalen Krieges gegen Israel. Jedesmal erlitt Syrien eine Erniedrigung und den Verlust von weiteren Territorien. Mehrmals hat das Land andere zum Krieg gegen Israel aufgestachelt und mit ihnen zusammengearbeitet, um den jüdischen Staat aufzureiben oder zu zerstören. Syrien hat nach Aussage von Benjamin Netanyahu, dem ehemaligen stellvertretenden Außenminister Israels, „die fünftgrößte Armee in der Welt." Dieses gewaltige Aufgebot an Soldaten, Maschinerie und Raketen wartet auf den günstigsten Moment eines weiteren Angriffs auf das Volk Gottes. Ein weiterer Angriff wird eine weitere Niederlage nach sich ziehen, *denn der HERR hat einen Rechtsstreit mit* Syrien.

24

Harmagedon

Wir haben in Kürze einige Sünden von ein paar ausgewählten Nationen behandelt. Ich befinde mich in dem gleichen Dilemma wie der Schreiber des Hebräerbriefes (Heb. 11,32): *Und was soll ich noch mehr sagen? Die Zeit würde mir zu kurz, wenn ich erzählen sollte* von den Sünden vieler Nationen. *Die Zeit würde mir zu kurz, wenn ich erzählen sollte* von dem denkwürdigen Jahr 1492 in Spanien, als Kolumbus den „blauen Ozean" überquerte und den amerikanischen Kontinent entdeckte - in dem Jahr einer großen Tragödie in der Geschichte des jüdischen Volkes. Nachdem sie über 1.500 Jahre lang in Spanien gelebt hatten, wurden alle Juden unter Androhung der Todesstrafe aus dem Land vertrieben - sie durften nicht viel mehr mitnehmen als die Kleider, die sie auf dem Leib trugen, und Spanien begann seinen Abstieg von der Höhe seiner Macht. *Die Zeit würde mir zu kurz, wenn ich erzählen sollte* von dem bitteren Haß Pakistans auf den jüdischen Staat und den Schildern an Straßenecken, die den „Tod für Israel" fordern. *Die Zeit würde mir zu kurz, wenn ich erzählen sollte* von den Sünden Argentiniens, Australiens, Burmas, Kanadas, Haitis, Indiens, des Iran, Italiens, Jordaniens, Libyens, der Philippinen, Polens, Portugals, Rumäniens, Saudi-Arabiens, Somalias, des Sudan, Schwedens, der Schweiz, Thailands oder Tunesiens - oder einer Vielzahl anderer Länder, die hier nicht genannt werden können. Aber ich wiederhole, was ich bereits zuvor gesagt habe, daß die Leser dieses Buches, wenn sie im Hinblick auf die politische, religiöse und moralische Entwicklung ihrer Nation auf dem laufenden bleiben, die in unseren Betrachtungen gelernten Lektionen auf kluge Weise umsetzen können. Sie können die entsprechenden Gerichte auf bestimmte Sünden anwenden und so mit ziemlicher Sicherheit und Genauigkeit die von Gott bestimmte Zukunft ihrer jeweiligen Nation vorhersehen.

Die letzten fünfzig Jahre haben uns einen unglaublichen

Wohlstand beschert - und die Entwicklung neuer Technologien ist unübertroffen in der gesamten Weltgeschichte. Jedoch fallen Nationen auseinander, Weltreiche zerbröckeln, Krankheit, Hunger und Krieg verursachen einen unglaublichen Verlust an Menschenleben. Die Menschen können in den Weltraum fliegen, um auf dem Mond oder mitten unter Planeten spazierenzugehen, aber sie sind nicht in der Lage, die Krankheiten eines todkranken, sterbenden Planeten zu heilen.

Für jede der in unseren Analysen erwähnte Nation war oder ist Israel der Scheideweg zwischen Niedergang und Wohlergehen. Israel war und ist heute auch eine Schachfigur im diplomatischen Spiel der Nationen. Das Ziel dieses Spiels besteht darin, die politische Unterstützung der arabischen Staaten zu gewinnen und auf diese Weise Zugang zu erhalten zu deren riesigen Reserven an Öl und Petro-Dollars. Öl treibt nicht nur die Räder des Handels an, sondern dient auch zur Bestechung von Geschäftsleuten, Diplomaten, Politikern und Präsidenten, und Entscheidungen werden auf der Grundlage von Bedarf oder Begierde formuliert. Die Weigerung Libyens, die beiden an der Sprengung einer Maschine der Fluggesellschaft Pan Am über Schottland im Jahr 1988 beteiligten Terroristen auszuliefern, hatte Sanktionen der Vereinten Nationen zur Folge, aber das Magazin *U.S. News and World Report* schrieb dazu am 13. April 1992: „Der Handel mit Öl - 97 Prozent der libyschen Exporte - ist von dem Embargo ausgenommen, **weil libysches Öl lebenswichtig für Europa, besonders für Deutschland und Italien ist**" [zwei Mitglieder der G-7, der reichsten Nationen der Welt]. Wenn Israel Öl oder Geld wie die arabischen Staaten hätte, würden ihm die Nationen der Welt auch den Hof machen. Aber das Land hat wenig Öl und Geld, und deshalb würden nur wenige Politiker in der Welt intervenieren oder nur eine einzige Träne vergießen, wenn Israel von Vernichtung bedroht wäre.

Die Nationen der Welt rechnen nicht mit dem Gott Israels, wenn sie ihre diplomatischen Schachzüge und ökonomischen Berechnungen durchführen. Sie scheinen zu sehr damit beschäftigt zu sein, ihre eigenen selbstsüchtigen Interessen auf Kosten anderer durchzusetzen. Wir sollten uns fragen: „Wo ist heute die Stadt Ur in Chaldäa? Wo ist heute Babylon, die Große? Wo sind heute die vergangenen Weltreiche?" Diese Zivilisationen liegen in Ruinen - sie wurden *zur Wohnung der Schakale, zum Bild des Entsetzens und zum Spott, daß niemand darin wohne* (Jer. 51,37). Aber Israel lebt wieder in seinem gottgegebenen Erbe, und Jerusalem - die einzige Stadt mit einer ewigen Zukunft - liegt in goldenem Licht, dehnt sich ständig weiter aus und wird immer schöner. Israel erlebt eine Expansion in jeder Richtung - im Hinblick auf die Bevölkerung, die Wirtschaft und sogar das Territorium. Beim Lesen dieser Seiten haben wir erkannt, daß die Segnungen Israels eine direkte Auswirkung der von dem Gott Israels an Abraham gegebenen Versprechen sind:

Ich schwöre bei mir selbst, daß ... ich dich reichlich segnen und deinen Samen sehr mehren werde, wie die Sterne des Himmels und wie der Sand, der am Ufer des Meeres ist; und dein Same wird besitzen das Tor seiner Feinde.
(1. Mose 22,16.17, Elberfelder Übers.)

Die Bibel sagt uns, daß Gott dieses Versprechen an Abraham mit einem Eid untermauerte, und *weil er bei keinem Größeren zu schwören hatte, schwor er bei sich selbst* (Heb. 6,13). Der HERR schwor, daß Israel gesegnet werden sollte, und heute ist Israel im Hinblick auf das Wirtschaftswachstum führend in der Welt. Der HERR schwor, daß die Bevölkerung des jüdischen Staates sich vermehren sollte, und innerhalb von fünfundvierzig Jahren ist die israelische Bevölkerung von 600.000 auf 5,2 Millionen angewachsen. Der HERR schwor, daß Israel die Städte seiner Feinde besitzen sollte, und das Land hat jedem Zusammenschluß von Nationen, der den jüdischen Staat angegriffen hatte, entscheidende Niederlagen zugefügt und sein Territorium nach jedem Angriff erweitert.

In der Vergangenheit haben viele Nationen versucht, Israel zu vernichten, aber als Folge davon wurden sie selbst ausgelöscht. Die heutigen Feinde Israels, wie z.B. Saddam Hussein, fordern die „Auslöschung der zionistischen Unwesens", aber sie vergessen, daß der Gott Israels auch ein Zionist ist, und er folgendes über Israel gesagt hat: *Du bist mir ein Streithammer, eine Kriegswaffe; und mit dir zerschmettere ich Nationen, und mit dir zerstöre ich Königreiche* (Jer. 51,20; Elberfelder Übers.)

Und was liegt in der Zukunft? Die Bibel berichtet, daß viele Nationen sich zusammenschließen werden, um Krieg gegen Israel zu führen. Große Massen werden sich in dem Tal Josaphat - auf Hebräisch Jehoschaphat, das heißt „der HERR richtet" (Joel 3,1-2.12.14) versammeln; dort werden nur wenige aus den Nationen überleben. Und viele Nationen werden sich zu der großen Schlacht von Harmagedon versammeln - in einem Aufmarsch gegen Israel zu dem letzten und furchtbarsten Konflikt dieses Zeitalters. Der Name Harmagedon kommt von dem hebräischen Namen *Har Megiddo*, das heißt „Berg von Megiddo", der am südlichen Ende der Jesreel-Ebene liegt. Die Jesreel-Ebene, auf hebräisch Jizrael, das bedeutet „Gott zerstreut", ist bekannt als der Friedhof von Königreichen. Viele entscheidende Schlachten wurden schon in diesem Tal ausgefochten, und viele Könige sind dort gestorben. Das Tal ist auch als Tal von Megiddo bekannt, und als Napoleon einen Blick darauf warf, nannte er es „das größte Schlachtfeld der Welt". Es ist an diesem Ort, an dem der Gott Israels, der HERR der Armeen, den letzten Krieg gegen die Nationen führen und sie zerstören wird wie die Ägypter, die Assyrer, die Babylonier und andere vor tausenden von Jahren.

Nicht alle Nationen werden sich an diesem Kampf gegen Israel beteiligen. Manche werden atomare, chemische oder biologische Kriegführung erleiden und zerstört werden von wahnsinnigen Politikern, die alte Rechnungen begleichen wollen. Andere werden wie die Sowjetunion einen Niedergang erleben - ohne daß ein einziger Schuß abgefeuert wird und ohne jede Beteiligung Israels. Es dauerte dreiundsiebzig Jahre von der Geburt des kommunistischen Weltreiches im Jahr 1917 bis zu seinem Tod im Jahr 1990. Der HERR, der Gott Israels nahm fünf glatte Steine des Gerichts aus dem Fluß seines Zorns, traf den Riesen zwischen den Augen und schlug dann seinen Kopf ab.

Im Magazin *TIME International* vom 12. Juli 1993 steht, daß „der Tod des sowjetischen Weltreichs" so abrupt erfolgte, daß „niemand glaubte, so etwas könnte passieren."

Abba Eban schreibt in seinem Buch *Personal Witness* (Zeitzeuge):

Es gab nicht eine einzige Prognose, die darauf hinwies, daß das kommunistische Weltreich sein Leben auf diese Weise beenden würde.

Das Magazin *TIME* und Abba Eban haben eines gemeinsam - sie haben beide unrecht! Eine große Zahl von Christen sagte den Zusammenbruch der Sowjetunion voraus. Ihre Gottlosigkeit, ihre Haltung gegenüber Israel und ihre Behandlung der sowjetischen Juden machten ihren Zusammenbruch zu einer unausweichlichen Tatsache. Der christliche Autor dieses Buches sagt auch den Zusammenbruch jeder der zehn auf den Seiten dieses Buches analysierten Nationen voraus, und nicht nur dieser zehn, sondern auch der am Anfang dieses Kapitels aufgeführten und vieler anderer. Wieviel Zeit jeder einzelnen Nation bis zum Gericht noch bleibt, weiß nur der Richter.

Es war der Gott Israels, der persönlich alle Erstgeborenen, Menschen und Vieh, in Ägypten schlug (2. Mose 11,4; 12,12-13; 27,29). Es war der Gott Israels, der persönlich gegen die Ägypter am Roten Meer kämpfte (2. Mose 14,24-25). Und es war der Gott Israels, der persönlich jede einzelne Katastrophe über Ägypten brachte (2. Mose 7,17; 8,2.19.21; 9,6.18; 10,4). Diese Plagen waren **Gerichte** (2. Mose 6,6; 7,4; 12,12), die Ägypten wegen seiner Sünden erleiden mußte. Und wir haben auf den vorherigen Seiten dieses Buches aus der Bibel bewiesen, daß die Katastrophen, die heutige Nationen treffen, direkt *von dem ausgestreckten Arm* des HERRN, des Gottes Israels, kommen, und zwar als Gerichte über diese Nationen. Aber der moderne Mensch ist genau wie Pharao - er hat ein verhärtetes Herz und ist völlig unempfänglich der Stimme des HERRN gegenüber.

Wenn der Mensch aufhört zu sündigen, wird Gott mit Katastrophen und Kriegen aufhören - aber nicht eher. Gott hat es in der Bibel sehr deutlich gemacht, daß es keine weiteren Kriege mehr geben wird, wenn die Sünde aufhört. Bis Jesus, der Friedefürst, die vollständige Herrschaft in den Herzen der Menschen hat, ist die Hoffnung auf Frieden nur ein Traum, der mit dem ersten Tageslicht verfliegt.

Der HERR, der Gott Israels, ging durch Ägypten und schlug die Erstgeborenen in jeder Familie, die kein Blut an die Pfosten und Schwellen ihres Hauses gestrichen hatte. Die Wohnungen der Israeliten, die das Blut des Opferlammes an ihren Türen hatten, wurden verschont - es gab nicht einen einzigen Todesfall. Gott ist

dabei, durch die Erde zu gehen und die zu schlagen, die das Blut
Jesu, des Passahlammes, nicht an die Türpfosten und Schwellen
ihrer Herzen gestrichen haben. Niemand sollte sich unter den
dunklen Wolken des göttlichen Zornes herauswagen, dessen Herz
nicht mit dem Blut Jesu besprengt ist - **das ist das einzige Mittel,
um dem Todesengel zu entkommen**, denn es reinigt uns von
aller Sünde (1. Joh. 1,7).

Alles, was Gott tut, ist dazu bestimmt, die Nationen schließlich
zur Erkenntnis über seine Errettung zu bringen, denn er sagt:
*Ich habe kein Gefallen am Tode des Gottlosen, sondern daß
der Gottlose umkehre von seinem Wege und lebe* (Hes. 33,11).
Aber Gott wird die Nationen stark erschüttern, bis er ihre
Aufmerksamkeit gewonnen hat; die Frage ist nur, wieviel
Erschütterung wird erforderlich sein, um dieses Ziel zu erreichen?
Als Frankreich im Sommer 1993 mit Hagelkörnern in der Größe
von Tennisbällen bombardiert wurde, beklagten sich die Franzosen
lediglich, daß ihre Ferien verdorben waren. 1992 sandte der
HERR nicht nur eine Rekordzahl von 1.381 Wirbelstürmen
durch Amerika, sondern eine Flutkatastrophe nach Texas und
Verwüstung in Florida durch den Wirbelsturm Andrew (die
Windgeschwindigkeit wurde mit bis zu 264 Stundenkilometern
gemessen), der 22 Tote hinterließ und einen Schaden in Höhe von
etwa 22 Milliarden US-Dollar verursachte. Im Sommer 1993 setzte
der HERR zur gleichen Zeit den mittleren Westen der Vereinigten
Staaten unter Wasser, sandte Schnee anstelle von Sonnenschein
in den Bundesstaat Colorado und eine gnadenlose Hitzewelle,
die 46 Menschen das Leben kostete, an die Ostküste; sowohl
die Flut als auch die Hitzewelle waren die schlimmsten in der
amerikanischen Geschichte. Aber amerikanische Meteorologen
sagten nur, das Wetter sei um diese Jahreszeit nun einmal
wechselhaft.

Der HERR hat seit Jahrtausenden die Elemente beeinflußt. Ihm
ist es möglich, die Schleusen des Himmels zu öffnen oder völlig
zu verschließen. Ihm ist es möglich, die Hitze aufzudrehen oder
total abzustellen; er ließ auch in Ägypten die Lichter ausgehen.

Kein Mensch kann den HERRN übervorteilen - er setzte sich
bei Pharao und den Ägyptern durch, und er wird sich auch bei uns
und unseren Politikern durchsetzen - aber wie viele Menschen

müssen vorher noch sterben? Flutkatastrophen, Dürreperioden, Hungersnöte, Erdbeben, Flutwellen, Wirbelstürme, Orkane, Zyklone, Taifune, Hitze- und Kältewellen kosten viele Menschen jährlich das Leben. Aber die Summe aller Verluste, die durch diese Ereignisse „höherer Gewalt" entstehen, ist nicht zu vergleichen mit den riesigen Zahlen von Todesopfern, die jährlich durch AIDS zu beklagen sind. Und sogar AIDS erreicht nicht die hohe Zahl von Millionen von Opfern, die nunmehr jährlich an weitverbreiteter, unheilbarer Malaria sterben. Das Magazin *TIME International* vom 31. Mai 1993 berichtet, Malaria sei sogar in Großbritannien, Italien und Holland wieder aufgetreten, hauptsächlich unter Reisenden, die aus Malariagebieten zurückkehrten. Es wird auch befürchtet, daß die UN-Friedenstruppen, die sich mit Malaria anstecken - es gibt heute bereits mehr als 2.500 bekannte Fälle - beim Verlassen der Gebiete den Parasiten in ihrem Blut mitnehmen und woanders verbreiten.

Wirtschaftlicher Niedergang ist heute praktisch weltweit zu beobachten, und ein Zusammenbruch scheint nicht mehr weit entfernt zu sein. Nationen, Städte, Unternehmen und Einzelpersonen machen Bankrott und hinterlassen riesige Schuldenberge. Hoffnungslosigkeit macht sich breit, und fast täglich liest man irgendwo von Selbstmorden, die durch finanzielle Probleme verursacht wurden. Das Magazin *TIME International* berichtete am 3. Mai 1993, daß bis zu diesem Datum **acht** finanzielle Förderer der Versicherungsgesellschaft Lloyd's Selbstmord begangen haben! Lloyd's - der Name steht für Versicherung seit drei Jahrhunderten - hat in den letzten Jahren Milliardenverluste gemacht und fürchtet den Bankrott. Sprecher der Versicherung behaupten, die Verluste seien auf „schicksalhafte Häufungen von Wirbelstürmen" etc. zurückzuführen. Der HERR erschüttert die ganze Erde. Die Nationen müssen die Schuld an Katastrophen bei ihren Sünden und nicht bei ihrem „Schicksal" suchen.

*... und es werden geschehen große **Erdbeben** und hier und dort **Hungersnöte und Seuchen**; auch werden **Schrecknisse und vom Himmel her große Zeichen** geschehen. Und es werden Zeichen geschehen an Sonne und Mond und Sternen, und auf Erden **wird den Völkern bange sein**, und sie werden*

SAGA

verzagen vor dem Brausen und Wogen des Meeres, und die
Menschen werden vergehen vor Furcht und in Erwartung
der Dinge, die kommen sollen über die ganze Erde; denn
die Kräfte der Himmel werden ins Wanken kommen. Wenn
aber dieses anfängt zu geschehen, dann seht auf und erhebt
eure Häupter, weil sich eure Erlösung naht.

(Luk. 21,11.25-26.28)

Kurz vor der Eroberung Israels durch die Babylonier und der darauf folgenden Zerstörung Jerusalems im Jahr 586 v. Chr. stellte Gott seinem rebellischen und sündigen Volk eine Frage. Ich stelle nun meinen Lesern dieselbe erschütternde Frage:

Was wollt ihr tun am Tage der Heimsuchung und des Unheils, das von ferne kommt? Zu wem wollt ihr fliehen um Hilfe? (Jes. 10,3)

Haben Sie Frieden gemacht mit Ihrem Richter? Tun Sie es jetzt! Morgen könnte es zu spät sein, nur dieser Augenblick gehört Ihnen: *... heute, wenn ihr seine Stimme hören werdet, so verstockt eure Herzen nicht* (Heb. 3,15), denn

er hat einen Tag festgesetzt, an dem er den Erdkreis richten
will mit Gerechtigkeit durch einen Mann, den er dazu
bestimmt hat, **und hat jedermann den Glauben angeboten,**
indem er ihn von den Toten auferweckt hat. (Apg. 17,31)

Die Auferstehung Jesu ist eines der am besten bewiesenen historischen Ereignisse - nur ein Narr würde sich entscheiden, nicht daran zu glauben. Die Bibel sagt uns, daß *wer Gott nicht glaubt, der macht ihn zum Lügner* (1. Joh. 5,10). Wer das Wort des HERRN ablehnt, der lehnt ihn selbst ab. Und dies wird der Maßstab sein, an dem Nationen und Einzelpersonen gemessen werden. Es gibt nichts zu befürchten für denjenigen, der glaubt und an Jesus festhält. Dieser Mensch ist sicher *unter den ewigen Armen* (5. Mose 33,27) des Gottes, *dessen Liebe sein Zeichen über mir ist* (siehe Hoheslied 2,4).

Zwanzig Prozent der Weltbevölkerung leben augenscheinlich unter der Schirmherrschaft des „Christentums", aber nur bestenfalls acht Prozent von ihnen sind tatsächlich wiedergeboren. Das heißt, daß 424 Millionen Menschen das Blut an ihren Türpfosten haben, während das bei 4,8 Milliarden nicht der Fall ist. *Die Ernte ist vergangen, der Sommer ist dahin, und uns ist keine Hilfe gekommen!* (Jer. 8,20)

Hört das Wort des HERRN, ihr Nationen:

*So spricht der HERR: Siehe, **ich bereite euch Unheil und habe gegen euch etwas im Sinn.** So bekehrt euch doch, ein jeder von seinen bösen Wegen, und bessert euren Wandel und euer Tun! ... Der HERR wird brüllen aus der Höhe und seinen Donner hören lassen aus seiner heiligen Wohnung. Er wird brüllen über seine Fluren hin; wie einer, der die Kelter tritt, wird er seinen Ruf erschallen lassen **über alle Bewohner der Erde hin,** und sein Schall wird dringen bis an die Enden der Erde. **Der HERR will mit den Völkern rechten und mit allem Fleisch** Gericht halten; die Schuldigen wird er dem Schwert übergeben, spricht der HERR. So spricht der HERR Zebaoth: Siehe, **es wird eine Plage kommen von einem Volk zum andern,** und ein großes Wetter wird sich erheben von den Enden der Erde. **Zu der Zeit werden die vom HERRN Erschlagenen liegen von einem Ende der Erde bis ans andere Ende;** sie werden nicht beklagt noch aufgehoben noch begraben werden, sondern müssen auf dem Felde liegen und zu Dung werden.*
(Jer. 18,11;25,30-33)

Gott ist geduldig, aber seine Geduld wird nicht ewig dauern. Nationen, ihr seid gewarnt! **Kehrt um!**

INFORMATIONEN FÜR DIE LESER DIESES BUCHES

Ramon Bennett schreibt auch für das englischsprachige Ministry & Prayer Update, den Rundbrief des Werkes Arm of Salvation Ministries. Dieser Rundbrief hält englischsprechende Leser über aktuelle Ereignisse in Israel auf dem laufenden sowie über den Dienst und die Reisetätigkeit der Bennetts. Um eine jährliche Spende von DM 30,— / CHF 32,— / Österr. Schilling 211,— zur Deckung der Herstellungs- und Portokosten wird gebeten.

Signierte Exemplare des Buches *Saga* können direkt aus Jerusalem bestellt werden. Der Verkaufspreis beträgt DM 22,80 / CHF 23,80 / Österr. Schilling 160,35 plus DM 5,— / CHF 5,50 / Österr. Schilling 35,— für Porto und Verpackung (DM 8,80 / CHF 9,60 / Österr. Schilling 61,80 für Luftpostsendungen). Die Bestelladresse lautet: Arm of Salvation, P.O. Box 32381, Jerusalem 91322, ISRAEL.

Arm of Salvation ist ein israelisches Werk, das für die Finanzierung seiner Arbeit in und für Israel und das jüdische Volk von Spenden und dem Erlös aus dem Verkauf seiner Bücher und Kassetten abhängig ist. Für Ihre Unterstützung wären wir sehr dankbar.

Weitere Informationen über andere, ins Deutsche übersetzte Werke von Ramon Bennett finden Sie auf den nächsten Seiten.

Bücher von Ramon Bennett sind oft nicht im Buchhandel erhältlich. Aus diesem Grund ermutigen wir unsere Leser, 10 oder mehr seiner Bücher zu einem Rabatt von 40 % zu kaufen. Die Bücher eignen sich sehr gut als Geschenk, oder sie können auch an Freunde, Bekannte, Gebets- oder Gemeindegruppen weiterverkauft werden. Bitte schicken Sie eine Bestellung von mindestens 10 Exemplaren. Den zu zahlenden Betrag verringern Sie um 40 % Rabatt und addieren 20 % der Gesamtsumme für Porto und Verpackung. Ihren Scheck oder Zahlungsauftrag senden Sie bitte an

ARM of SALVATION
P.O. Box 32381, Jerusalem 91322, ISRAEL

KUMA ADONAI

Kraftvolle Lieder des Kampfes und der Anbetung von Zipporah Bennett in ihrem einzigartigen hebräisch-israelischen Stil. Hören Sie hebräische Lieder, wie sie von einer ganzen Choralgruppe von gläubigen Sabras (im Land Israel geborenen Männern und Frauen) gesungen werden! Viele dieser Lieder sind zu nationalen „Hits" in israelischen Gemeinden geworden.

Hebräische Bibeltexte, englische Übersetzungen und Transkriptionen sind auf der Innenseite der Kassettenhülle abgedruckt.

DM 21,80 / CHF 22,80 / Österr. Schilling 153,30 plus DM 3,80 / CHF 4,20 / Österr. Schilling 26,75 (DM 6,— / CHF 7,— / Österr. Schilling 42,— bei Luftpostsendungen) für Porto und Verpackung

---

GATES OF ZION (Tore Zions)

Die Psalmen werden wieder gesungen! Zipporah Bennett hat hebräische Bibeltexte vertont, die von israelischen Gläubigen gesungen werden. Diese Kassette enthält einige der beliebtesten Lobpreis- und Anbetungslieder, die heute in hebräischsprechenden Gemeinden in Israel gesungen werden.

Hebräische Bibeltexte, englische Übersetzungen und Transkriptionen sind auf der Innenseite der Kassettenhülle abgedruckt.

DM 21,80 / CHF 22,80 / Österr. Schilling 153,30 plus DM 3,80 / CHF 4,20 / Österr. Schilling 26,75 (DM 6,— / CHF 7,— / Österr. Schilling 42,— bei Luftpostsendungen) für Porto und Verpackung

Bitte senden Sie Schecks oder Zahlungsaufträge an

ARM of SALVATION
P.O. Box 32381, Jerusalem 91322, ISRAEL